COLEÇÃO
ABERTURA
CULTURAL

Copyright © 1980, 1984, 2001 by Roger Scruton
Copyright da edição brasileira © 2015 É Realizações
Título original: *The meaning of conservatism*

Publicado originalmente em inglês pela Palgrave Macmillan, uma divisão da Macmillan Publishers Limited, sob o título *The Meaning of Conservatism*, 3rd Edition, de Roger Scruton. Esta edição foi traduzida e publicada sob licença da Palgrave Macmillan.
O autor afirmou ser o detentor dos direitos desta obra.

Editor
Edson Manoel de Oliveira Filho

Projeto gráfico
É Realizações Editora

Produção editorial, capa e diagramação
A2

Preparação de texto:
Nina Schipper

Revisão:
Midori Yamamoto

Reservados todos os direitos desta obra. Proibida toda e qualquer reprodução desta edição por qualquer meio ou forma, seja ela eletrônica ou mecânica, fotocópia, gravação ou qualquer outro meio de reprodução, sem permissão expressa do editor.

CIP-BRASIL. CATALOGAÇÃO NA PUBLICAÇÃO
SINDICATO NACIONAL DOS EDITORES DE LIVROS, RJ

S441q

Scruton, Roger, 1944-
O que é conservadorismo / Roger Scruton ; tradução Guilherme Ferreira Araújo. - 1. ed. - São Paulo : É Realizações, 2015.
328 p. ; 23 cm.   (Abertura cultural)

Tradução de: The meaning of conservatism
Inclui apêndice
ISBN 978-85-8033-196-7

1. Sociologia. 2. Sociologia política. 3. Ideologia. I. Título. II. Série.

15-21703   CDD: 301
                                                                        CDU: 316

É Realizações Editora, Livraria e Distribuidora Ltda.
Rua França Pinto, 498 · São Paulo SP · 04016-002
Telefone: (5511) 5572 5363
atendimento@erealizacoes.com.br · www.erealizacoes.com.br

Este livro foi reimpresso pela Assahi Gráfica em março de 2021. Os tipos são da família Sabon Light Std e Frutiger Light. O papel do miolo é o Polen Soft 80 g, e o da capa, cartão Supremo 250 g.

O QUE É CONSERVADORISMO

Roger Scruton

APRESENTAÇÃO À EDIÇÃO BRASILEIRA DE **BRUNO GARSCHAGEN**
TRADUÇÃO DE **GUILHERME FERREIRA ARAÚJO**

5ª impressão

Sumário

Apresentação à Edição Brasileira: O conservadorismo segundo Roger Scruton
Bruno Garschagen 7

Prefácio à Terceira Edição 27

Prefácio à Primeira Edição 35

Introdução: Filosofia, Política e Doutrina 39

Capítulo 1 | A Atitude Conservadora 43

Capítulo 2 | Autoridade e Obediência 63

Capítulo 3 | A Constituição e o Estado... 95

Capítulo 4 | Lei e Liberdade 133

Capítulo 5 | Propriedade 165

Capítulo 6 | Trabalho Alienado 201

Capítulo 7 | A Instituição Autônoma 223

Capítulo 8 | *Establishment* 253

Capítulo 9 | O Mundo Público 291

Apêndice Filosófico: Liberalismo *versus* Conservadorismo 303

Índice Remissivo 321

Apresentação à Edição Brasileira
O CONSERVADORISMO SEGUNDO ROGER SCRUTON
POR *BRUNO GARSCHAGEN*[1]

Em Junho de 2010, eu acabara de comprar o então recém-lançado *The Uses of Pessimism*,[2] do escritor e professor Roger Scruton. Ao me ver com o livro, um colega docente da Universidade de Oxford, onde eu terminava o mestrado em Ciência Política e Relações Internacionais, disse-me sem constrangimento: "O Scruton jamais será professor em Oxford. Ele não desenvolve um trabalho sério, não faz esse trabalho rigoroso de pesquisa como você e os demais estudantes e professores que estão aqui".

Fiquei surpreso com o comentário. Não pela rejeição ao trabalho de Scruton, que nunca foi bem visto pelos professores de esquerda de Oxford por ser conservador e crítico contundente da agenda dos socialistas ingleses, mas pela acusação de desonestidade intelectual e

---

[1] Bruno Garschagen é mestre em Ciência Política e Relações Internacionais pelo Instituto de Estudos Políticos da Universidade Católica Portuguesa e Universidade de Oxford (*visiting student*), professor de Teoria Política, tradutor, analista político, podcaster do Instituto Mises Brasil e membro do conselho editorial da publicação acadêmica *MISES: Revista Interdisciplinar de Filosofia, Direito e Economia*.

[2] Roger Scruton, *The Uses of Pessimism and the Danger of False Hope*. London, Atlantic Books, 2010.

de falta de rigor acadêmico. Em vez da lisonja, senti-me duplamente atacado. Primeiro, porque sou antigo admirador e leitor do trabalho do Scruton. Segundo, porque ao acusar o seu trabalho de desonesto e pouco rigoroso, o professor também diminuía os leitores e admiradores de sua obra. A começar por mim.

Cheguei em casa e li *The Uses of Pessimism* com uma perspectiva mais crítica do que a habitual na tentativa de perceber as falhas acusadas pelo professor. Terminei a leitura no dia seguinte com aquela sensação de alegria intelectual de quem não fora ludibriado. Pelo contrário. Estavam ali os argumentos, os fundamentos, as referências bibliográficas, o texto claro e sedutor, a postura sempre provocadora que fizeram de Scruton um intelectual público conhecido na Inglaterra pela inteligência e contundências das opiniões. Nem o arranhão no seu prestígio depois das acusações de que teria se vendido para a indústria do cigarro[3] foi capaz de destruir a reputação de Scruton. Para tristeza daquele professor e de tantos outros na Inglaterra e fora dela, Scruton manteve-se ativo, cada vez mais lido, solicitado e conhecido internacionalmente, inclusive no Brasil.

Scruton é mestre e doutor em filosofia pela Universidade de Cambridge e autor de mais de 40 livros versando sobre assuntos diversos como filosofia, política, Conservadorismo, cultura, estética, sexualidade, música, globalização, terrorismo, direitos dos animais, ecologia e meio ambiente, imigração, multiculturalismo, beleza, vinho, além de

---

[3] Em 2002, o jornal inglês de esquerda *The Guardian* publicou reportagem acusando Scruton de escrever textos para diversos jornais defendendo o direito de fumar e criticando as campanhas contra o fumo sem declarar que mantinha um contrato com a Japan Tobacco International (JTI), líder mundial na indústria de tabaco. Por causa da denúncia, foi demitido da função de colunista do *The Wall Street Journal* e do *Financial Times*. Scruton explicou que não defendia os interesses da indústria do cigarro, mas que sua empresa Horsell's Farm Enterprises tinha contrato com a JTI para organização de encontros e produção de resumo de notícias. O estrago, porém, já estava consumado. Depois o caso foi esquecido e a sua reputação reabilitada.

uma autobiografia, livros de ficção, libretos de ópera e um documentário para a TV (*Why Beauty Matters*). Três de seus livros foram publicados pela É Realizações: *Pensadores da Nova Esquerda*, *Coração Devotado à Morte* e *Beleza*.

Este *O que é Conservadorismo*, que chega ao mercado editorial brasileiro num momento de grande interesse pelo pensamento Conservador, é uma exposição pedagógica dos princípios e argumentos do Conservadorismo britânico e deve ser lido como um esforço para "delinear um sistema de crenças, sem parar para discutir as questões abstratas às quais esse sistema não fornece nenhuma resposta".[4] Eis o resumo do núcleo deste livro: a tentativa de estabelecer uma distinção entre a dogmática, a filosofia e a política do Conservadorismo.

O pensamento Conservador é capaz de fornecer os princípios e valores que formam e orientam as bases de uma atividade política Conservadora, mas não existe um Conservadorismo universal que se possa aplicar a qualquer sociedade sem as devidas adaptações e a observância dos aspectos substantivos em questão. O alerta de Scruton de que "a realidade da política é a ação, mas esta deriva – ainda que veladamente – do pensamento; e a ação consistente requer pensamento consistente" não apenas evidencia a relevância da ideia enquanto fonte e bússola da ação política, mas ratifica a posição segundo a qual inexiste política Conservadora sem uma teoria anterior que a defina.

Por não haver uma política Conservadora universal nem muito menos um esforço dos Conservadores em elaborar um corpo teórico e sistemático do que seja o Conservadorismo, surgiu a ilusão de que não há pensamento Conservador. E de que não exista sequer um conjunto sólido de conceitos, valores e princípios, e uma visão geral da sociedade, que orientem os Conservadores a agir politicamente. O Conservadorismo fundamentaria sua ação na mera reação; sua política, na procrastinação; sua crença, na nostalgia.

---

[4] Ver, neste volume, p. 39.

Apesar de negar que seja esse um de seus objetivos, Scruton tenta organizar uma filosofia política que, a rigor, desconfia desse tipo de enquadramento. Não é sem razão que ele admite no início do primeiro capítulo que "a atitude Conservadora e a doutrina que a sustenta são sistemáticas e razoáveis". Apesar disso, "o Conservadorismo raramente pode apresentar-se com axiomas, fórmulas ou objetivos: sua essência é inarticulada e sua expressão, quando instigada, é cética".[5]

Neste livro, Scruton faz um esforço de depuração conceitual com o propósito de apresentar não uma teoria pura do pensamento Conservador, esta ambiciosa pretensão, mas desenvolver, como ele mesmo diz, um exercício de doutrina para expressar uma visão política. Seu objetivo era "encontrar os conceitos e crenças com os quais" fosse "possível enunciar em termos modernos uma perspectiva que é muito sóbria e séria para ser meramente moderna".[6]

Os Conservadores são críticos da ideologia porque a compreendem de uma forma pejorativa, não simplesmente como um conjunto ou sistema de ideias ou de convicções políticas. Por isso a preocupação em não reduzir o Conservadorismo a uma dimensão ideológica e assim convertê-lo num mero exercício de política formal, diluindo o seu caráter de posição, e disposição, perante o mundo e as outras pessoas, e o seu entendimento acerca da natureza humana e do próprio exercício da política.

O ceticismo do Conservadorismo quanto ao dogmatismo racional das ideologias e de seus projetos utópicos, e a sua posição não ideológica e antiesquemática denunciadas por seus críticos como fragilidades conceituais, foram preservados por uma nobre galeria de Conservadores do passado e do presente: Richard Hooker[7]

---

[5] Ibidem.

[6] Ibidem, p. 30.

[7] Richard Hooker, *The Wisdom of Richard Hooker: Selections from Hooker's Writings with Topical Index*. Org. Philip Secor. Bloomington (Indiana), AuthorHouse, 2005.

(o fundador do Conservadorismo britânico), Marquês de Halifax,[8] Edmund Burke[9] (o autor do Conservadorismo moderno), Lord Hugh Cecil,[10] F. J. C. Hearnshaw[11], Keith Grahame Feiling,[12] Michael Oakeshott,[13] Russell Kirk[14], John Kekes,[15] Anthony Quinton,[16] Kenneth Minogue,[17] Kieron O'Hara[18].

Num dos ensaios do livro *A Political Philosophy* (2006), Scruton usa o poeta T. S. Eliot como um exemplo marcante da riqueza do espírito Conservador. Ele chama de "o paradoxo de Eliot" o fato de o poeta ser o grande modernista e também o grandioso Conservador moderno. "Pois ele (Eliot) percebeu que é precisamente nas condições modernas – condições de fragmentação, heresia e descrença – que o projeto Conservador adquire seu sentido. Conservadorismo é, em si mesmo, modernismo, e nisto reside o segredo do seu sucesso".[19]

---

[8] George Savile Marquis of Halifax, *The Complete Works of George Savile, First Marquess of Halifax*. Editado e com introdução de Walter Raleigh. Oxford, Clarendon Press, 1912.

[9] Edmund Burke, *Reflections on the Revolution in France, and On the Proceedings in Certain Societies in London*. London, J. Dodsley, 1790.

[10] Lord Hugh Richard Heathcote Cecil, *Conservatism*. London, Williams and Norgate, 1912.

[11] F. J. C. Hearnshaw, *Conservatism in England: an Analytical, Historical and Political Survey*. London, MacMillan & Co. Limited, 1933.

[12] Keith Grahame Feiling, *What is Conservatism*. London, Faber & Faber, 1930.

[13] Michael Oakeshott, "On Being Conservative", in *Rationalism in Politics and Other Essays*. Indianapolis, Liberty Fund, 1991, pp. 407-437.

[14] Russell Kirk, *A Política da Prudência*. São Paulo, É Realizações, 2013.

[15] John Kekes, *A Case for Conservatism*. Ithaca, Cornell University Press, 1998.

[16] Anthony Quinton, *The Politics of Imperfection: the Religious and Secular Traditions of Conservative Thought in England from Hooker to Oakeshott*. London, Faber and Faber: 1978.

[17] Kenneth Minogue, *Conservative Realism: New Essays in Conservatism*. New York, HarperCollins Publishers Ltd., 1996.

[18] Kieron O'Hara, *Conservatism*. London, Reaktion Books, 2011.

[19] Roger Scruton, *A Political Philosophy – Arguments for Conservatism*. London, Continuum, 2006 p. 194.

A não ser que você seja um jacobino, dificilmente discordará de Burke de que o que distingue os Conservadores dos revolucionários franceses não é a ligação com as coisas do passado, mas o desejo de viver integralmente no presente, por aceitá-lo em todas as suas imperfeições, e compreendê-lo como a única realidade que nos é oferecida. Segundo Scruton, "assim como Burke, Eliot reconhecia a distinção entre uma nostalgia retrógrada, que é apenas uma outra forma de sentimentalismo moderno, e uma tradição genuína, que nos dá coragem e visão com as quais viver no mundo moderno".[20]

A dimensão temporal é vista de maneira singular pelos Conservadores. O passado, longe de ser idealizado, é o reservatório do capital de experiências da sociedade que permite aos homens preservar no presente as tradições mais profundas que emergiram naturalmente e que sobreviveram aos testes do tempo. Citando John Kekes, João Pereira Coutinho explica algo que aqueles que desconhecem o Conservadorismo britânico ignoram: o conservador pretende conservar "apenas os arranjos tradicionais conducentes a uma vida melhor".[21]

A valorização do presente, e daquilo de bom que existe nele e que foi sendo construído e reformado através dos anos, se completa com a indisposição em relação a planos e esquemas que põem em causa as conquistas existentes para substituí-las por promessas fabulosas e improvidentes em nome de um futuro improvável. É justamente por isso que Scruton afirma que os Conservadores defendem as virtudes do que é real, não daquilo que é virtuosamente hipotético.

Scruton quis neste livro expor e defender os princípios Conservadores para tentar salvá-los do que ele considerava serem certos *desvios* praticados pelo Partido Conservador inglês na década de 1970. Tudo teria começado a partir da ascensão política de Margaret

---

[20] Ibidem.

[21] João Pereira Coutinho, *As Ideias Conservadoras Explicadas a Revolucionários e a Reacionários*. São Paulo, Três Estrelas, p. 57-59.

Thatcher, cujo governo Scruton acusou de trair o conservadorismo "ao adotar políticas 'neoliberais' que eram incompatíveis com o respeito primordial por valores e tradições havia muito estabelecidos".[22] Seu temor era que o Conservadorismo fosse descaracterizado e, pior, reduzido a um problema econômico.

Foi na segunda metade do século XX que o Conservadorismo britânico, e também o americano,[23] se aproximou do Liberalismo econômico. Na Inglaterra, dois Conservadores desempenharam um papel relevante nesse processo: Enoch Powell[24] (1912-1998) e Sir Keith Joseph (1918-1994). Esses dois homens foram fundamentais no processo para salvar a Inglaterra que conhecemos hoje.

Powell foi um dos mais conhecidos políticos britânicos.[25] Seu Conservadorismo com tempero Liberal abriu caminho para as ideias que alicerçaram a política econômica do governo de Margaret Thatcher. Advogado, professor e político Conservador[26], Sir Joseph foi mentor de Thatcher, com quem fundou em 1974, cinco anos antes de ela assumir o governo, o Centre for Policy Studies (CPS), *think tank*

---

[22] João Pereira Coutinho, *As Ideias Conservadoras Explicadas a Revolucionários e a Reacionários*. São Paulo, Três Estrelas, p. 16.

[23] Nos Estados Unidos, a revolução Conservadora, liderada por William F. Buckley Jr. e sua revista *National Review*, difundiu o Conservadorismo com eficiência e para uma grande audiência e pavimentou o caminho para a eleição do presidente Ronald Reagan.

[24] Enoch Powell era considerado um *scholar* pelos conhecimentos e erudição, além de escritor, poeta, linguista e membro do Partido Conservador, tendo sido eleito duas vezes para o Parlamento e exercido funções de ministro e secretário dos governos dos primeiros-ministros Edward Heath e Harold Macmillan.

[25] Charles Moore, "Enoch Powell still speaks to us today". *The Telegraph*. Londres, 11 de junho de 2012. Disponível em http://www.telegraph.co.uk/comment/columnists/charlesmoore/9323566/Enoch-Powell-still-speaks-to-us-today.html. Acesso em 12 de junho de 2012.

[26] Sir Keith Joseph, que também tinha o título de Barão, membro do Parlamento e exerceu funções de ministro e secretário dos governos de três primeiros-ministros Harold Macmillan, Edward Heath e Margaret Thatcher.

que tinha como um de seus objetivos centrais "converter o Partido Conservador ao Liberalismo econômico".[27]

Sir Joseph, inclusive, ficou conhecido como o arquiteto do *thatcherismo*, o conjunto de políticas públicas baseado na ideia de livre mercado, de estado mínimo, de redução da inflação, de privatizações e de reformas que ajudaram a livrar a Inglaterra do caos político, econômico e social dos anos de 1970.

Mas, diante do turbilhão de eventos da época, Scruton viu a guinada dos tories com muita desconfiança e rejeitou a nova face da política conservadora que parecia submeter-se às ideias liberais. Ele achava que o Partido Conservador não deveria subordinar-se aos apelos da modernidade e do livre mercado, colocando em risco o conjunto de princípios e valores que o norteava. E defendia que os Conservadores fizessem o caminho de volta ao Conservadorismo fundado na ordem, na autoridade e na liberdade dispostas num plano horizontal, não em bandeiras Liberais, como supostamente fora até o início da segunda metade do século XX.

O Conservadorismo político que Scruton pretendia resgatar era aquele que atuaria como mantenedor da ordem social para proteger a sociedade contra a desordem provocada por instituições débeis e pela submissão da sociedade a relações comerciais. Não que Scruton fosse hostil à economia de mercado ou ao capitalismo, mas essas dimensões jamais poderiam desempenhar um papel cultural e político que reduzisse os indivíduos à esfera econômica. Ele era contra, portanto, a instrumentalização ideológica do livre mercado e a sua preponderância no debate político.

Na história política inglesa, os tories e os whigs eram tradicionalmente favoráveis ao mercado. A Inglaterra era reconhecida como a nação de comerciantes celebrada por Adam Smith na *Teoria dos Sentimentos*

---

[27] Ver a história do Centre for Policy Studies em http://www.cps.org.uk/about/history/.

Morais. A diferença era a ênfase que cada um dos partidos adotava e a divergência sobre o papel da economia e da liberdade na sociedade.

A nova face do Partido Conservador contra a qual Scruton se insurgiu, fundamentada na defesa e na promoção da economia de mercado, era, na verdade, a manifestação política da essência do Conservadorismo. Reconhecer que o Liberalismo econômico era essencial aos novos tempos significava adaptar a política Conservadora aos desafios do presente e assim garantir que a prosperidade preservasse a existência de uma sociedade alicerçada em princípios Conservadores.

Se a mudança era uma realidade inelutável, garantir a liberdade de os indivíduos fazerem suas escolhas e comercializarem sem demasiadas intervenções estatais era uma forma de os Conservadores assegurarem que a mudança seria espontânea, orgânica, sedimentada, progressiva e prudente, não artificial nem radical.

Essa concepção modificou uma parte importante no pensamento e na prática política Conservadora britânica: o Estado passou a ser visto também como uma fonte de desequilíbrio e ruptura, e o mercado, como uma das instituições Conservadoras por excelência que ajudaria a preservar a ordem social. O próprio Scruton reconheceu e passou a defender essa posição.[28]

Como nos lembra João Pereira Coutinho, "se a função de um governo é respeitar, por princípio, a natureza humana, importante é também que ele respeite uma das propriedades fundamentais dessa mesma natureza: o fato de existir nos homens uma propensão para 'negociar, permutar ou trocar uma coisa pela outra'" e assim permitir que "os indivíduos possam 'melhorar a sua condição'".[29]

Ao escrever este livro, Scruton também se propôs a criticar o período de abstenção e apatia do Partido Conservador, que viu o

---

[28] Ver Roger Scruton, *How to be a Conservative*. London, Bloomsbury, 2014.

[29] João Pereira Coutinho, *As Ideias Conservadoras Explicadas a Revolucionários e a Reacionários*. São Paulo, Três Estrelas, p. 16.

Partido Trabalhista ascender politicamente e ditar os rumos do debate público na Inglaterra. Era uma tarefa semelhante àquela empreendida pelo intelectual Conservador britânico Arthur Boutwood, que em 1913 havia apresentado a mesma crítica à inércia dos tories numa parte do século XIX.

Em seu *National Revival a Restatement of Tory Principles*, Boutwood foi contundente ao afirmar que o pensamento político Conservador se manteve estéril ao longo daquele século, que viu tão-somente o desenvolvimento do pensamento Liberal. "Havia, é claro, políticas Conservadoras, mas não havia nenhum pensamento Conservador originador, e, certamente, nenhum pensamento Conservador sistematizado. As mudanças que criaram o nosso mundo político moderno foram determinadas por concepções que não eram Conservadoras e que tinham sido provocadas por forças cujo vigor nada devia aos ideais Conservadores".[30]

A crítica era legítima: os Conservadores estavam apenas reagindo em vez de agir e se esquivando da responsabilidade de assumir o papel de protagonistas do desenvolvimento político britânico. Se quisesse continuar a compor a elite política, o Conservadorismo não deveria se apequenar numa posição essencialmente reativa.

Assumindo semelhante responsabilidade, Quintin Hogg (1907-2001), o 2º Visconde Hailsham, criticou o partido e ratificou os princípios Conservadores no livro *The Case for Conservatism*, publicado em 1947 (posteriormente, o livro ganhou novo título: *The Conservative Case*).

Intelectual, presidente do Partido Conservador britânico de 1959 a 1960 e político que exerceu funções nos gabinetes de cinco primeiros-ministros (Anthony Eden, Harold Macmillan, Alec Douglas-Home, Edward Heath e Margaret Thatcher), Hogg escreveu o livro

---

[30] Arthur Boutwood, *National Revival a Restatement of Tory Principles*, London, Herbert Jenkins Limited, 1913, p. 6.

para reforçar dentro da sociedade britânica os argumentos e os princípios Conservadores. Depois da esmagadora vitória do Partido Trabalhista na eleição de 1945[31], era uma maneira de dar uma resposta propositiva e marcar posição, e de reforçar e restabelecer os vínculos com os ingleses num período de grandes desafios e transformações.

Scruton tentou neste livro resolver o dilema com que o intelectual Conservador se depara quando decide sistematizar um pensamento que ele próprio admite não aceitar tal enquadramento. Não que o Conservadorismo britânico não possa ser mais ou menos estruturado num *corpus* teórico, mas tal projeto, por mais exaustivo e rigoroso, estará longe de reproduzir a essência da atitude Conservadora, como chamou Hogg, ou da disposição Conservadora, para usar o termo de Oakeshott.[32]

Pelo fato de não estar irremediavelmente atado a uma teoria fixa do estado, "ao contrário de muitos dos partidos de esquerda", Hogg defendia a ideia de que o Partido Conservador deveria se orientar pela atitude Conservadora. Sendo o Conservadorismo "uma atitude, uma força constante", cumpre "uma função intemporal no desenvolvimento de uma sociedade livre" e corresponde "a uma exigência profunda e permanente da própria natureza humana".[33]

A disposição Conservadora de Oakeshott, que aprofunda a perspectiva de Hogg, está alicerçada na apreciação do presente, não por considerá-lo preferível a outra alternativa possível ou por uma relação

---

[31] O candidato do Partido Conservador nas eleições de 1945 era o então primeiro-ministro Winston Churchill. A derrota é atribuída ao trecho do discurso pelo rádio em 4 de junho daquele ano em que Churchill afirma que os trabalhistas eram socialistas, representavam uma ameaça à liberdade dos britânicos e a implementação de seu programa político exigiria criar uma espécie de Gestapo, a polícia secreta nazista.

[32] Michael Oakeshott, "On Being Conservative", in *Rationalism in Politics and Other Essays*. Indianápolis, Liberty Fund, 1991, p. 407.

[33] Viscount Hailsham, *The Conservative Case*. Middlesex, Penguin Books, 1959, p. 16.

com um passado remoto, mas pela relação de familiaridade, de conhecimento daquilo que existe e é benéfico. E se o presente for árido, estéril, desinteressante, responde Oakeshott, essa disposição será fraca ou inexistente. Estas são as chaves para entender esse célebre trecho do ensaio *On Being Conservative* (*Sobre Ser Conservador*):

"Ser Conservador, portanto, é preferir o familiar ao desconhecido, preferir o experimentado ao não experimentado, o fato ao mistério, o real ao possível, o limitado ao ilimitado, o próximo ao distante, o suficiente ao superabundante, o conveniente ao perfeito, um presente alegre a uma felicidade utópica".[34]

Uma das críticas que se faz ao Conservadorismo é o medo da mudança. Mas a posição dos Conservadores é de aversão à mudança que provoca sofrimento, perturbação e incômodo, e que nos priva daquilo que conquistamos, assimilamos e aprendemos a desfrutar, e que nos pertence e nos é familiar.

Oakeshott explica que "ser Conservador não é ser meramente avesso à mudança (o que poderia ser uma idiossincrasia); é também uma maneira de nos acomodarmos às mudanças e às diligências impostas a todos os homens". Porque, segundo ele, "a mudança é uma ameaça à identidade, e cada mudança é um símbolo de extinção".[35] De acordo com Oakeshott, o Conservador não vê na mudança uma melhoria (*improvement*) ou progresso necessariamente benignos.[36] A melhoria, afirmou, advém da inovação, mas nem toda inovação resulta numa melhoria.

No livro *A Tradição Anglo-Americana da Liberdade*, João Carlos Espada, professor e doutor em Ciência Política pela Universidade de Oxford, desfaz o equívoco em relação à Oakeshott, mas que serve à posição Conservadora dos outros autores. Segundo ele, "Oakeshott

---

[34] Michael Oakeshott, "On Being Conservative", in *Rationalism in Politics and Other Essays*. Indianápolis, Liberty Fund, 1991, p. 408.

[35] Ibidem, p. 410.

[36] Ibidem, p. 410-411.

não está a defender um modo de vida em particular, mas o apego (*attachment*) a modos de vida em que as pessoas se sentem confortáveis". Exatamente "por isso, a mudança a que ele se opõe não é tanto a mudança em si mesma, mas a mudança que é desenhada do exterior dos modos de vida, a partir de premissas exteriores a esses modos de vida. Em contrapartida, ele reconhece que todo o modo de vida é um dialogo entre passado, presente e futuro, estando, por isso, sujeito a permanentes adaptações".[37]

Para o professor João Carlos Espada, o ponto crucial "consiste em perceber que essas adaptações não decorrem de um plano exterior, mas de um impulso interior: o impulso para tornar o nosso modo de vida mais confortável ou conveniente, mais agradável. Quando apreciamos uma casa vivida, e sentimos que ela é mais acolhedora do que uma casa decorada por um decorador, estamos a subscrever o olhar oakeshottiano: a casa vivida não é mais acolhedora por estar imune às mudanças; ela tornou-se mais acolhedora precisamente em resultado de pequenas mudanças que foram sendo gradualmente adotadas pelos seus moradores com o propósito de usufruir da casa de modo mais confortável ou conveniente, mais agradável".[38]

No plano da política formal, Hogg observa que a "simples relutância para mudar, embora muitas vezes legítima e fecunda, não é, no entanto, base suficiente para uma duradoura e madura tradição de conduta. O que distingue o Conservadorismo britânico é que, enquanto a sua ideologia e religião são ancoradas em preceitos eternos, a sua abordagem prática, que busca uma síntese entre o antigo e o novo, permanece empírica e, às vezes, até mesmo francamente experimental".[39] São esses elementos distintivos que, segundo

---

[37] João Carlos Espada, *A Tradição Anglo-Americana da Liberdade*. Cascais, Princípia, 2008, p. 67.

[38] Ibidem.

[39] Viscount Hailsham, *The Conservative Case*. Middlesex, Penguin Books, 1959, p. 16-17.

Hogg, permitiram ao Partido Conservador sobreviver "às gerações e, embora permanentemente insultado como antiquado, permaneceu para sepultar, de corpo e alma, os sucessivos exércitos inimigos". Os adversários são os partidos contra os quais os Conservadores têm "travado uma guerra política ao longo dos séculos" e que estão vinculados "a uma ideologia essencialmente efêmera e com uma abordagem prática fundamentalmente doutrinária".[40]

Em síntese, o Conservador não muda de posição política ao sabor dos tempos, das contingências ou das ideologias da moda, e aqui cabe citar a imagem do *Trimmer*, que o Marquês de Halifax[41] extraiu da terminologia náutica para evidenciar o papel daquele que é o responsável por manter o equilíbrio da embarcação quando o seu curso é ameaçado.

Na sua aplicação Conservadora, o *Trimmer* é o ponto de equilíbrio contra os excessos que corrompem a autoridade, o dever, a justiça, a religião, a virtude, a prudência, a verdade e, claro, a liberdade. Nas palavras de Halifax, o *Trimmer* se encontra sempre entre dois extremos, como no caso da política e das leis (entre o excesso do poder ilimitado e a liberdade que não é razoavelmente prudente). "A verdadeira virtude foi pensada como um *Trimmer* e se encontra entre os dois extremos; e que mesmo Deus Todo-Poderoso está dividido por seus dois grandes atributos, Sua misericórdia e Sua justiça".[42]

Os princípios e a perspectiva do conservadorismo ajudam a entender por que Scruton preferiu expressar a visão política Conservadora em vez de tentar prová-la. Ele próprio, numa nota de rodapé no início da introdução, lembra a tradição "entre os conservadores

---

[40] Ibidem.

[41] George Savile Marquis of Halifax, *The Complete Works of George Savile, First Marquess of Halifax*. Editado e com introdução de Walter Raleigh. Oxford, Clarendon Press, 1912, p. 47-103.

[42] George Savile Marquis of Halifax, *The Complete Works of George Savile, First Marquess of Halifax*. Editado e com introdução de Walter Raleigh. Oxford, Clarendon Press, 1912, p. 103.

ingleses segundo a qual as suas crenças são essencialmente assistemáticas, receosas quanto à teoria, práticas, empíricas e cotidianas" pela "consciência de que o conservadorismo não tem um propósito universal, explicável para todos os povos e todas as épocas".[43]

Isso significa que quando o Conservador defende algo o faz porque o conhece, porque esse algo faz parte da sua vida, de sua cultura, de seu ambiente, e ele consegue identificar a tentativa de intervenção que, de alguma forma, ameaça a sua identidade. Essa postura reativa, segundo Scruton, não se dá por causa de argumentos a favor daquele algo, mas em virtude de uma relação integral, não meramente intelectual ou ideológica.

João Pereira Coutinho, no ensaio *Em Busca do Equilíbrio*, esclarece que "será justo ter em conta que o espírito do Conservadorismo é um espírito adormecido. Ele só tenderá a emergir quando a existência e a sobrevivência de uma comunidade política estabelecida se encontram sob ameaça pelas tentativas tirânicas e perfectibilistas da mentalidade radical".[44]

Em tempos de crise e "forçado pela necessidade política ou pelo clamor pela doutrina", o conservadorismo pode ser impelido a fazer "o melhor que pode, embora nem sempre com segurança de que as palavras que encontra corresponderão ao instinto que as exigiu". Mas ele esclarece que "essa falta de segurança origina-se não da desconfiança ou do desânimo, mas de uma consciência da complexidade das coisas humanas e de uma adesão a valores que não podem ser compreendidos com a clareza abstrata da teoria utópica".[45] Em suma, o Conservador não tenciona enquadrar a realidade ou a humanidade numa ideologia ou num projeto político.

---

[43] Ver, neste volume, p. 40.

[44] João Pereira Coutinho, "Em busca do Equilíbrio", in *Dicta&Contradicta*, São Paulo, Instituto de Formação e Educação, Junho de 2009, nº 3, p. 42.

[45] Ver, neste volume, p. 39.

Embora não pretenda demonstrar como o Conservadorismo deve ser aplicado na prática política, a crítica de Scruton à atuação do Partido Conservador é, paradoxalmente, uma posição do que os Conservadores devem ou não promover, defender e realizar. Uma delas é a sua desaprovação crítica diante da apropriação do Liberalismo econômico pelo Partido Conservador, que expõe uma diferença marcante entre Liberais e Conservadores.

Em seu esforço de depuração do Conservadorismo, Scruton tentou explicar a distinção substantiva que fundamenta a sua oposição "à ênfase que o Partido Conservador" concedeu "ao livre mercado e ao crescimento econômico". O partido, segundo ele, deveria "manter a estrutura e as instituições de uma sociedade ameaçada pelo entusiasmo comercial e pela agitação social"[46] que poderiam desestruturar os valores e modos de vida do tecido social sobre os quais os britânicos assentaram a riqueza de sua tradição, legado que o próprio partido esteve a ponto de romper no passado, como alertou Arthur Boutwood no início do século XX.

Para Scruton, o Partido Conservador envolveu-se de maneira equivocada "com o competitivo mercado da reforma, defendendo a delegação de poder, o sistema do internacionalismo econômico, e a 'economia de mercado', contra a qual outrora se posicionara de modo tão ativo".[47]

A crítica se estendia a outras áreas e não eram menos incisivas. "Durante os dezoito anos em que esteve no poder, o Partido Conservador permitiu a sujeição ininterrupta das instituições educacionais, sociais e legais à ideologia igualitária associada ao planejamento socialista. Em suma, o Partido Conservador frequentemente tem-se comportado de um modo com o qual um conservador pode ter pouca afinidade".[48]

---

[46] Ibidem, p. 20 e 44.

[47] Ibidem, p. 44.

[48] Ibidem.

As posições de Scruton neste livro tentam recolocar em equilíbrio os elementos que integram o pensamento Conservador. As liberdades, individual ou de mercado, não estão acima nem exercem uma função mais nobre do que outros valores e princípios que estruturam o pensamento Conservador. Porque se estivessem num plano hierarquicamente superior, a sociedade estaria sob risco de quebra ou desestabilização da ordem que quase sempre resultam em caos social.

Com base nessa concepção, é possível compreender por que Scruton afirma que "a liberdade sem instituições é cega: ela não consolida nem a comunidade social genuína nem a escolha individual genuína". É por isso que "o conceito de liberdade não pode ocupar um lugar central no pensamento Conservador sobre negócios nacionais, política internacional ou na orientação interna de uma instituição autônoma (o que, para o Conservador, tem especial importância)".[49]

Dizer que a liberdade não ocupa, nem deve ocupar, um lugar central não significa advogar a tese de que ela é desimportante e de que cabe ao governo a responsabilidade e o dever de restringi-la. Porque ser favorável a uma limitação abstrata da liberdade é conferir ao Estado poderes desmedidos e negar o princípio Conservador oakeshottiano de que cabe ao governo o papel de proteger, e não desenhar ou atrapalhar, os modos de vida das pessoas.[50] E uma das formas de fazê-lo é garantindo as liberdades.

Isso não significa, ainda, aceitar que o governo imponha medidas artificiais de controle, que provocarão consequências imprevistas contra os indivíduos e distúrbios na ordem que se pretende preservar. Esta é a razão pela qual Scruton destaca a posição

---

[49] Ibidem, p. 149.
[50] João Carlos Espada, *A Tradição Anglo-Americana da Liberdade*. Cascais, Princípia, 2008, p. 68.

fundamentalmente contrária do Conservadorismo em relação à ética da justiça social e da igualdade por entender que os seres humanos são desiguais por natureza e que não cabe ao governo empreender correções de qualquer tipo.

As diferentes concepções de exercício da liberdade marcam, de fato, uma divergência aparentemente inconciliável entre Liberalismo e Conservadorismo, que pretende resguardar o "organismo social em épocas de mudanças sem precedentes".[51] A liberdade Conservadora é aquela que está ligada e é determinada pelo contexto da comunidade a que pertence, e que não deve comprometer a si própria se submetida à ideia de uma liberdade plena, nem arruinar aquela sociedade, suas instituições (como a família) e seus valores em nome de benefícios hipotéticos advindos da liberdade desregrada. Para os Liberais, a liberdade é um valor supremo e é a ação da sociedade livre que vai definir o que deve ou não ser preservado.

Mesmo a economia de mercado aceita pelos Conservadores não é o livre mercado defendido pelos Liberais; trata-se de um tipo de liberdade restrita porque alinhada a princípios e valores, a normas escritas e não escritas, que garantem, no presente e no futuro, as demais liberdades, o desenvolvimento de uma sociedade ordeira e a preservação de suas identidades e de suas tradições.

Se aparentemente Scruton se esquivou do paradoxo da sistematização do pensamento Conservador, criou outro problema, que foi estabelecer previamente um conjunto de elementos substantivos do Conservadorismo para explicar a conduta do agente político. Esse conjunto de elementos o obriga, necessariamente, a fazer escolhas sobre o que ele, pessoalmente, considera como adequadas para justificar esta ou aquela decisão e ação políticas. Sem uma teoria que a oriente, dificilmente se pode falar em *praxis* política Conservadora, e "sem doutrina, o conservadorismo perderá seu apelo intelectual; por mais

---

[51] Ver, neste volume, p. 28.

que os conservadores relutem em acreditar nisso, a política moderna é feita por intelectuais".[52]

Scruton afirma neste livro que a postura do Conservador prescinde de identificação, ou vinculação, com o programa de qualquer partido. Não foi sem razão, portanto, que o Partido Conservador tenha nascido a partir da "aversão à política partidária". Um de seus primeiros manifestos foi dirigido justamente àqueles que consideravam "repugnante toda a ideia de partido" ou que estavam mais interessados "na manutenção da ordem e na causa do bom governo" do que "nas disputas partidárias".[53] Mas foi por meio da atuação desse partido político que o Conservadorismo na Inglaterra, segundo Scruton, conseguiu se expressar na arena pública.

Os capítulos deste livro seguem um critério de exposição analítica dos elementos principais do pensamento Conservador. Por isso começa por explicar a atitude Conservadora para depois esclarecer de que forma o Conservadorismo se alicerça na ideia de autoridade, o que permite entender a importância da Constituição e o papel do Estado como defensor dos diferentes modos de vida de uma sociedade ordeira.

A partir disso, é possível compreender a perspectiva Conservadora a respeito da lei e da liberdade, que não é vista de forma abstrata nem absoluta, e da propriedade, que exerce uma função consagradora dentro da sociedade. Scruton afirma que "propriedade é a principal ligação entre o homem e a natureza. É, portanto, o primeiro estágio na socialização dos objetos e a circunstância de todas as instituições mais elevadas. (...) Por meio da propriedade, e dos direitos a ela associados, o objeto é elevado da simples condição de coisa e se entrega à humanidade".[54]

---

[52] Ibidem, p. 41.
[53] Ibidem, p. 43.
[54] Ibidem, p. 174.

Nos capítulos seguintes, Scruton apresenta uma crítica à ideia de alienação do trabalho, faz uma defesa da existência e do funcionamento das instituições autônomas (família, instituições de educação, esportes competitivos), explica a aliança entre poder e autoridade para a composição do *establishment* (o grande objetivo interno da política e do governo) e apresenta a sua concepção de mundo público, formado pelo estado-nação, pelo estadista e pela política externa. Para encerrar, a contraposição entre Liberalismo e Conservadorismo.

Ao longo deste livro, Scruton tenta equilibrar a exposição do Conservadorismo como um conjunto de princípios que requer uma ordem, e aqui reside o papel fundamental das instituições autônomas e do governo, com a demonstração do pensamento Conservador como o mais adequado instrumento político para a proteção dos diferentes modos de vida, da cultura, da harmonia social e das liberdades.

Ao balancear a exposição analítica do pensamento Conservador e da atuação política do partido, Scruton apresenta um panorama mais rico por envolver na sua apresentação a disposição, a teoria e a prática Conservadoras. Ao fazê-lo, avançou tanto na tentativa de exposição do pensamento Conservador quanto na explicação crítica da conduta do Partido Conservador num passado recente e sobre a qual a sua posição hoje está um tanto diferente porque atualizada, o que revela uma posição característica do conservador que é estar atento ao tempo presente.

A obra que você tem em mãos é uma valiosa síntese do Conservadorismo britânico, um pensamento político extraordinariamente rico e instigante formulado e aprimorado não por teorias artificialmente desenhadas por intelectuais solitários dentro de seus gabinetes, mas na grandiosa experiência do homem na vida em sociedade e no exercício da prática política.

Embora apresente uma realidade cultural e política bastante diversa da nossa, este livro tem muito a oferecer a todos os leitores brasileiros que se interessam pelo pensamento Conservador ou o estudam.

Prefácio à Terceira Edição

A versão original deste livro foi escrita vinte anos atrás, nos últimos meses de um mandato do Partido Trabalhista. Era o livro de um jovem, uma resposta a acontecimentos que agora estão quase esquecidos. Presenciei a revolução estudantil em Paris, sobrevivi a seus efeitos nas universidades onde estudei e lecionei, rebelei-me contra o *éthos* predominante da rebelião. Pediram-me que escrevesse um livro sobre o conservadorismo numa época em que o Partido Conservador estava se preparando para disputar uma eleição como defensor da liberdade. A primeira coisa que me veio à mente foi a liberdade exibida nas barricadas de Paris. A experiência tinha-me convencido, em primeiro lugar, de que eu era um conservador; depois, de que o conservadorismo não diz respeito à liberdade, mas à autoridade, e que, em todo o caso, a liberdade divorciada da autoridade não é útil para ninguém – nem mesmo para aquele que a detém. Na época, meus pensamentos pareceram severos e intransigentes. Ao reelaborar o texto de uma nova perspectiva, tentei preservar o sentido do que escrevi, embora moderando a linguagem.

Meu objetivo era expressar as ideias fundamentais de uma ideologia conservadora, não porque eu esperasse convencer alguém, mas porque eu tinha a impressão de que a perspectiva conservadora era mal compreendida tanto por aqueles que procuravam defendê-la como por aqueles que imaginavam que ela finalmente tinha sido destinada à "lata de lixo da história". Tentei distinguir conservadorismo e liberalismo econômico e, também, opor-me à ênfase que o Partido Conservador dá ao livre mercado e ao crescimento econômico. O conservadorismo, tal como o descrevo, implica a tentativa de perpetuar um organismo social em épocas de mudanças sem precedentes. Organismos podem ser curados pelo crescimento, mas também podem ser mortos por ele. E isso, em suma, é o que estamos testemunhando hoje, não apenas na Inglaterra, mas em todo o hemisfério ocidental.

Sempre se supõe que o ônus da prova cabe ao defensor da posição conservadora. Vinte anos atrás, o tema deste livro foi recebido com desdém pelos leitores socialistas e liberais. Na realidade, no entanto, não são os conservadores que têm o ônus, uma vez que defendem as virtudes do que é real e podem, em última análise, provar aquilo que querem dizer. Todavia, é necessário enfatizar que esta obra é um exercício de doutrina; ela não tenta validar uma visão política, mas expressá-la. Seu objetivo é encontrar conceitos e crenças com os quais seja possível enunciar em termos modernos uma perspectiva que é demasiado sóbria e séria para ser meramente moderna.

Desde que este livro foi escrito, acontecimentos importantes mudaram a linguagem do debate público. Ocorreu na Polônia, pela primeira vez na história, uma revolução legítima da classe trabalhadora. Foi uma revolução contra o socialismo, contra a economia planificada, contra o ateísmo, a propaganda e o governo partidário; foi uma revolução a favor do patriotismo, do resgate da tradição e da redescoberta da história; a favor da propriedade privada, de instituições autônomas, do princípio religioso, da independência jurídica e do estado de direito. Em suma, foi um movimento na direção preconizada, à época, pelos conservadores.

Travou-se a guerra no Atlântico Sul, combatida sem nenhuma outra razão senão a lealdade tradicional, que, todavia, provou-se mais forte que todas as hesitações minudentes da diplomacia.

Houve o colapso do Império Soviético e o reconhecimento quase universal não apenas de que o comunismo é insustentável, mas de que ele só podia impor-se pelo uso inaceitável da força.

A experiência polonesa mostrou, de modo mais vívido que qualquer argumento, exatamente em que medida qualquer debate de história e política imaginável havia sido solicitado em benefício da perspectiva socialista; a guerra das Ilhas Malvinas mostrou a realidade, a durabilidade e a eficácia do patriotismo como fundamento da unidade política; o colapso do comunismo trouxe consigo uma sólida mudança de atitude na esquerda. Em vez de atacar o capitalismo global, o Partido Trabalhista passou a ser o seu mais fiel defensor, promovendo a economia "global" contra os últimos vestígios de resistência nacional e escarnecendo os reacionários e os "Little Englanders",[1] que estavam dispostos a sacrificar uma promessa de crescimento econômico ainda maior em favor dos comprovados benefícios da soberania nacional, das tradições locais e do direito consuetudinário.

Talvez na esteira destes eventos o livro possa ser lido com mais simpatia. Ainda assim, acrescentei um apêndice filosófico no qual tento mostrar que realmente há uma base filosófica para a doutrina por mim apresentada e que o esforço liberal de deslocar o ônus da prova permanentemente para os conservadores não pode ter êxito. Como afirmo, o conflito filosófico básico entre conservadorismo e liberalismo encontra-se no confronto entre o ponto de vista do observador e do agente. A essência deste livro será mais bem compreendida se se perceber que ele não parte da perspectiva da primeira pessoa, mas da terceira – a perspectiva do antropólogo preocupado com o bem-estar de uma tribo (apesar de ser uma tribo que é também a sua própria).

---

[1] A expressão não tem equivalente em língua portuguesa e refere-se a um inglês que vê de forma negativa a maior parte das influências externas sobre a cultura e as instituições britânicas. (N. T.)

Na parte central do livro, discuto ideias socialistas de forma crítica, sobretudo o marxismo. Deve-se ter em mente que, na época – final da década de 1970 –, as ideias socialistas e marxistas eram a ortodoxia em nossas universidades e que, de fato, praticamente não se sabia de alguém que discordasse delas abertamente. Minha faculdade – Birkbeck College, na London University – tinha, até onde sei, dois conservadores: eu e Nunzia (Annunziata), a senhora napolitana que trabalhava no balcão do Senior Common Room e que, para demonstrar seu desprezo pelos colegas viajantes que faziam fila por lá, afixava fotografias do papa em seu pedaço de parede. Nunzia era a única pessoa com quem eu realmente podia conversar, e, portanto, não seria surpresa se este livro – minha primeira tentativa de escrever sobre política – não se conformasse aos padrões aceitos de polidez acadêmica.

Em especial, fui deliberadamente desrespeitoso com a ideia de direitos humanos e de democracia. Na época, meus colegas esquerdistas defendiam essas ideias da boca para fora (embora acobertassem ou mesmo apoiassem publicamente regimes como o da União Soviética, que as impugnavam). Teria sido mais sábio aderir a essa defesa superficial, que funcionava como uma espécie de senha de acesso para a restrita arena do debate político. Aproveito, portanto, a oportunidade de sugerir os verdadeiros fundamentos do ceticismo expresso nas páginas a seguir.

As ideias de "direitos naturais" e "justiça natural" não são de modo algum invenção da teoria política liberal. Como demonstro no capítulo quatro, elas surgem, naturalmente, das relações pessoais cotidianas entre os seres racionais, e qualquer ação considerada violadora de uma lei da justiça custa ao agente a confiança e a amizade de sua vítima. De modo semelhante, um Estado cujos cidadãos percebem suas ações como injustas sacrifica-lhes a obediência. Portanto, essa ideia contém uma admoestação política vital. Mas o que, na realidade, significa essa admoestação? Que as pessoas tendem a acreditar na existência de direitos naturais é, obviamente, um fato político importantíssimo. Que *haja*, porém, direitos naturais, de forma objetiva e independente de qualquer lei positiva que, de outro modo, se possa considerar sua criadora, é uma tese filosófica controversa. Não pode ser tarefa da política resolver um problema filosófico irresoluto. Ademais, concebido de modo isolado, sem referência a alguma tradição legal, o conceito de direito natural é altamente indeterminado, gerando ora esse, ora aquele conjunto de intuições sobre o caráter moral "inalienável" do indivíduo. Os filósofos que – como Tomás de Aquino, Hugo Grotius e John Locke – tentaram erigir a ideia de legitimidade sobre o fundamento do direito natural discordaram com relação a quase todos os detalhes da estrutura política resultante. E as mais recentes tentativas nesse empreendimento – as de Robert Nozick e John Rawls – mostram o quanto os filósofos ainda estão em desacordo, tanto no que tange ao conteúdo dos nossos "direitos naturais" como no que diz respeito à natureza do sistema político que poderá garanti-los (uma razão para isso é dada no Apêndice). Por fim, o Tribunal Europeu dos Direitos Humanos emite uma série de sentenças tão contraditórias e controversas, que a credibilidade desse modo de discutir deve ser posta seriamente em dúvida.

Há, no entanto, algo mais importante: devemos nos lembrar de que um direito só se torna uma realidade política mediante o poder que é capaz de o impor. Direitos sem poderes são ficções políticas. Direitos naturais só poderiam ser impostos pelo poder da jurisdição civil, que, por sua vez, existe para conservar os "direitos positivos" de determinado sistema legal. A tarefa política mais importante é, portanto, instituir tal sistema legal e garantir que o Estado se submeta a ele em qualquer conflito. Só faz sentido obrigar nossa política a obedecer à lei natural se supusermos que podemos ter êxito nessa tarefa. O componente essencial de tal sistema legal conservador é a independência jurídica. Um sistema legal baseado num precedente jurídico, dirigido por juízes que são verdadeiramente independentes de todos os partidos interessados, terá uma tendência natural a gravitar na direção dos "direitos naturais" que pessoas comuns reconhecem. No meu ponto de vista, o verdadeiro inimigo da lei natural não é o juiz, mas o político; e a maior ameaça aos negócios justos entre as pessoas é a tentativa de refazer a sociedade desde cima, em conformidade com uma noção de "justiça social".

A ideia de lei natural é um instrumento na importantíssima batalha para separar o privado do público – para demarcar uma esfera de existência individual, na qual o Estado não pode se intrometer. A democracia também tem sido valorizada como um instrumento na batalha, e temos de favorecê-la na medida em que ela for eficaz. Todavia, a democracia é um conceito tão discutido quanto a justiça natural, e ao avaliarmos nosso compromisso com ela devemos sempre ter em mente que não é tarefa da política responder às questões do filósofo – por exemplo, resolver os paradoxos da escolha coletiva ou determinar alguns critérios da "verdadeira democracia", os quais satisfariam as minuciosas exigências de uma teoria filosófica. Além disso, ao defendermos um princípio de governo de alcance tão amplo como a democracia, devemos ser claros em relação ao que esperamos alcançar. Pode ser que estimemos a democracia não como um fim em si, mas como um meio para outras coisas que poderiam, em princípio, ser alcançadas sem ela.

Três aspectos do governo conservador são corretamente valorizados pelos defensores da democracia: constituição, representação e oposição legal. Mas é um erro pensar que a eleição democrática é o único meio para alcançar essas condições, ou que a democratização de todas as instituições sempre as favorecerá. Os efeitos benéficos da eleição democrática dependem da manutenção das instituições com sólidos componentes hierárquicos, e o efeito corrosivo da democratização ameaça não apenas essas instituições, mas também o processo democrático que elas sustentam. Vemos isso acontecer hoje no Reino Unido, à medida que são removidas – uma a uma – as antigas restrições aos políticos eleitos democraticamente e nada permanece entre o primeiro-ministro e seu mais recente capricho, exceto um ministério nomeado e demitido por ele mesmo.

Mais importante ainda, não deveríamos deixar nossa obsessão pela democracia cegar-nos em relação ao seu valor. Nós buscamos um governo limitado pela constituição. Buscamos a representação do indivíduo no fórum de debate mais elevado. Buscamos a oposição legal e uma opinião pública ativa que servirá como freio ao poder. Devemos apoiar a eleição democrática desde que ela ajude a gerar esses benefícios. Também devemos, contudo, comparar a vantagem da democracia com o seu custo. Não deveríamos pensar que seja pequeno o custo de um sistema que faz da ignorância um ídolo e do povo, um profeta.

Fiz alterações consideráveis para esta terceira edição, mas não busquei indicar os vários argumentos com que já não concordo. Tampouco separei a longa discussão nos capítulos cinco e seis das ideias que, quando o livro foi escrito pela primeira vez, tinham uma importância intelectual decisiva. O texto pode ao menos alegar este mérito: não desperdiça palavras; e se desperdicei algumas neste prefácio, foi só para que o leitor não precise supri-las mais tarde.

Prefácio à Primeira Edição

Tentei apresentar de modo claro e simples as ideias fundamentais que creio estarem na base da visão conservadora na política e, ao fazê-lo, tentei mostrar a possibilidade de concordar com elas. Esta não é uma obra de filosofia, mas de dogmática (para usar o termo teológico): seu objetivo é descrever e defender um sistema de crenças, mas um sistema que, por expressar-se diretamente na ação, supõe respostas a questões filosóficas, em vez de fornecê-las. Não obstante, utilizei obras de filósofos políticos como Hegel, Marx e Oakeshott, muitas vezes sem me referir diretamente a eles e sempre tentando usar minha própria linguagem.

Sou grato à Fundação Rockefeller pelo convite para a Villa Serbelloni, no Lago de Como, onde escrevi o primeiro esboço deste ensaio, e aos amigos que me incentivaram enquanto eu o redigia. Aproveitei os debates com muitas pessoas e, particularmente, as conversas que tive ao longo dos anos com John Casey e Maurice Cowling. Uma versão do texto foi lida por William Waldegrave e Ted Honderich, e suas críticas me foram de grande valia. Muitos conservadores discordarão do que eu digo; todavia, o livro cumpre a primeira exigência de todo pensamento conservador: não é original nem tenta sê-lo.

Aquele que pretende convencer uma multidão de que ela não está sendo tão bem governada como deveria nunca deixará de ter ouvintes atentos e aquiescentes, pois esta já sabe dos muitos defeitos a que todo tipo de regime está sujeito; mas, no que diz respeito aos obstáculos e às dificuldades secretas, que na esfera pública são inúmeros e inevitáveis, ela geralmente não tem o discernimento necessário para levá-los em consideração. E como essa reprovação pública a supostas desordens do Estado é feita por amigos importantes para o bem comum de todos, e por homens dotados de liberdade de espírito ímpar, sob este pretexto justo e plausível, o que quer que digam passa por bom e atual. Aquilo que falta ao discurso é complementado pela disposição mental de aceitar e crer. Ao passo que, por outro lado, se desejarmos manter as coisas como foram estabelecidas, temos não só de lutar contra fortes preconceitos profundamente enraizados no coração do homem, que pensa que assim gastamos o tempo... mas também tolerar exceções como mentes desviadas de antemão que normalmente se opõem ao que relutam em ter derramado sobre si.
Hooker, *Of the Laws of Ecclesiastical Polity*, Livro I, capítulo 1.

Há muitos planos, muitos esquemas e muitas razões pelas quais não deveria haver nem planos, nem esquemas.
Disraeli, para Lady Bradford

Introdução: Filosofia, Política e Doutrina

Esta é uma obra de dogmática: uma tentativa de delinear um sistema de crenças, sem deter-se nas questões abstratas às quais esse sistema não oferece nenhuma resposta. A dogmática do conservadorismo deve ser diferenciada tanto da filosofia na qual ela se baseia quanto das políticas que surgem dela. A realidade da política é a ação, mas esta deriva – ainda que veladamente – do pensamento; e ação consistente requer pensamento consistente. Como não há uma política conservadora universal, surgiu a ilusão de que não há nenhum pensamento conservador, nenhum conjunto de crenças ou princípios, nenhuma visão geral da sociedade que motive os conservadores a agir. Sua ação é mera reação; sua política, a procrastinação; sua crença, a nostalgia.

Devo dizer que a atitude conservadora e a doutrina que a sustenta são sistemáticas e razoáveis. O conservadorismo raramente pode apresentar-se com axiomas, fórmulas ou objetivos: sua essência é inarticulada, e sua expressão, quando instigada, é cética. Mas ela pode ser expressa e, em tempos de crise, quando forçado pela necessidade política ou pelo clamor por doutrina, o conservadorismo faz o melhor que pode, embora nem sempre com segurança de que as palavras que encontra corresponderão ao instinto que as exigiu. Essa falta de segurança origina-se não da desconfiança ou do desânimo, mas de uma consciência da complexidade das coisas humanas e de uma adesão a valores que não podem ser compreendidos com a clareza abstrata da teoria utópica.[1]

Entre os intelectuais da nossa época tem sido comum acreditar que a posição conservadora já não está mais "disponível". Nada faz o século XX ser tão memorável como sua violência, e a tentativa de compreendê-la trouxe consigo a ascensão da ideologia política. À medida que as multidões de ignorantes entravam em conflito nas trevas da Europa, espalhou-se o rumor de que havia "causas" pelas quais elas lutavam – causas como "igualdade", "liberdade" e "justiça social". Não houve, porém, nenhuma notícia de bandeira conservadora, e os intelectuais concluíram: não há causa conservadora e, portanto, nenhum dogma conservador.

A Europa do pós-guerra foi criada por recrutas para os quais um credo sem uma causa não sugeria atividade coerente alguma. Uma nova geração, contudo, para a qual o espírito da guerra não é o normal, pode ser atraída novamente pela visão da condição humana em toda a sua complexidade, não simplificada pela teoria nem por ideais dominantes. Essa geração perpetua a história de algo maior, algo pelo qual ela começou a procurar. Sem doutrina – no sentido de crença arrazoada –, no entanto, ela também deverá se perder no jogo transitório da política. A mentalidade europeia busca uma profunda descrição de sua política, uma descrição que revele seu dilema real, mas que também permaneça incontaminada pelo cotidiano. Socialistas e liberais têm lutado por essa mentalidade, cada grupo alegando que

---

[1] A consciência de que o conservadorismo não tem um propósito universal, explicável para todos os povos e todas as épocas, conduziu a uma tradição entre os conservadores ingleses segundo a qual suas crenças são essencialmente assistemáticas, receosas quanto à teoria, práticas, empíricas e cotidianas. (Ver, por exemplo, Lorde Hugh Cecil, *Conservatism*. London, 1912; Lorde Hailsham, *The Case for Conservatism*. London, 1947; e, mais recentemente, William Waldegrave, *The Binding of Leviathan*. London, 1978.) Tal tradição fornece um admirável auxílio à política conservadora, mas não pode resolver o problema intelectual, a saber: por que ser um conservador em primeiro lugar?

fornecerá um sistema de princípios com o qual será possível passar da política à doutrina e desta àquela novamente. Os conservadores, que reconhecem valor no preconceito e veem perigo no pensamento abstrato, tiveram de improvisar, expressando suas crenças numa linguagem conciliatória e vaga. Todavia, nem o socialista nem o liberal puderam ser saciados. A intolerância deles (e não há maior intolerância, devo sugerir, do que a do liberalismo) não permite conciliação alguma, ao passo que suas afirmações parecem ser claras, definidas e baseadas num sistema. Até que voltem a lançar mão dos princípios que os motivam, os conservadores ver-se-ão defraudados por aqueles que alegam ter uma convicção que talvez nem sempre sintam, mas que estão sempre prontos para expressar. Sem doutrina, o conservadorismo perderá seu apelo intelectual; e, por mais que os conservadores relutem em acreditar nisso, a política moderna é feita por intelectuais.

As alternativas ao conservadorismo, no entanto, são descritas com pouca precisão. A aparente clareza dos pensamentos socialista e liberal é ilusória, e sua obscuridade é ainda mais séria por causa da facilidade com que podem se esconder numa verdade. Em contrapartida, a atitude conservadora é tão conveniente e razoável para a mente moderna quanto sempre foi e, uma vez compreendida, só será rejeitada por aqueles que procuram por um propósito primordial ou um plano sistemático em tudo. Tais pessoas ficarão angustiadas não apenas com o ponto de vista conservador, mas também com o curso da história moderna, uma vez que ele submerge cada sistema sucessivo no dilúvio da novidade.

Já que estou tratando da doutrina, não levarei em conta os grandes problemas da política que qualquer governo deve enfrentar. Contudo, farei uso extensivo de exemplos, uma vez que a doutrina se torna inútil se não é traduzida imediatamente em prática. Ademais, apresentarei argumentos abstratos, muitas vezes de natureza filosófica. Mas deve-se ter em conta que o argumento não é a ocupação favorita dos conservadores. Como todos os entes políticos, os conservadores defendem certas coisas: defendem-nas não porque têm argumentos a seu favor, mas porque as conhecem, vivem com elas e percebem que sua identidade é ameaçada (muitas vezes sem saber como) pela tentativa de interferência em seu funcionamento. Seu oponente mais característico e perigoso não é o radical, que se posiciona diretamente contra eles, armado com mitos e preconceitos que se equiparam aos seus próprios, mas, antes, o reformador, que, agindo sempre com um espírito de progresso, encontra motivos para mudar tudo aquilo que não lhe apresenta razões para se conservar. É desse espírito de progresso – o legado do liberalismo vitoriano e do darwinismo social – que os socialistas e liberais modernos continuam a deduzir sua inspiração moral.

Capítulo 1 | A Atitude Conservadora

O conservadorismo é uma perspectiva que pode ser definida de forma dissociada das políticas de um partido. Em verdade, ela pode ser um ponto de vista atraente para uma pessoa que considera repulsiva a ideia de partido. Num dos primeiros manifestos políticos do Partido Conservador Inglês, foi feito um apelo explícito "àquela notável e inteligente classe da sociedade [...] que está muito menos interessada nas disputas partidárias do que na manutenção da ordem e na causa do bom governo" (Peel, *The Tamworth Manifesto*, 1834). Por mais paradoxal que isso possa parecer, foi dessa aversão à política partidária que nasceu o Partido Conservador. Essa aversão, contudo, foi rapidamente superada por outra: a repulsa à reforma crônica, que somente um partido organizado pode combater.[1]

---

[1] A exigência da organização política de posição conservadora foi feita vigorosamente por Burke, que, embora fosse ele mesmo um *whig*, pregou e escreveu antes da formação das alianças partidárias modernas. Ele é, portanto, comumente considerado um "Pai Fundador" do Partido Conservador. Ainda é matéria de discussão entre os historiadores o momento exato da criação desse partido. Ao supor que ele não foi completamente constituído antes de 1832, baseio-me em Norman Gash, *Politics in the Age of Peel*. London, 1952, e Lorde Blake, *The Conservative Party from Peel to Churchill*. London, 1970. Quando uso a palavra "Tory", é para me referir ao Partido Conservador, a menos que o contexto faça referência à ampla associação que a precedeu. Do mesmo modo, "Conservador", com "C" maiúsculo, refere-se ao partido; com "c" minúsculo, ao sistema de crenças que esse partido pode ou não incorporar.

Na Inglaterra, portanto, o conservadorismo procurou expressar-se por meio da ação (ou, com a mesma frequência, por meio da inatividade estratégica) de determinado partido – um partido dedicado a manter a estrutura e as instituições de uma sociedade ameaçada pelo entusiasmo comercial e pela agitação social. Nos últimos anos, o Partido Conservador pareceu muitas vezes estar prestes a romper com sua tradição. Envolveu-se com o competitivo mercado da reforma, defendendo a delegação de poder, o sistema do internacionalismo econômico e a "economia de mercado", contra a qual outrora ele se posicionara de modo tão ativo. Presidiu a reorganização de limites municipais e da moeda nacional, a entrada na Europa e a consequente entrega da autonomia legal. Sob o impacto do Novo Trabalhismo, optou por uma segunda câmara democrática e, no momento em que escrevo este livro, está lutando para sobreviver à conversão de sua antiga elite à ideia de uma Moeda Europeia Unificada, apesar da perda de soberania nacional que resultará disso[2]. Durante os dezoito anos em que esteve no poder, o Partido Conservador permitiu a sujeição ininterrupta das instituições educacionais, sociais e legais à ideologia igualitária associada ao planejamento socialista. Em suma, o Partido Conservador frequentemente tem-se comportado de um modo com o qual um conservador pode ter pouca afinidade. Acima de tudo, ele começou a ver a si mesmo como o defensor da liberdade individual contra as intromissões do Estado, preocupado em devolver ao povo seu direito natural de escolha e em introduzir em toda corporação o princípio curativo da democracia. Esses são costumes efêmeros, bem-intencionados e nem sempre mal orientados, mas não são, de modo algum, a expressão inelutável da perspectiva conservadora. Antes, são o resultado da recente

---

[2] Quando a primeira edição deste livro foi publicada, o Reino Unido ainda não havia acordado uma opção de exclusão da Zona do Euro.

tentativa do partido de munir-se de um conjunto de políticas e de objetivos, bem como de um projeto de visão política do qual possa deduzi-los. Alguns consideraram essa tentativa politicamente necessária. Outros a têm desejado em si mesma. O resultado tem sido ou anseios de reforma transitórios e sem sentido, ou a adoção indiscriminada da filosofia que caracterizarei neste livro como o principal inimigo do conservadorismo: a filosofia do liberalismo, com todas as suas consequentes armadilhas para a autonomia individual e para os direitos naturais do homem. Na política, a atitude conservadora procura, acima de tudo, a autoridade e julga que nenhum cidadão possui um direito natural que transcenda sua obrigação de ser governado. Qual a utilidade de um direito sem o poder coercitivo e duradouro que o sustenta?

LIBERDADE E MODERAÇÃO

Ora, é um sinal de épocas agitadas – épocas em que, como eu disse, o conservadorismo deve sentir a necessidade de se articular – que defensores da "moderação", de um sensato meio-termo entre extremos e das demandas por uma maioria razoável (porque silenciosa) sejam ouvidos com um respeito que eles normalmente não poderiam inspirar. A atração da "moderação" para o Partido Conservador foi sua suposta associação à sociedade "livre" ou "aberta". E é essa sociedade livre que, acredita-se, o socialismo vai destruir.[3] Consequentemente, a "moderação" tenta liderar a defesa contra o "totalitarismo, quer (acrescenta-se habitualmente) de esquerda quer de direita". Durante os anos dos governos de Margaret Thatcher, fomos incentivados a encarar a política nacional, e de fato a política internacional, levando em conta um conflito completamente abstrato entre "liberdade" e

---

[3] Ver, por exemplo, Sir Karl Popper, *The Open Society and Its Enemies*. Princeton, 1950 [ed. bras.: *A Sociedade Aberta e seus Inimigos*. Trad. Milton Amado. Belo Horizonte / São Paulo, Itatiaia/Edusp, 1998].

"totalitarismo", entre os direitos "naturais" de falar e agir conforme o que se pensa e uma escravidão forçada e inquietante.

Essa distinção, se exposta de modo adequado, não precisa ser ingênua e, em verdade, conta com o auxílio de toda uma tradição na filosofia política, estendendo-se de Locke a Robert Nozick.[4] Ademais, ela representa uma parte essencial tanto da retórica do governo norte-americano como da autoimagem da sociedade norte-americana, de modo que as decisões políticas da mais alta seriedade são feitas em seu nome. Isso não quer dizer, porém, que a distinção possa ser apresentada como se sua clareza fosse imediata, como se ela determinasse alianças políticas exatas que pudessem ser definidas antes da ocasião específica para sua declaração ou como se toda a política pudesse ser subsumida nos dois grupos discordantes aos quais ela dá nome. Se não é estranho encontrar tantos *soi-disant* conservadores identificando sua posição com esta abstração chamada "liberdade", isso acontece apenas porque é da natureza do conservadorismo evitar abstrações e cometer erros radicais quando desafiado pela oposição inteligente a fazer uso delas. Assim, o conceito de liberdade – e, particularmente, de liberdades constitucionais, como a liberdade de expressão, de reunião e de "consciência" – tem sido, até recentemente, o único a ser apresentado pelo conservadorismo contemporâneo como uma contribuição à batalha ideológica da qual ele admitiu estar participando. Enquanto liberdade significava "liberdade da opressão comunista", os conservadores podiam defendê-la e saber que estavam mais ou menos de acordo com aquilo em que sempre acreditaram. Com o colapso do Império Soviético e o aparecimento de um consenso liberal de esquerda, contudo, o antigo grito de guerra não serve para diferenciar o conservadorismo dos seus rivais.

---

[4] John Locke, *Two Treaties of Government*. Ed. P. Laslett, Cambridge, 1960 [ed. bras.: *Dois Tratados sobre o Governo*. Trad. Júlio Fischer. São Paulo, Martins Fontes, 2005]; Robert Nozick, *Anarchy, State and Utopia*. New York, 1971 [ed. bras.: *Anarquia, Estado e Utopia*. Trad. Ruy Jungmann. Rio de Janeiro, Jorge Zahar, 1991].

UM EXEMPLO

Mais adiante retornarei a esse conceito de liberdade e à noção de "direitos humanos" com a qual ela está associada. Consideremos, porém, apenas um exemplo, a fim de esclarecermos um pouco mais as questões gerais: a liberdade de expressão. É óbvio que não pode haver liberdade de expressão em qualquer sociedade saudável se por liberdade entendemos o direito absoluto e desimpedido que alguém tem de dizer o que quer e de exprimir seus pontos de vista sobre qualquer coisa, a qualquer momento e em qualquer lugar. É necessário saber pouco sobre direito para perceber que não há liberdade absoluta de expressão no Reino Unido. Pensadores liberais sempre reconheceram esse fato, mas eles julgam que as restrições à liberdade surgiram apenas como algo negativo e em resposta aos direitos individuais. A liberdade só deveria ser atenuada diante da possibilidade de alguém vir a sofrer por causa de seu exercício. Para o conservador, a restrição deveria ser mantida até que fosse possível mostrar que a sociedade não seria prejudicada com sua remoção. Assim, as restrições à liberdade surgem da tentativa de a lei incorporar (para um conservador, ela deve fazê-lo) os valores fundamentais da sociedade por ela governada. Devo dizer que essa visão da lei é mais coerente, e mais fiel aos fatos, do que sua rival individualista.

Não existe liberdade para maltratar, para incitar o ódio, para fazer ou tornar públicas declarações traiçoeiras, difamatórias, obscenas e blasfemas. Na Inglaterra, como em todos os países civilizados, há uma lei que proíbe a produção e a distribuição de material subversivo – a lei da sedição. Ora, essa lei também afirma ser ofensiva a fomentação voluntária do ódio entre diferentes grupos da população. Uma aplicação adequada dessa lei – que transforma em ofensa criminosa não só a manipulação do ódio racial, mas também a do ódio de classe – teria tornado mais ou menos desnecessária a Lei das Relações Raciais (lei que ainda requeria algum elemento de *mens rea*⁵ para seus crimes estatutários). Ela, porém, não foi aplicada não apenas porque o gesto simbólico de uma lei específica para as relações raciais pareceu imensamente poderoso – se não para abrandar a hostilidade racial, ao menos para aplacar a consciência da classe média em relação a sua existência –, mas também porque sua aplicação levaria imediatamente à restrição tanto do que fora dito na tribuna do National Front⁶ quanto do que se costumava dizer em todas as manifestações radicais e em muitos congressos sindicais.

Essa desvalorização da própria ideia de sedição não foi provocada pela agitação popular, mas pela política do poder. O fato é o seguinte: não é que nossa sociedade acredite na liberdade de expressão e de reunião, mas que tenha medo de anunciar sua descrença. Essa descrença está tão consolidada na lei inglesa – tanto no direito consuetudinário como nas provisões estatutárias – que é possível duvidar de que ela seja erradicada sem uma completa subversão da ordem social consagrada pela lei. Hoje são principalmente os juízes e os júris que respondem a sua demanda. Os políticos, e especialmente os da direita "moderada", apavoraram-se.

Não queremos negar com isso a realidade de algum ideal de liberdade menos absoluto, segundo o qual seria completamente correto dizer que há e tem havido mais liberdade de expressão (e mais liberdade de todos os tipos) no Reino Unido do que na maioria dos outros países do mundo – a liberdade anglo-saxônica é devidamente respeitada por todos os que compartilham de seus benefícios, inclusive o de escrever e ler este livro. Essa liberdade, porém, não pode ser identificada se estiver separada das instituições que a fomentaram.

---

⁵ Expressão latina que significa "mente culpada". No direito penal, é considerado um dos elementos necessários a um crime. (N. T.)

⁶ Partido político britânico de direita composto apenas por brancos, cujas principais atividades políticas aconteceram durante as décadas de 1970 e 1980. (N. T.)

Trata-se da liberdade para fazer precisamente o que não é proibido pela lei, e o que é proibido pela lei registra uma longa tradição de reflexão sobre a natureza e a constituição da sociedade britânica. O direito consuetudinário inglês, que tem suas raízes no direito romano, no direito canônico e nos códigos de nossos ancestrais saxônicos, é o território próprio do juiz e se tornou a expressão de um profundo sentido histórico, um sentido de continuidade e de vitalidade de uma ordem social existente.

LIBERDADE E INSTITUIÇÕES

A discussão pode ser generalizada. A liberdade que o povo britânico estima não é, e não pode ser, um caso especial da liberdade defendida pelo Partido Republicano Americano, a liberdade de dissidentes pioneiros lutando pela comunidade num lugar sem história, a liberdade que está ligada – de algum modo misterioso – à livre iniciativa e à economia de mercado. Trata-se de uma liberdade pessoal específica, o resultado de um longo processo de evolução social, o legado de instituições sem cuja proteção ela não poderia perdurar. A liberdade nesse sentido (o único sentido que importa) não é a pré--condição de um arranjo social reconhecido, mas sua consequência. A liberdade sem instituições é cega: ela não consolida nem a continuidade social genuína nem a escolha individual genuína. Ela não significa mais que um aceno num vácuo moral.

O conceito de liberdade, portanto, não pode ocupar um lugar central no pensamento conservador sobre negócios nacionais e política internacional ou na orientação interna de uma instituição autônoma (o que, para o conservador, tem especial importância). A liberdade somente é compreensível como meta social quando está subordinada a algo mais: a um arranjo ou organização que defina o objetivo individual. Portanto, focar na liberdade é o mesmo que focar no limite que lhe serve de pré-condição. *Grosso modo*, é o indivíduo que tem responsabilidade de conquistar qualquer liberdade de expressão, de consciência e de reunião que estiver ao seu alcance. É responsabilidade do político definir e preservar o arranjo no qual a liberdade deve ser buscada. Uma grande diferença entre o conservadorismo e o liberalismo consiste, por conseguinte, no fato de que, para o conservador, o valor da liberdade individual não é absoluto, mas sujeito a outro valor mais elevado: a autoridade do governo existente. E a história poderia ser usada para sugerir que o que satisfaz o povo politicamente – ainda que ele sempre tenha usado palavras como "liberdade" para articular o primeiro impulso em direção a ela – não é a liberdade, mas um governo adequado. O governo é a necessidade primária de um povo sujeito à disciplina da participação social, e liberdade, o nome de pelo menos um de seus anseios.

As batalhas políticas de nossa época dizem respeito, portanto, à conservação e à destruição de instituições e formas de vida: nada ilustra isso mais brilhantemente do que as discussões sobre educação, descentralização de governo e papel dos sindicatos e da Câmara dos Lordes, debates com os quais o conceito abstrato de "liberdade" não consegue estabelecer contato. Em todas essas discussões, o conflito diz respeito não à liberdade, mas à autoridade, autoridade conferida a determinado cargo, instituição ou arranjo político. É por meio de um ideal de autoridade que os conservadores vivenciam o mundo político. Seus oponentes liberais, cujo ponto de vista é provavelmente a-histórico, em geral rejeitarão essa noção como um remanescente antiquado de ideias monárquicas de governo. Ora, marxistas (cujo ponto de vista pretendo levar a sério, visto que ele procede de uma teoria da natureza humana na qual alguém realmente pode acreditar) veriam a disputa em outros termos, procurando desmistificar o ideal de "autoridade" e substituí-lo por outras realidades de poder. "Autoridade", para o marxista, é simplesmente a representação ideológica do poder, poder imbuído de uma falsa aura de legitimidade, tornado absoluto e imutável, traduzido de uma realidade histórica a um ideal sempiterno. Preferindo falar de poder, o marxista põe no centro da política o único produto verdadeiro da política, a única coisa que de fato pode mudar de mãos. Mais adiante, tentarei mostrar como a descrição marxista muito provavelmente falsifica a realidade da política, não obstante determine corretamente o campo de batalha e, por essa razão senão por nenhuma outra, devemos levá-la a sério. Retornemos agora de nossa discussão preliminar para a tarefa atual, que é fazer uma descrição inicial da perspectiva conservadora, de modo que suas implicações, enquanto atitude política contemporânea, possam ser exploradas.

A BUSCA PELA DOUTRINA

Como sugeri, o conservadorismo – enquanto força motivadora na vida política do cidadão – é distintivamente inarticulado, relutante em (e, em verdade, comumente incapaz de) traduzir-se em fórmulas ou máximas, contrário a estabelecer seu propósito ou declarar seu ponto de vista. Já houve conservadores articulados – Aristóteles, Hume e T. S. Eliot, por exemplo. Embora eles tenham influenciado o curso da política, isso tem-se dado sempre indiretamente e não por causa de algum ideal político específico ao qual seus nomes tenham sido associados. De fato, se é verdade que o conservadorismo se torna consciente apenas quando é forçado a sê-lo, então é inevitável que a passagem da prática à teoria não será recompensada por nenhuma influência imediata da teoria sobre o que é feito. Não obstante, os intelectuais desejam manter suas crenças suspendidas conscientemente sobre suas mentes e não ficarão satisfeitos – num mundo perturbado pelo partidarismo – em se ver sem argumentos no meio da briga.

A tarefa deste livro é encontrar os conceitos com os quais os conservadores possam munir-se de um credo e, talvez, definir a própria posição, quer como políticos quer simplesmente como animais políticos. Isso, repitamos, não é um exercício de filosofia política, mas de dogmática política. É perfeitamente possível que as concepções que eu forneça não consigam corresponder exatamente à intuição que procurou expressá-las. Um credo político, à medida que é formulado, é, em parte, um exercício de retórica, que deverá ser revisado e reformulado sempre que a época exigir, conforme a necessidade, que seja fornecida uma nova roupagem à intuição em vigor. Assim, cabe a nós determinar uma questão importante: como o conservadorismo pode ser um item da crença contemporânea e, particularmente, como ele pode recomendar a si mesmo à peculiar espécie da qual todos fazemos parte: a pessoa autoconscientemente "moderna"?

O DESEJO DE CONSERVAR

É insuficiente definir o conservadorismo como o desejo de conservar, pois, embora haja em todos os homens e em todas as mulheres algum impulso para conservar aquilo que lhes é seguro e familiar, é a natureza dessa "familiaridade" que precisa ser analisada. Em resumo, o conservadorismo surge diretamente da sensação de pertencimento a alguma ordem social contínua e preexistente e da percepção de que esse fato é importantíssimo para determinar o que fazer. A "ordem" em questão pode ser a de um clube, a de uma sociedade, a de uma classe, a de uma comunidade, a de uma igreja, a de um governo ou a de uma nação – uma pessoa pode ter em relação a todas essas coisas aquela postura institucional que este livro tem por objetivo descrever e defender. Tendo essa postura – sentindo-se, assim, comprometida com a continuidade de seu mundo social –, uma pessoa veleja na correnteza de uma vida comum. O importante é que a vida de um arranjo social possa misturar-se às vidas de seus membros. Eles devem poder sentir em si mesmos a persistência da vontade que os cerca. O instinto conservador fundamenta-se, pois, naquele sentimento: é a ratificação da vitalidade histórica, a percepção que o indivíduo tem do desejo de viver de sua sociedade. Ademais, tendo em vista que as pessoas amam a vida, amarão aquilo que a vida lhes deu. Na medida em que elas desejam dar vida, fazem-no para perpetuar o que possuem. No intricado entrelaçamento entre indivíduo e sociedade, está a "vontade de viver" que constitui o conservadorismo.

Às vezes dizem (e não apenas os socialistas) que a estrutura da sociedade inglesa (devo admitir que no momento estamos debatendo sobre a sociedade inglesa) está desmoronando, que o país está em declínio, privado de tudo quanto constitui a força e a vitalidade de uma nação autônoma. Como, então, alguém pode ser um conservador quando não há nada para conservar a não ser ruínas? Esse ceticismo radical pode assumir muitas formas – desde a visão apocalíptica de Nietzsche e Spengler até o palavrório mais simples que acompanha o planejamento da "Nova Sociedade", cuja pedra fundamental parece, contudo, perder-se sempre –, mas certamente ele é, sob qualquer forma, de pouco interesse prático. Uma sociedade ou uma nação é de fato um tipo de organismo (e também muito mais do que um organismo); ela deve, portanto, carregar o estigma da mortalidade. Todavia, não seria um conselho absurdo dizer a um homem doente que ele deve – no interesse do "novo mundo" que espera substituí-lo – prontamente dar início à tarefa de buscar sua morte? Mesmo às portas da morte, a vontade de viver permanece e deseja seu restabelecimento. A sociedade, tal qual uma pessoa, pode resistir durante a doença e crescer na hora da morte. Se os conservadores são também restauradores, isso se dá pelo fato de que eles vivem perto da sociedade e sentem em si mesmos a enfermidade que infecta a ordem comum. Como, então, eles podem deixar de voltar seus olhos para o estado de saúde a partir do qual as coisas entraram em decadência? A revolução é hoje inconcebível: seria como assassinar uma gestante doente por impaciência de tirar de seu útero uma criança que estivesse lá. É claro que há conservadores que, em casos extremos, adotaram o caminho da revolução – conservadores como Franco, na Espanha, e Pinochet, no Chile. No vazio resultante disso, todavia, o povo ficou desorganizado, sem propósitos e incompleto. O resultado foi o derramamento de sangue e, somente depois de um tempo, um lento trabalho de restabelecimento foi realizado por algum simulacro do Estado que fora destruído.

O desejo de conservar é compatível com todos os tipos de mudança, desde que essa mudança signifique continuidade. Recentemente, argumentou-se com alguma força que o processo de mudança na vida política se tornou "hiperativo".[7] A superestimulação daquela parte rasa de nosso ser, a qual constitui a soma de nossos pontos de vista articulados, tem levado à profusão, em todo o domínio público, da sensação de que qualquer coisa pode e deve ser alterada, junto com propostas de reforma e estratégias políticas preparadas por aqueles que estão dentro e fora das instituições e cujas vidas elas ameaçam. Essa doença é do tipo que todo conservador observará, tentando primeiramente reconhecer sua natureza. O mundo tornou-se peculiarmente opiniático e, em todo canto da sociedade, pessoas que não têm nem o desejo de refletir sobre o bem social nem a habilidade para tal estão sendo incitadas a escolher alguma receita de sua predileção para sua realização. Até mesmo uma instituição como a Igreja Católica foi atormentada pela ânsia de reforma e, sendo incapaz de tomar as palavras de Cristo a Simão Pedro em seu sentido egoísta luterano, esqueceu-se parcialmente da tradição do costume, da cerimônia e da manobra criteriosa que lhe permitia permanecer aparentemente imutável em meio à mudança temporal, clamando com uma voz de autoridade imutável. A Igreja, uma instituição com um objetivo que não é deste mundo, mas que apenas está neste mundo, vende-se como uma "causa social"! Dificilmente ficamos surpreendidos se o resultado é não apenas um moralismo vazio, mas também uma teologia ridícula.

---

[7] Ver Kenneth Minogue, "On Hyperactivism in Modern British Politics". In: Maurice Cowling (Ed.), *Conservative Essays*. London, 1978.

POLÍTICA E PROPÓSITO

Dir-se-á, porém: toda política realmente deve ter um objetivo, e mudança e ruptura serão inevitáveis na concretização dele? Como, então, os conservadores podem buscar, ao mesmo tempo, salvaguardar sua herança e não participar do interesse público pela reforma? Nesse ponto, será útil deixar o mundo da política nacional e entrar no microcosmo das relações humanas comuns.

Algumas relações humanas pressupõem um propósito comum e se dissolvem quando esse propósito é cumprido ou interrompido (considerem, por exemplo, uma parceria empresarial). Nem todas as relações, no entanto, são dessa natureza. A procura por uma analogia irrefletida levou à crença (vastamente defendida, mas raramente declarada) de que uma atividade sem objetivo é simplesmente despropositada. De modo que, se vamos considerar a atividade política uma forma de conduta racional, devemos associá-la a determinados objetivos – a um ideal social que pode ser imediatamente traduzido em políticas.[8] Políticos racionais devem, portanto, ser capazes de indicar a forma de sociedade que planejam alcançar, o motivo por que querem alcançá-la e os meios que eles sugerem para sua realização.

Tal perspectiva é, em verdade, confusa. A maioria das atividades humanas e das relações que valem a pena não tem objetivo, isto é, nenhum propósito externo a elas mesmas. Não há um "fim em vista", e tentar estabelecer um significa violentar a organização. Suponhamos que eu fosse me aproximar de uma pessoa com determinado objetivo – há algo que eu tenho em mente e espero alcançar por meio das minhas relações com essa pessoa. E suponhamos que o único interesse

---

[8] A distinção aqui corresponde, em parte, à distinção (muito enfatizada na sociologia alemã do século XIX) entre *Gesellschaft* (sociedade) e *Gemeinschaft* (comunidade). (Ver F. Tönnies, *Gemeinschaft und Gesellschaft*. Edição americana: *Community and Society*. Nova York, 1963.) O argumento dessa seção pode ser encontrado de forma mais elaborada no artigo de Michael Oakeshott, "Rationalism in Politics". *Cambridge Journal*, vol. 1, 1947/8, p. 81-98, 145-57, e em *On Human Conduct*. London, 1975.

das minhas relações com essa pessoa estivesse nesse objetivo. Ora, em certo sentido eu ainda posso tratá-la não apenas como um meio, mas também como um fim (na famosa terminologia kantiana), pois posso tentar atingir meu objetivo buscando o consentimento dessa pessoa. Eu debato com ela e tento persuadi-la a fazer o que quero que ela faça. Se, porém, é assim que se dá minha abordagem, então sempre haverá a possibilidade de que eu não a convença, ou de que ela, por sua vez, consiga me dissuadir. Surge certa reciprocidade, e a autoridade absoluta do meu objetivo – como único princípio determinante do que é razoável que eu faça – deve ser abandonada. E não há nada de irracional nisso. Se meu objetivo é abandonado em tais circunstâncias, isso se dá porque ele se mostrou inalcançável ou injustificável. Em outras palavras, ele não logrou tornar-se parte da associação sobre a qual fora imposto no início. Segue-se que, se eu conceder a outra pessoa o grau de autonomia que sua natureza humana demanda de mim, eu simplesmente não posso abordá-la com um conjunto de objetivos claramente delimitados e esperar que o cumprimento desses objetivos seja inevitável, natural ou até mesmo o resultado justo do nosso diálogo. Posso descobrir novos fins, ou até mesmo cair no estado de "ausência de propósito", que é a norma das relações humanas saudáveis. Em verdade, se a amizade tem um fundamento, é este: que uma pessoa possa desejar a companhia de outra sem que haja um objetivo específico. A continuidade da amizade gerará seus próprios propósitos e anseios passageiros, mas nenhum deles jamais poderá chegar a dominar sua harmonia sem transformar a amizade em algo diferente.

O mesmo acontece na política. Políticos podem ter objetivos e pretensões em relação ao povo que pretendem governar. Uma sociedade, porém, é mais do que um organismo mudo. Ela tem personalidade e vontade. Sua história, suas instituições e sua cultura são os repositórios dos valores humanos – em suma, ela tem tanto o caráter de fim quanto o de meio. Um político que deseja impor-lhe determinado conjunto de objetivos, e que não procura compreender os valores e as argumentações que a sociedade propõe em troca, age contra a amizade. Não obstante, onde mais está o direito de governar senão na comunhão de interesses com uma ordem social? Segundo a perspectiva conservadora, a submissão da política a objetivos determinantes, por mais que pareçam "bons em si mesmos", é irracional, já que destrói a própria relação da qual o governo depende. Essa é – um conservador pode afirmar – a verdadeira origem da absurdidade do comunismo: ver a sociedade inteiramente como um meio para algum objetivo futuro, colocando-se, assim, em guerra contra o povo que pretendia governar.

É a marca da relação racional que os propósitos não sejam todos predeterminados, que alguns fins – talvez os mais importantes – devam ser descobertos e não impostos. E na vida da sociedade eles não são descobertos por meio da leitura atenta de tratados utópicos, mas sim, e principalmente, por meio da participação, isto é, tendo uma forma de vida em comum (do mesmo modo, os "fins" da amizade mantêm-se vivos em sua continuidade e mostram-se no dia a dia, mas não têm existência independente e morrem quando a amizade se desfaz). A participação numa organização social significa portar não apenas um conjunto de crenças, expectativas e sentimentos concidadãos, mas também um modo de ver, por meio do qual o valor da conduta possa ser reconhecido. Esse valor não será o produto de algum princípio abrangente aplicado abstratamente, mas, ao contrário, procederá dos imediatismos da política. Alguém pode afirmar que, para o conservador, embora os fins políticos façam sentido no campo da conduta, eles, na maioria das vezes, resistem a uma tradução em fórmulas. Em verdade, os políticos não podem propor seus fins com sensatez até que tenham compreendido a organização social que procuram influenciar. Além disso, é possível que, após terem-na compreendido, descubram que seus fins não lhe podem ser "propostos" sob a forma de um programa. Propor uma fórmula antes de efetuada a compreensão é um gesto sentimental: fazê-lo implica tomar uma sociedade como um pretexto para a agitação política, em vez de considerá-la um objeto adequado da política. Para evitarmos o sentimentalismo, devemos reconhecer que uma sociedade também tem uma vontade, e que uma pessoa racional deve estar aberta a sua persuasão. Para o conservador, essa vontade está conservada na história, na tradição, na cultura e no preconceito. As nações britânicas, longe de serem sociedades selvagens que justificariam a imposição de decretos abrangentes, são fundadas nas mais desenvolvidas culturas nacionais e contêm todos os princípios da vida social. Verdadeiros conservadores mantêm-se em consonância com esses princípios e, como resultado, tentam viver em amizade com a nação da qual fazem parte. Sua vontade de viver e a da nação são simplesmente uma e a mesma.

OBJEÇÕES IMEDIATAS

É realmente possível que haja uma doutrina política que não reconheça um propósito dirigente – nenhum propósito além do governo? E é possível que o conservadorismo derive de uma postura de "amizade política", quando, para muitas pessoas, o "conservadorismo" não significa nada além de velhos abusos e decretos injustos?

A seguir, darei uma resposta detalhada à primeira questão. Discorri um tanto vagamente sobre "nação", "sociedade", "governo" e "Estado". Nesses termos está implícito um punhado de distinções que devem ser trazidas à superfície e esclarecidas. Por fim, assim espero, ver-se-á que a metáfora da sociedade como pessoa corresponde a uma ideia clara e literal e, então, ficará evidente que pode haver doutrina e política sem um propósito dirigente, e que pode ser tão razoável acreditar naquela quanto é sábio agir a partir desta. Quanto à segunda questão, espero que ela também acabe sendo respondida. Uma resposta preliminar é necessária, caso o leitor precise tolerar o que tenho a dizer. O conservadorismo pressupõe a existência de um organismo social. Sua política tem interesse em conservar a vida desse organismo em meio à doença e à saúde, na mudança e na decadência (isso não é um objetivo externo, mas aquilo em que consiste o governo). Existem pessoas que por um lado vociferam contra a política de um "Partido Conservador", porém isso não significa que nelas não exista uma dimensão mais profunda, incorporada na ordem social, que é motivada e reconfortada pelas forças com as quais o instinto conservador está harmonizado. Em algum lugar sob o frenesi da "opinião" encontra-se implícita uma unidade subjacente, a qual pode ter evoluído, adoecido ou mudado desde a última vez em que foi identificada, mas que, obviamente, nunca *será* distinguida, a menos que esqueçamos a crosta opiniática que a envolve. Nossa sociedade está perplexa com experiências que ela ainda precisa compreender. Uma grande parte de sua política autoconsciente está obscurecida por essa confusão. Portanto, a doutrina do conservadorismo mostrar-se-á surpreendente, e até mesmo ofensiva, para muitos cujos sentimentos ela, apesar disso, descreve corretamente.

A BUSCA PELO PODER

Ainda que os conservadores estejam comprometidos com a busca por uma unidade social básica e por sua manutenção, sua relação com essa unidade não pode fornecer a totalidade da política. Uma sociedade apresenta grupos políticos doentes e destrutivos, e é contra eles que os conservadores estão em guerra. Embora o político moderno seja, inevitavelmente, um cirurgião um tanto "ferido", ele deve continuar a praticar a arte do curandeiro. Ele deve empenhar-se em governar e deve, portanto, procurar o poder que lhe permitirá fazê-lo. Em verdade, para o conservador, o poder não será capaz de se mascarar como subordinado a algum objetivo claro e justificador – ele não é o meio para a "justiça social", para a "igualdade" ou para a "liberdade". É um poder para mandar e influenciar, e sua justificação deve ser encontrada nele mesmo, numa ideia de legitimidade e direito estabelecido. O poder que o político procura deve ser, em outras palavras, um poder reconhecido. Ele não deve ser considerado pelo povo apenas como poder, mas como autoridade. Toda sociedade depende do respeito dos cidadãos pela ordem da qual são uma parte e do respeito deles por eles mesmos como parte dessa ordem. Esse sentimento – manifesto no patriotismo, no costume, na obediência à lei, na lealdade a um líder ou a um monarca e na aceitação voluntária dos privilégios daqueles aos quais os privilégios são concedidos – pode se estender indefinidamente. E é desse sentimento – que não precisa ser covarde nem incessantemente submisso – que deriva a autoridade do político conservador. Nossa primeira preocupação será, portanto, descrever tal sentimento. Depois, poderemos deduzir disso uma explicação da ordem civil que torne a atitude conservadora possível e razoável.

Ao considerarmos a relação entre o poder e a autoridade, devemos reconhecer que os conservadores sofrem uma desvantagem singular, e ela os obriga a serem mais fortes, mais astutos e até mesmo mais maquiavélicos do que seus oponentes habituais. Pois, por não terem nenhum objetivo evidente na política, eles carecem de qualquer contribuição com a qual possam incitar o entusiasmo do povo. Eles se preocupam exclusivamente com o dever de governar, e sua atitude desafia a tradução dos objetivos sociais numa lista de compras. Eles encaram com ceticismo os mitos da igualdade e da justiça social; têm aversão à agitação política universal, e o clamor por "progresso" não lhes parece ser nada além de uma moda passageira (sério apenas na medida em que constitui uma ameaça à ordem política). O que, então, pode persuadir o povo a aceitar os conservadores no poder? É correto afirmar, com Burke, que as promessas de revolução devem ser vazias (já que elas só podem ser compreendidas precisamente por meio da pressuposição do arranjo social que a revolução pretende destruir).[9] Mas que outras promessas o conservador pode fazer?

---

[9] Edmund Burke, *Reflections on the Revolution in France*. London, 1960.

A grande vantagem intelectual do socialismo é óbvia. Com sua habilidade para associar-se a ideais que todos podem reconhecer, o socialismo tem sido capaz de perpetuar a crença em sua pureza moral, apesar de crimes e mais crimes cometidos em seu nome. Que uma revolução socialista possa custar milhões de vidas; que ela possa envolver o assassinato proposital de uma classe inteira, a destruição de uma cultura, a eliminação do ensino e a profanação da arte, nada disso deixará o menor estigma nas doutrinas com as quais ela glorifica suas ações ou nas pessoas que participaram delas. Aqueles restauradores solitários, contudo, que cometeram crimes pela causa da continuidade (como o general Pinochet) muitas vezes simplesmente macularam a ideia de autoridade que esperavam servir, porque não lutaram por um ideal, mas pelo que eles julgavam ser uma realidade. Parece, então, que numa época hipócrita como esta, os conservadores considerarão a prática da política tão difícil quanto a elaboração de sua teoria outrora. Há, porém, lugares onde eles podem ter êxito, e a Grã-Bretanha tem sido um deles.

Capítulo 2 | Autoridade e Obediência

A atitude conservadora exige a permanência de uma ordem civil. O que é essa ordem? E por que ela deveria ser mantida?

Devemos começar diferenciando Estado de sociedade – não por eles serem verdadeiramente separáveis, mas porque devem ser descritos separadamente. Uma sociedade se mantém unida por meio do laço civil que gera e sustenta as instituições de governo. Historiadores discutem as origens do Estado. Muitas vezes, eles escrevem como se o "Estado" tivesse sido uma invenção moderna, originada a partir do colapso da jurisdição eclesiástica, ou da demanda pelos "direitos do homem" no século XVIII (direitos que pareceram requerer urgentemente a invenção de algo em face do que reivindicá-los), ou ainda (algo mais provinciano) do estabelecimento das fronteiras no Congresso de Viena. Essas discussões levantam questões importantes, e eu retornarei a elas. Por uma questão de clareza, porém, devemos inicialmente reconhecer dois aspectos em qualquer organização que tenha um governo genuíno e fazer a distinção mais ampla possível entre eles: o de sociedade civil e o de Estado. Nenhum desses aspectos pode existir independentemente, e o leitor deve aceitar, portanto, que a visão conservadora da sociedade – que este capítulo tem por objetivo explorar – já conterá fortes insinuações da visão conservadora do Estado.

Não obstante, o conservadorismo tem origem numa postura em relação à sociedade civil, e é de uma concepção de sociedade civil que deriva sua doutrina política. Uma doutrina política, porém, deve conter um motivo para a ação e uma fonte de magnetismo. Os conservadores – incapazes que são de recorrer ao futuro utópico ou a qualquer futuro que, de certo modo, já não esteja contido no presente e no passado – devem valer-se de concepções que são diretamente aplicáveis às coisas como são e, ao mesmo tempo, indicadoras de uma força motivadora no povo. E essa força deve ser tão grande quanto o desejo por "liberdade" e por "justiça social" apresentado por seus rivais. Há três conceitos que se apresentam imediatamente e cuja aplicação contemporânea devemos analisar: autoridade, obediência e tradição.

AUTORIDADE E PODER

É um fato notável que as pessoas reconheçam autoridade em seus companheiros, em organizações sociais, em instituições e no Estado. É igualmente notável que essa autoridade possa exigir a obediência dessas pessoas a tal ponto que elas possam morrer voluntariamente por ela, assim como poderiam fazê-lo por qualquer ideal ou credo religioso. Na medida em que as pessoas mostram disposição para sacrificar suas vidas por algo maior do que elas, então – falando historicamente – a nação e a ordem social devem rivalizar com a religião como as principais beneficiárias de tal gesto. Um cético pode afirmar que a Igreja e o Estado representam os únicos poderes capazes de compelir as pessoas a abdicarem de suas vidas, mas tal ceticismo é infundado. Não foi o Estado que impeliu os aqueus a se reunirem diante das muralhas de Troia, mas a percepção de sua identidade social comum e a honra e a obediência como gregos (o horror e a impessoalidade da guerra moderna naturalmente tornam difíceis a defesa de tal atitude. A honra tende a buscar expressão em um tipo de tristeza pessoal, em "Nenhum homem tem maior amor do que este..." de Wilfred Owen, ou ainda na mera "solidariedade" daqueles que sofrem juntos).

"Autoridade" pode significar muitas coisas. Pode significar, particularmente, poder legítimo ou estabelecido. Em qualquer um dos sentidos, ela pode ser concedida, delegada, removida, respeitada, ignorada ou rechaçada. Uma pessoa que tem autoridade recebeu-a de certa fonte – embora ela possa também ter autoridade noutro sentido, de acordo com o qual ela não significa o princípio de governo legítimo ou estabelecido, mas o dom natural de exigir obediência. Para o marxista, a "autoridade" bem como o conceito de "legitimidade" por meio do qual ela se dignifica são simplesmente partes da regra da ideologia de classe, conceitos pertencentes a uma "hegemonia" predominante e inculcados por ela. Os dois conceitos pertencem ao imenso movimento inconsciente por meio do qual o poder procurou entrincheirar-se nas instituições reconhecidas e por meio do qual a natureza histórica (isto é, a impermanência) dessas instituições é encoberta. O que é histórico é apresentado como natural. O poder é representado como poder imutável. Não nos enganemos, porém, diz o marxista: a única *realidade* aqui é o poder.

É importante perceber que tais ideias – quer sejam verdadeiras quer sejam falsas – podem ser irrelevantes para a prática da política. O que diferencia a atividade política do agrupamento biológico do rebanho é que a estrutura da primeira é determinada pelos conceitos daqueles que se engajam nela, ao passo que a do segundo obedece apenas a leis inexoráveis da natureza inconsciente. E pode-se tentar de todas as maneiras solapar a "ideologia predominante" que primeiramente colocou a legitimidade no centro da consciência comum, mas não se terá êxito em fazer as pessoas tirarem de suas mentes um conceito que lhes é indispensável em suas atuais relações com o mundo. As pessoas têm a ideia de legitimidade e enxergam o mundo pintado com suas cores; e é o modo como elas encaram o mundo que determina como agem nele. Ora, a crença na legitimidade existe e sempre existirá como parte de uma consciência política comum, e não é feliz uma sociedade na qual as pessoas não podem ver a legitimidade em plena vigência, na qual elas veem apenas a coerção do Estado e o poder estabelecido. Da Conquista Normanda às reações contemporâneas ao poder sindical, o conceito de legitimidade tem determinado a prática política e, quer exista ou não qualquer realidade que corresponda a esse conceito, é uma questão que pode ser posta de lado como não tendo significância política (embora tenha grande importância filosófica).

O CONTRATO SOCIAL

A fim de compreendermos a atitude conservadora em relação à autoridade, devemos analisar uma ideia política recente e aparentemente irrepreensível hoje: a noção de que "não pode haver nenhuma obrigação em relação a nenhum homem a qual não surja de um ato próprio dele",[1] como Thomas Hobbes afirmou outrora. A versão mais popular dessa ideia considera que a transição do poder à legitimidade reside em um "contrato social" implícito, desconhecido e incognoscível. Ora, é improvável que alguém acredite – e muito menos um conservador – que o governo é possível sem a propagação de mitos. Essa ficção específica – que em determinado momento mostrou-se conveniente para persuadir o povo de que a legitimidade do governo localiza-se noutro lugar que não o direito divino dos reis –, tem tanta relação com os fatos, no entanto, quanto a ideia de que meus pais e eu certa vez firmamos secretamente um contrato segundo o qual eles me alimentariam e me educariam em troca do futuro cuidado que eu teria com eles. Naturalmente, nem todo contrato precisa ser explícito: há contratos implícitos na lei,

---

[1] Thomas Hobbes, *Leviathan*. London, 1651, ii, p. 21. Essa ideia é subjacente à obra de Jean-Jacques Rousseau, *The Social Contract*. Trad. G. D. H. Cole. London, 1913, e foi criticada por Hume em "Of the Original Contract". In: *Essays, Moral, Political and Literary*. London, 1791 [ed. bras.: "Do Contrato Original". In: *Ensaios Morais, Políticos e Literários*. Rio de Janeiro, Topbooks, 2004].

selados, por exemplo, por um ato de cumprimento parcial. Mesmo, porém, em contratos implícitos (com exceção daqueles casos peculiares em que um contrato é sugerido por um estatuto) deve haver, em algum ponto, uma escolha e uma deliberação, um conhecimento das consequências, uma crença, ou um reconhecimento mútuo, na troca de promessas. A ideia de que *deve* haver – no âmago de toda organização política e, em verdade, no de toda organização social – algo que tenha a natureza de um contrato (mas um contrato que, de certo modo, surja das relações sociais e não que as preceda, porque ele claramente não poderia fazê-lo) origina-se de um padrão singular de pensamento que nós devemos analisar tanto aqui como no capítulo seguinte, já que ele está ligado ao nosso tema.

Este é o padrão de pensamento: os seres humanos, enquanto agentes livres e autônomos, estão submetidos à regra da justiça, o que quer dizer – *grosso modo* e, novamente, segundo a terminologia abstrata de Kant – que eles devem ser tratados como fim e não como meio. Tratá-los apenas como meio significa desrespeitar sua liberdade e, portanto, sacrificar o direito de uma pessoa a qualquer respeito semelhante por parte deles. O cumprimento de um contrato não é o ponto mais elevado das relações justas, mas seu mais claro exemplo. Uma promessa é feita e outra é recebida conscientemente e com pleno conhecimento das consequências. Fazer uma promessa e confiar no cumprimento da promessa alheia, negando simultaneamente qualquer intenção de reciprocidade, significa tratar o outro como um meio, abusar de sua confiança e, portanto, agir injustamente com ele. Aqui, o que vemos é uma pessoa usurpar um direito que não era seu, pois o outro, embora tenha lhe concedido esse direito, só o fez sob certas condições, apenas pressupondo que havia adquirido um direito semelhante em troca. Agora, portanto, podemos fazer uma distinção entre reivindicações legítimas e ilegítimas: os "direitos" reivindicados de modo tão barulhento pelo Sr. Boffin em *Our Mutual Friend* são, evidentemente, do segundo tipo. O mesmo vale para um vasto número dos "direitos" delimitados pelo Tribunal Europeu dos Direitos Humanos, os quais são usados para dar privilégio e poder a indivíduos e grupos que não fizeram nada para merecê-los.

A vantagem do contrato é que ele é composto inteiramente de direitos concedidos livremente, e é nessa liberdade (como sempre sugeriram o senso comum e o direito consuetudinário) que está sua legitimidade. Desse modo, a transferência da linguagem do contrato para a esfera social nos fornece imediatamente um meio para diferenciar o poder legítimo do ilegítimo. O critério de poder é complexo em sua aplicação, absorvendo muitas qualificações à medida que a sociedade se desenvolve em resposta a ele, mas sua essência é simples. O poder surge da base contratual e a expressa ou reivindica algum direito que a transcende? O poder da polícia, por exemplo, pode ser considerado legítimo nesse contexto, já o da máfia não.

É difícil ser convencido por tal ponto de vista, já que a mera possibilidade do contrato livre e aberto pressupõe uma ordem social adequada, não porque de outro modo seria impossível impor contratos (embora isso também seja verdade), mas porque sem ordem social a própria noção do indivíduo que se compromete por meio de uma promessa não surgiria. Nós já imaginamos instituições compartilhadas e uma concepção de liberdade humana que dificilmente poderiam ter sua origem na própria prática do contrato que elas ajudam a tornar possível. Isso não quer dizer que uma pessoa não possa enxergar a sociedade segundo essa perspectiva contratual, ao modo do liberalismo norte-americano, e assim explicar todas as formas de organização social como sendo assembleias de seus membros, tendo a escolha ou o consentimento como seu princípio de ligação fundamental. Para que esse modo de ver as coisas possa apreender até mesmo a menor parte do que é reconhecido como a "autoridade" do Estado, porém, devem ser concedidos, ao arranjo social, antecedentes históricos plausíveis (como os da Nova Inglaterra), com os quais se possa iludir a mente curiosa. Talvez o acontecimento mais notável na política norte-americana neste século tenha sido o reconhecimento de que os poderes do Estado de fato transcendem sua suposta base contratual e, portanto, devem procurar sua autoridade noutro lugar.[2]

AUTORIDADE E FAMÍLIA

Desçamos novamente, contudo, do mundo político ao privado. Pensemos na família. Eu já sugeri que seria absurdo pensar nos laços familiares como sendo contratuais, ou em obrigações familiares como tendo surgido, de algum modo, de um livre abandono da autonomia ou até mesmo de algum acordo implícito que ascende até a consciência num momento posterior, por assim dizer. Aqui a linguagem do contrato, até mesmo como metáfora, falha em estabelecer contato com os fatos. E é por causa disso que individualistas radicais – aqueles que não conseguem reconhecer virtude alguma em qualquer arranjo que, em última instância, não derive da escolha consciente – começaram a atacar a família, a fabricar a ideia de sua "dispensabilidade", a declarar guerra a ela por considerá-la uma forma de "opressão patriarcal", da qual mulheres e crianças devem ser libertadas caso queiram desfrutar de uma liberdade e satisfação próprias.

Se fosse acidental o fato de os seres humanos crescerem para amar, necessitar e depender uns dos outros; se fosse acidental o fato de as crianças se sentirem ligadas a seus pais e os pais a suas crianças por meio de vínculos inexoráveis que circunscrevem as possibilidades do prazer e da dor posteriores; se fosse acidental o fato de a vida doméstica ser até hoje (exceto no caso de uma minoria) tão difícil quanto no passado, então talvez a "crítica radical" tivesse alguma força. Os conservadores certamente se mostrarão céticos quanto a isso. Suas raras tentativas de expressar a verdade sobre o mundo provavelmente

---

[2] Decerto, esse reconhecimento tem sido lento e doloroso, evidente não apenas nas controvérsias em torno do *New Deal*, mas também em quase todos os atos políticos subsequentes, quer exteriores quer domésticos.

se baseiam na observação e carregam uma descrença na mutabilidade imediata da natureza humana. Portanto, eles admitirão que esses fatos não são acidentais e que o vínculo familiar é dispensável apenas se o prazer, a diligência, o amor, a tristeza, a paixão e a obediência também o forem – isto é, apenas no caso da minoria que pode persuadir-se (por qualquer razão) a renunciar a essas coisas.

A família é, portanto, uma pequena unidade social que compartilha com a sociedade civil a condição única de ser não contratual, de surgir (tanto para as crianças como para os pais) não da escolha, mas da necessidade natural. E (para inverter a analogia) é óbvio que o vínculo que liga o cidadão à sociedade não é, do mesmo modo, voluntário, mas um tipo de relação natural. Locke e outros grandes individualistas, que pensavam de modo diferente, também eram obrigados a pensar que o mundo continha muitos "lugares vazios" que poderiam ser preenchidos por aqueles que escolhessem se afastar do arranjo que herdaram. Como sabemos hoje, todos os países ridicularizam o sinal "comprometido". Ademais, não seria ingenuidade psicológica pensar que hoje eu, um homem de meia-idade, enraizado em minha língua, cultura e história, poderia repentinamente dar uma reviravolta e passar a me ver como inglês apenas por acidente, livre para mudar a qualquer momento? Se vou a outro lugar, levo comigo meu britanismo tanto quanto minha ligação à família, à língua, à vida e à personalidade. Eu vou como um colono ou como um exilado, e de duas uma: ou afundo, como os tibetanos, ou nado, como os judeus.

A analogia com a família é útil se quisermos compreender o papel da autoridade na política. Desde o início fica claro que uma criança deve ser influenciada pelo poder de seus pais: seu amor por eles conceder-lhes-á esse poder, e os pais, mesmo quando permissivos, não se evadem de seu exercício, assim como um oficial não deixa de comandar suas tropas quando permite que essas fiquem constantemente à vontade. Uma criança é o que é em virtude da vontade de seus pais e, consequentemente, eles têm a obrigação inalienável de formá-la e de influenciar o desenvolvimento dela. Nesse mesmo processo está o poder, e faz-se necessário um poder estabelecido, uma vez que ele já reside com o pai desde o primeiro momento em que a criança está no mundo. Ora, há uma noção segundo a qual toda criança não apenas tem necessidade de que seus pais exerçam esse poder, mas também exigirá que eles o façam, por estimar a proteção deles. Não pode haver um ato de amor a uma criança (e nenhum ato de amor) que não seja, em primeiro lugar, um exercício de poder estabelecido. Do contrário, como a criança poderia reconhecer, dentre todos os seres que a circundam, aquele que é sua origem, isto é, sua principal proteção e sua fonte de amor? Certamente, a criança deve sentir a influência de uma vontade em sua vida e de um desejo por sua vida, além do seu próprio. Ela deve sentir o limite gerado pelo amor de outra pessoa por ela. E a criança só é tirada de sua autoimersão e levada a reconhecer seu pai como um ser autônomo (um ser que não apenas lhe dá amor, mas o dá livremente e é a quem ela deve amor em retribuição) quando ela reconhece a existência de um poder objetivo sobre o que fará. O tipo de amor pessoal que julgamos ser a finalidade da união familiar requer, como pré-condição, a noção de poder estabelecido – o reconhecimento informe da criança de sua impotência em relação a pelo menos um outro ser – aliada à crescente consciência de que o poder desse ser é também um exercício de liberdade. E é um reconhecimento semelhante de restrição, impotência e sujeição à vontade externa que anuncia ao indivíduo sua tomada de consciência quanto a seu pertencimento à sociedade. É nesse reconhecimento que nasce o amor de uma pessoa por seu país.

Consideremos o outro lado das lealdades familiares. Somos inclinados a pensar que as crianças têm uma responsabilidade para com seus pais, uma responsabilidade que de modo algum reflete qualquer direito meramente contratual, mas que se *deve* aos pais como reconhecimento do vínculo filial. Esse senso de obrigação não está baseado na justiça – que é a esfera das ações livres entre seres que criam seus vínculos morais –, mas antes no respeito, na honra ou (como diziam os romanos) na piedade.[3] Negligenciar os pais em sua velhice não é um ato de justiça, mas de impiedade. Impiedade significa recusar reconhecer como legítima uma exigência que não surge do consentimento ou da escolha. E notamos que o comportamento das crianças em relação a seus pais não pode ser compreendido a menos que admitamos essa habilidade para reconhecer um vínculo "transcendente", que existe "objetivamente", por assim dizer, fora da esfera da escolha individual. É essa habilidade que é transferida, pelo cidadão, do círculo familiar e do lar para a cidade, para o povo e para o país. O vínculo da sociedade – tal como os conservadores o compreendem – é exatamente esse vínculo "transcendente", e inevitavelmente os cidadãos estarão dispostos a reconhecer sua legitimidade. Em outras palavras, estarão dispostos a conferir autoridade à ordem existente. Eles serão impedidos de fazer isso por meio de atos de um poder injusto ou arbitrário, ou em razão de uma "hostilidade" geral na ordem pública, do tipo experimentado pela criança carente e negligenciada.

A autoridade, no sentido em que a consideramos, é um grande artefato. Com isso não quero dizer que a autoridade é intencionalmente construída, mas antes que ela existe apenas na medida em que a exercitamos, a compreendemos e nos submetemos a ela. A condição da sociedade pressupõe essa conivência geral, e os conservadores procurarão defender todas as práticas e instituições – dentre as quais, naturalmente, a família é preeminente – por meios das quais os hábitos de obediência são adquiridos. Como veremos, esse corolário de que o pensamento conservador necessita é incompatível com qualquer sugestão de que o conservador é um advogado quer dos ideais liberais quer do assim chamado "Estado mínimo".[4] Nenhum

---

[3] Tenho uma dívida com John Casey por ele me convencer de que tais conceitos são indispensáveis para o pensamento político conservador.

[4] Nos últimos anos, o grande defensor desse ponto de vista tem sido Robert Nozick (op. cit.).

conservador sério pode acreditar que deve haver um poder maior que o do Estado, um poder que pode (caso decida) colocar-se além do alcance da lei. Os conservadores acreditam que o poder do Estado é necessário para a autoridade deste e procurarão estabelecê-lo e reforçá-lo diante de toda influência que lhe fizer oposição. Todavia, seu desejo não é ver o poder desprotegido no foro da política, mas protegido pela constituição, sempre operando por meio de um sistema legal adequado, de modo que suas manobras nunca pareçam bárbaras ou opressoras, mas sempre contidas e inevitáveis, uma expressão da vitalidade civilizada por meio da qual a lealdade é incentivada. Portanto, a constituição e as leis que a sustentam sempre estarão no coração do pensamento conservador. Os conservadores depositam sua fé em sistemas conhecidos e testados e desejam impregná-los com toda a autoridade necessária para constituir um domínio público aceito e objetivo. É daí que surge seu respeito pela tradição e pelos costumes e não de qualquer fim – como a liberdade – em relação ao qual essas práticas são tomadas como meios. Esse ponto é essencial, e vou elaborá-lo mais adiante.

OBEDIÊNCIA

É a obediência que define a situação da sociedade e que faz desta algo maior do que o "agregado de indivíduos" que a mente liberal percebe. É característico dos conservadores o ceticismo em relação a reivindicações feitas em nome do valor do indivíduo, caso elas entrem em conflito com a obediência necessária à sociedade, ainda que eles possam desejar que o Estado (no sentido de aparato do governo) mantenha uma relação razoavelmente frouxa com as atividades de cada cidadão. A individualidade também é um artefato, uma conquista que depende da vida social das pessoas. E em verdade – como têm mostrado muitos historiadores – o fato de homens e mulheres se definirem como indivíduos, como criaturas cuja natureza e valor se resumem em sua existência individual única, é um empreendimento recente do espírito humano.⁵ A situação da humanidade exige que os indivíduos, enquanto existem e agem como seres independentes, assim o façam apenas porque podem, primeiramente, considerar-se algo maior: membros de uma sociedade, de um grupo, de uma classe, de um Estado, de uma nação ou de algum arranjo para o qual eles talvez não designem nenhum nome, mas que reconhecem instintivamente como seu lar. Em termos políticos, esse vínculo da obediência – que, visto das alturas da especulação intelectual como "meu cargo e seus deveres", é vivenciado como uma certeza peculiar na vida cotidiana⁶ – tem um valor que transcende o valor da individualidade. Para muitas pessoas, o vínculo da obediência tem autoridade imediata, ao passo que o apelo à individualidade é ignorado. Portanto, é errado pensar que um político tem algum tipo de obrigação de atender este e ignorar aquele. Se os dois impulsos não estão em conflito, como talvez não estiveram, por exemplo, na sociedade descrita por Fielding (e defendida por Burke), então muito bem. Se, porém, a individualidade ameaça a obediência – como certamente deve ocorrer numa sociedade em que a individualidade procura conceber a si mesma em oposição às instituições e às tradições a partir das quais emerge –, então a ordem civil também é ameaçada. Essa certamente é a situação que surgiu na Europa e nos Estados Unidos durante a década de 1960 e de cujos efeitos ainda padecemos. A função da política é preservar a ordem civil e evitar "o pó e as cinzas da individualidade" que Burke descreveu como sendo sua ruína.⁷

---

[5] Ver as reflexões de Jacob Burckhardt, *The Civilisation of Renaissance in Italy*. Leipzig, 1877-1878 [ed. bras.: *A Cultura do Renascimento na Itália*. Trad. Sergio Tellaroli. São Paulo, Companhia das Letras, 2009]; e as de Emile Durkheim, *On Suicide*, 2ª ed. Paris, 1912 [ed. bras.: *O Suicídio*. Trad. Monica Stahel. São Paulo, Martins Fontes, 2011].

[6] Ver F. H. Bradley, "My Station and my Duties". In: *Ethical Studies*. London, 1876.

[7] Edmund Burke, op. cit.

Esbocei o processo de formação da obediência no vínculo familiar e o resíduo de respeito ou piedade que surge dele, pronto para ser transferido para quem quer que se apresente como um objeto social adequado. O objeto primário da obediência é, como argumentei, a autoridade, que quer dizer o poder concebido como legítimo e, assim, atado pela responsabilidade. Na família, autoridade e responsabilidade têm seu fundamento e fim no amor, mas desde o princípio elas transcendem o amor pessoal dos indivíduos (há uma grande mistificação na ideia freudiana de "romance familiar". Freud estava descobrindo algo de grande importância: a conexão – também percebida por Hegel e Wagner – entre a proibição do incesto e a existência da família como "lar". Isso, todavia, não nos deve convencer de que o vínculo natural é sempre e inevitavelmente erótico. Nesse campo as distinções, e não as semelhanças, têm maior significado). Autoridade e responsabilidade surgem da noção de família e a sustentam como algo maior do que o agregado de seus membros, uma entidade da qual os membros participam, de modo que seu ser e o deles se misturam. As pessoas são engrandecidas, e não diminuídas, por meio de sua participação em arranjos como esses.[8] A mera individualidade, relegada primeiramente à família e em seguida a todo o organismo social, é finalmente substituída pela obediência madura, a única forma de "liberdade" politicamente desejável. É óbvio que tal obediência é uma questão de intensidade, sendo ardente em alguns momentos e passiva ou deficiente noutros. A possibilidade do conservadorismo supõe apenas que ela exista até certo ponto, e na maioria das pessoas ativas.

O patriotismo – entendido como o sentido de identidade de um indivíduo com uma ordem social – é politicamente indispensável.

---

[8] A filosofia por trás disso não está enunciada de modo mais sucinto ou convincente em nenhum outro lugar a não ser em G. W. F. Hegel, *The Philosophy of Right*. Trad. T. M. Knox. Oxford, 1967 [ed. bras.: *Filosofia do Direito*. Paulo Meneses et alli. São Paulo, Loyola, 2010].

O patriotismo tem tido muitos detratores, nem todos eles tão sentimentais quanto o velho Tolstói. É difícil, porém, negar sua capacidade de instilar certa generosidade até mesmo no espírito mais mesquinho, ou de acalmar o instinto de beneficiar-se da perda ou da impotência de alguém. Se for feita a objeção de que o patriotismo tem sido a principal causa da guerra e do sofrimento, então a reposta é a seguinte: em primeiro lugar, ele tem sido o único grande obstáculo à guerra civil, amplamente reconhecida como o pior dos infortúnios humanos; em segundo lugar, visto que a causa da guerra é a disputa pelo poder, ela pode ser travada com igual facilidade tanto em nome de um "ideal internacional" quanto por causa de uma grandeza nacional (possivelmente, a maior causa de guerra no século XX foi o socialismo internacional tal como propagado pela Internacional Comunista).

A suspeita em relação à causa patriótica surge, em parte, porque as pessoas confundem o patriotismo com o nacionalismo. Este não é uma forma de lealdade, mas uma ideologia e um chamado à guerra em nome da lealdade. O nacionalismo frequentemente resulta do colapso de um império, quando pessoas previamente governadas por um poder metropolitano distante buscam uma forma mais local de governo legítimo, uma forma que corresponda aos costumes, à língua e à história que as ligam umas às outras. Todavia, isso quase sempre implica um ato de autoafirmação – quer contra o império decadente quer contra nacionalidades rivais envolvidas no mesmo projeto de "autodeterminação". A história desse projeto em nossa época não é feliz; não obstante, uma parte dele – que é a tentativa de dar expressão política a uma obediência natural – merece a simpatia dos conservadores. Os conservadores se opõem ao desejo de racionalizar a lealdade nacional por meio do mito de que "nós" de algum modo somos superiores a "eles" e, portanto, temos direito a destruí-los. O patriotismo é uma visão inteiramente mais comedida da questão: é simplesmente o reconhecimento de que nós resistimos ou caímos juntos e de que, portanto, é responsabilidade de cada um manter os costumes e os símbolos de nosso pertencimento comum à sociedade.

Há uma longa tradição de pensamento político (da qual Maquiavel não é de modo algum o primeiro representante) que considera o ataque ao estrangeiro uma condição para a paz interna. Sendo esse o caso, então é claro que o patriotismo torna-se um elemento de união necessário para a sociedade civil. Todo homem moderno, contudo, espera que a intuição maquiavélica não contenha nenhuma verdade inexorável e que um hábito de negociação sob a lei internacional substitua o modelo de beligerância anterior. Não obstante, devemos reconhecer que o patriotismo não é meramente uma postura em relação ao mundo internacional. É, em primeiro lugar, uma condição da vida privada e ocupa um lugar único nas deliberações do cidadão. Para compreendermos isso, devemos recorrer novamente a dois axiomas do pensamento conservador. Eu os chamo de axiomas, embora eles estejam implícitos e inconfessos nos instintos do *homo conservans*.

O FOCO NACIONAL

O primeiro axioma é o simples princípio de que o conservadorismo, por carecer de um ideal dominante (segundo a noção explicada no capítulo um), deve necessariamente assumir muitas formas. Sólon, após terem lhe perguntado qual é a melhor forma de governo, respondeu: "Para quem? E em que época?". É um país, uma história, uma forma específica de vida que merecem o respeito e a energia dos conservadores, e mesmo que possam imaginar outros sistemas reais ou ideais, não estão mergulhados neles como estão em sua própria sociedade. Para eles, nenhuma visão utópica terá força se comparada à força da prática corrente, pois enquanto aquela é abstrata e incompleta, esta é concreta e limitada por complicações familiares que podem ser compreendidas sem serem descritas. Tantos quantos forem os sistemas testados na vida social – e que têm capacidade para exigir a lealdade de seus participantes –, tantas serão as variedades das formas de política conservadora. Escrúpulos morais podem dissuadir os conservadores de fechar os olhos a tudo o que eles pensam e fazem alhures, mas sua forma predileta de vida política não será uma dedução de princípios abstratos suficientes em si mesmos para proibir o que julgam repugnante.

A PRIMAZIA DA APARÊNCIA

O segundo axioma é mais complicado, embora seja igualmente fundamental para a doutrina conservadora. Este é o axioma: a atividade política dos cidadãos é determinada por sua própria concepção a respeito de sua natureza social. A realidade da política não deve ser encontrada à margem das razões daqueles que se ocupam dela, e o que quer que os marxistas digam sobre a relação entre a infraestrutura e a superestrutura, ou sobre as causas econômicas do comportamento social, sua veracidade não é relevante para a compreensão política da humanidade (esse é um ponto ao qual retornarei no capítulo cinco).

O argumento pode ser ilustrado por uma analogia com a linguística. Suponhamos que um linguista tenha apresentado uma lei do discurso em língua inglesa que nos mostre quando alguém dirá "a casa é branca" e quando dirá "algo é branco". Uma vez estabelecida uma teoria adequada, essa lei forneceria uma explicação completa da relação entre as frases, já que ela nos mostraria todos os fatos relativos à sua expressão: quando, onde e por quê. Essa lei, porém, seria insatisfatória, pois há uma conexão entre as frases que pode não ter nada a ver com causalidade, mas que mesmo assim é de suma importância: uma conexão de sentido. É essa conexão que é compreendida por um falante nativo, que entende as frases mesmo ignorando as leis da linguística. Em contrapartida, o linguista, apesar de ter pleno conhecimento das leis causais, pode não entender as frases, já que as conexões de sentido são subordinadas a leis que não são dicionarizadas.

De modo semelhante, quaisquer que sejam os determinantes econômicos, sociais e biológicos do comportamento de uma pessoa, esse comportamento é compreendido por ela e seus semelhantes de outro modo: em termos de seu significado. Para descrever esse significado, ter-se-ia de usar os conceitos disponíveis para o agente e não as classificações especializadas de uma ciência preditiva. Ademais, os atos e as intenções de uma pessoa derivam da sua própria concepção de mundo. Não pode existir nenhum "observador imparcial" do comportamento humano, caso isso signifique um observador que não tenha compreensão imaginativa dos conceitos que determinam a ação. Ocupar-se da atividade política significa compreender – e em diferentes graus partilhar – o modo comum de ver as coisas. Isso pode requerer um ato de identificação imaginativa, mas é inconciliável com (e, em verdade, é em grande medida incompatível com) a aplicação de qualquer "ciência do homem" neutra.

O que é essa "superfície" das relações sociais, isso que é compreendido por meio da participação, mas que pode resistir a ser traduzido em palavras? Falando em termos bem simples, alguém pode aludir à "cultura" de uma sociedade ou nação. Com "cultura" eu me refiro a todas as atividades que dotam o mundo de sentido, de modo que ele carregue a marca da ação e da resposta apropriadas. É isso o que constitui a compreensão que o indivíduo tem de sua natureza social. Tal compreensão não se dá por meio da escolha, mas antes por meio de conceitos e percepções incorporados no organismo social, práticas (tais como o casamento) que não podem ser tomadas como produtos da vontade individual ou como o resultado de algum "contrato social" cujos termos ninguém pode determinar ou lembrar. Uma prática pertence à cultura quando ela leva seus membros a perceberem o valor do que fazem. Essa percepção pode não estar totalmente disponível para um estranho, mas ela pode ser essencial para a intenção que fundamenta um ato social.

Existe, falando francamente, algo que é de um profundo autoengano na ideia de um ser humano realizado, cujo estilo de vida é inteiramente planejado por ele mesmo. O culto da "autenticidade" – enfatizando a verdade de que a personalidade individual é, em certo sentido, um artefato – adota a posição autocontraditória de que a pessoa se faz a si mesma. Hoje poucas pessoas aderem a esse mito do "eu" como *causa sui*. Claramente não sou eu que crio o artefato do "eu". Ele foi primeiramente moldado por um arranjo social e vive com aquela forma estampada permanentemente em si, mais ou menos distorcida ou embelezada por atos de escolha posteriores. Eu devo dizer que, uma vez que tenhamos rejeitado o culto da "autenticidade", seremos forçados a rejeitar também o aparato inteiro da dissensão radical. Particularmente, deveremos abandonar a tentativa de erodir o que quer que esteja "estabelecido", tudo quanto esteja investido de um poder para superar a oposição, que é o primeiro princípio tanto do pensamento liberal como do socialista. Isso, contudo, não quer dizer que devamos aceitar tudo quanto esteja estabelecido. Seremos, porém, forçados a reconhecer que não importa o que postulemos sob a forma de um ideal: o próprio ideal pode ter pouca vida fora do sistema social que forneceu os conceitos e as percepções daqueles que o perseguem. E quando fica claro que a maior parte – e talvez central – daqueles conceitos e percepções é herdada, então o costume, a tradição e a cultura comum se tornam concepções predominantes na política. Se essas munem os cidadãos comuns de um senso do valor dos seus atos, então a autoidentidade e a obediência às formas públicas são, no final das contas, uma e a mesma.

PATRIOTISMO

Agora começamos a perceber a relevância do nosso segundo axioma conservador – o de a política lidar com a superfície da consciência social. Uma perfeita compreensão da ideia de obediência exigirá de nós, em troca, uma compreensão da tradição, do costume e da cerimônia – da totalidade das práticas por meio das quais os cidadãos são capazes de perceber sua obediência como um fim. Para o liberal, a obediência à sociedade é um meio: "apegue-se a este sistema e de modo geral você agirá por conta própria". O conservador, porém, não pode ver a obediência como um meio para um fim, já que não há descrição do fim em questão que não faça alusão aos valores – e, portanto, aos costumes, às instituições e às alianças – daqueles que a procuram. Segue-se que, enquanto as formas de patriotismo são múltiplas e variadas, elas sempre procurarão se expressar em atos simbólicos, atos que resistem à interpretação de "meios para um fim". Consideremos a lealdade à Coroa tal como os ingleses a encaram. A monarquia é uma instituição com um complexo pano de fundo institucional que eleva a pessoa do monarca acima do reino da personalidade individual e o dota com a dignidade e, por assim dizer, objetividade do posto. Não são as qualidades pessoais da rainha que atraem os ingleses para ela, nem algum estimado conhecimento da função e da história da Coroa. É antes a noção do monarca como um símbolo da nacionalidade, como uma encarnação da entidade histórica da qual os ingleses são parte. Sua lealdade ao monarca requer uma cerimônia de aprovação, práticas habituais, um código de deferência estabelecido: pois esse é o estilo de todo gesto simbólico no qual estão imersos o indivíduo e a sociedade.

Ora, os conservadores tendem a valorizar a instituição da monarquia e o tipo de patriotismo que ela gera, pois a legitimidade do governo monárquico surge "transcendentalmente", ao modo dos deveres e das obrigações da vida familiar. O monarca não é escolhido por seus atributos pessoais, nem tem obrigações e expectativas que são o tema de algum "contrato social". Ele é simplesmente a representação da soberania e de sua presença cerimonial. Sua vontade como monarca não é sua vontade individual, mas a do Estado. O monarca faz parte daquela superfície de conceitos e símbolos por meio da qual os cidadãos podem perceber a própria identidade social e a sociedade não como um meio para um fim, mas como um fim em si mesmo. A ligação com a monarquia é, portanto, patriotismo em forma pura, uma forma que não poderia ser expressa politicamente nem como uma escolha de meios.

Na realidade, mesmo quando o chefe titular do Estado é "escolhido" – quando há um presidente eleito que, digamos, faz "promessas" aos eleitores –, não se trata de fato da escolha de um programa de ação. Os fins da política, tal como se manifestam cotidianamente, estão além da competência dos eleitores, e os ideais da política social, em grande medida, além de sua responsabilidade. Portanto, o presidente usualmente é escolhido não como um meio para um fim, mas como um tipo peculiar de fim em si mesmo – como um "estadista". Mais uma vez, ele é um símbolo. No mundo da comunicação de massa, isso significa que um presidente será escolhido por seu "estilo" (aqui, o estilo traz consigo uma implicação de identidade interna entre o presidente e a nação, uma identidade que não deriva de nenhum fim comum em direção ao qual eles possam estar se movendo). Essa ligação com o estilo representa uma tentativa de escapar do fardo da eleição democrática, de escapar do elemento "contratual" da escolha, de fugir, acima de tudo, da noção de um Estado constantemente refeito depois de cada eleição, como uma máquina que ficou ultrapassada. Trata-se de uma expressão do instinto conservador, o instinto de construir um futuro à imagem do passado.

Assim como o passado contém o futuro, porém, também o futuro requisita o passado. O passado, tal como o cidadão o entende, é o passado orientado para o futuro. A continuidade é um fim seletivo, que olha tanto para trás como para frente com certa desconfiança. Devemos, no entanto, nos lembrar do lugar distintivo do passado no nosso entendimento prático: ao contrário do futuro, o passado é conhecido. Como, então, ele poderia entrar em nossas previsões políticas?

TRADIÇÃO

Essa questão nos leva ao último conceito que será necessário para dar uma voz articulada ao instinto conservador em relação à sociedade: o conceito de tradição. Nesse conceito, eu incluo todo tipo de costume, cerimônia e participação na vida institucional, em que tudo é feito não mecanicamente, mas por uma razão; e a razão não está naquilo que ainda acontecerá, mas no que já aconteceu. Não importa se a razão não pode ser dita pela pessoa que a obedece: as tradições são postas em prática e não planejadas; não obstante, são conscientes da falta de discurso.

A tradição tem um duplo poder. Em primeiro lugar, ela confere razão à história e, portanto, coloca o passado diante de um objetivo atual (assim como toda a história da nação é encenada na cerimônia de coroação). Em segundo lugar, a tradição surge da própria organização da sociedade, não sendo apenas um mero aprisionamento do exercício do poder. As tradições surgem e exigem respeito onde quer que os indivíduos procurem se relacionar com algo transcendente. Elas surgem em clubes e sociedades, na vida local, na religião e nos costumes familiares, na educação e em toda instituição em que as pessoas são postas em contato com seus semelhantes. Mais adiante, ao considerarmos algumas questões da política, mostraremos como o Estado pode reunir autoridade, obediência e tradição, a fim de definir o cidadão como sujeito.

Estou ciente de que qualquer referência à tradição gerará ceticismo entre aqueles que se creem livres de seu encanto. E não há dúvida de que o conceito, embora possa ser essencial para a doutrina conservadora, também terá de portar (como a "igualdade", a "liberdade" e a "justiça social", que rivalizam com ele) um argumento político de peso maior do que qualquer outra concepção possa suportar. Devemos, pois, fazer o melhor que pudermos por ele. Por mais que haja dificuldades na iniciativa de defesa da tradição, a luta não diz respeito a nenhuma ficção, mas a uma genuína realidade.

Os liberais modernos tendem a ridicularizar a ideia de tradição. Eles nos dizem que todas as tradições são "inventadas", sugerindo com isso que elas podem, portanto, ser aniquiladas.[9] Isso só parece plausível se tomarmos exemplos triviais – a dança rural escocesa, o vestuário das regiões montanhosas, a cerimônia de coroação, os cartões de Natal e o que quer que tenha um rótulo de "herança". Uma verdadeira tradição não é uma invenção; é o subproduto involuntário da invenção, o qual também torna possível essa invenção. Nossa tradição musical é um exemplo surpreendente disso. Nenhuma pessoa a criou. Cada colaborador baseou-se em conquistas anteriores, descobrindo problemas e resolvendo-os por meio da constante expansão da sintaxe comum. A notação desenvolveu-se simultaneamente à harmonia e ao contraponto. Uma única pessoa não poderia ter descoberto o conhecimento do ouvido e do coração humanos que essas práticas contêm, assim como uma única pessoa não pode descobrir uma língua. O exemplo mostra o que uma tradição realmente é: não um costume nem um ritual, mas uma forma de conhecimento social.

Com "conhecimento social" eu me refiro ao tipo de conhecimento incorporado no direito consuetudinário, nos procedimentos parlamentares, nos hábitos, nos costumes e nas convenções sociais e também na moralidade. Tal conhecimento surge de uma "mão invisível" a partir das atividades ilimitadas da sociedade; dos problemas que foram enfrentados e resolvidos; dos acordos que foram perpetuados pelos costumes; das convenções que coordenam as nossas paixões, que de outra forma seriam conflitantes, e do ininterrupto processo de negociação e acordo por meio do qual acalmamos os cães de guerra.

Era esse o tipo de conhecimento que Burke tinha em mente quando atacou o pensamento apriorístico dos revolucionários franceses.

---

[9] Ver Eric Hobsbawn e Terence Ranger (Eds.), *The Invention of Tradition*. London, 1985 [ed. bras.: *A Invenção das Tradições*. Trad. Celina Cavalcante. São Paulo, Paz e Terra, 2008].

"Nós temos medo de pôr os homens para negociar com seu próprio estoque de razão", ele escreveu, "porque suspeitamos de que esse estoque é pequeno em cada homem e que os indivíduos fariam melhor se utilizassem o banco e o capital gerais das nações e das épocas." Em certo sentido, a imagem de Burke é enganosa. O conhecimento social não acumula como o dinheiro, nem cresce ao modo do conhecimento científico, que pode ser armazenado em livros. Ele existe apenas em, e por meio de, seu frequente exercício: é social, implícito e prático, e nunca pode ser apreendido em uma fórmula ou em um plano. A melhor maneira de compreendê-lo é, de fato, por meio das falhas da economia planificada.

Os economistas austríacos argumentavam, com suficiente plausibilidade, que os preços num mercado contêm informações indispensáveis à vida econômica.[10] Essas informações existem apenas na livre-troca de bens e serviços; são informações sobre a verdadeira pressão das necessidades humanas. Portanto, a tentativa de circunscrever a vida econômica num plano racional, com preços controlados a partir do centro, destruirá as informações com as quais o plano deve contar. O racionalismo na economia é irracional.

A teoria austríaca corresponde ao ataque de Oakeshott ao racionalismo na política.[11] Ela também pode ser aplicada a outras esferas nas quais o conhecimento social é o fundamento da conduta racional, como demonstrou Hayek.[12] O direito consuetudinário, por exemplo, contém informações que não poderiam estar contidas em um programa legislativo – informações sobre conflitos e a resolução deles; sobre o senso de justiça em ação; e sobre expectativas humanas. Essas informações estão dispersas em todo o registro ilimitado da lei,

---

[10] Ludwig von Mises, *Socialism: An Economic and Sociological Analysis*. New York, 1951.

[11] Michael Oakeshott, *Rationalism in Politics and Other Essays*. London, 1963.

[12] Friedrich Hayek, *Law, Legislation and Liberty*, vol. 1. London, 1982.

mas nunca estão disponíveis quando a legislação é a única autoridade legal. Portanto, a tentativa de refazer a ordem legal por meio de um código legislativo que incorpora todas as soluções admissíveis é profundamente irracional. Um código como esse destruirá a fonte do conhecimento legal, que é a sentença de juízes imparciais, à medida que enfrentam o imprevisível curso dos conflitos humanos.

O conhecimento social surge, ao longo do tempo, da busca por acordo. Mesmo o direito consuetudinário, que se apoia na coerção, inclui a tentativa de encontrar soluções acordadas socialmente. Portanto, o resultado de um caso no direito consuetudinário é sempre claro: direitos e responsabilidades são determinados. O princípio – a *ratio decidendi* –, no entanto, pode não ficar claro de modo algum e aparecer apenas posteriormente, na tradição do pensamento jurídico.

O exemplo do direito consuetudinário desmente o escarnecimento que os liberais fazem da tradição. Igualmente importante, todavia, é o exemplo da arte, que de forma curiosa está mais próxima da noção conservadora do valor da tradição do que a lei ou as tradições do governo parlamentar. Tanto a arte como a política estão imbuídas de significado e intencionalidade, e ainda assim nenhuma delas (segundo o ponto de vista conservador) tem qualquer propósito externo real. A arte mostra em microcosmo o grande problema arquitetônico da política, tal como estamos começando a considerá-lo. E a comparação nos permite ver por que deveríamos considerar novamente a queixa de que o conservadorismo não traz nenhuma perspectiva para o "homem moderno": este está longe de ser o impulso da vida na morte, sendo, antes, o desejo pela morte em vida. Pois também na arte temos percebido os desejos, a desorientação, a impressionante alienação do homem "moderno". E também na arte pareceu necessário apresentar como autoconsciente aquilo que anteriormente era percebido como natureza, instinto e vida.

Na própria esfera em que a consciência conflituosa do homem moderno mais tem se manifestado, porém, também o princípio conservador tem sido reiteradamente afirmado. Eu não quero dizer com isso que os artistas que realizaram os maiores movimentos estéticos do século XX foram, politicamente, de matiz conservador. Se isso é verdadeiro, então trata-se apenas de um exemplo de uma verdade mais ampla – tragada com alguma dificuldade pelos críticos da Nova Esquerda –, que mostra que artistas importantes podem ser desse jeito – e com muita frequência o são (é interessante notar a frequência com que se tem pressuposto, desde o movimento romântico, que a arte deve necessariamente ser uma força revolucionária, simplesmente porque ela tem se revolucionado. A suposição mostra-se muito estranha quando é separada das variedades de conservadorismo social expressas e defendidas por James, Conrad, Yeats, Pound, Eliot, Joyce, Waugh e Lawrence – para citar apenas os maiores dentre aqueles que criaram nossa literatura moderna).

O que significa, então, afirmar que o princípio conservador tem sido reiteradamente afirmado na arte contemporânea? Em parte, isto: para a maioria dos artistas importantes – para Eliot, Pound e Joyce; para Schoenberg e Stravinsky; para Matisse e Moore –, o problema em dar voz articulada à consciência moderna foi concebido como o problema de tornar essa consciência parte de uma tradição de expressão artística, dessa forma o levando de volta ao ponto em que pudesse ser compreendido – por mais complicado que fosse o trajeto. Para Schoenberg, a tradição da música germânica era o que importava essencialmente: o problema era recriá-la por meio da compreensão autoconsciente de sua vida interior. A "tradição viva" que Pound esperava "juntar a partir do ar" igualmente foi concebida de modo autoconsciente. Eliot foi longe o suficiente para representar a tradição como um artefato individual: pertencer à tradição é também fazê-la; fazer parte da história é tê-la criado.[13] Todavia, esse processo,

---

[13] T. S. Eliot, "Tradition and the Individual Talent". In: *Collected Essays*. London, 1963.

que começa com um esforço inútil e com uma exploração consciente, também termina em uma descoberta genuína: a de que "a história é o presente e a Inglaterra". Nessa descoberta, encontra-se uma restauração da totalidade das coisas.

Seria interessante divagar mais sobre a transformação da ideia de tradição na mente moderna, mas tiremos simplesmente a conclusão óbvia de nossa comparação: assim como a tradição circunscreve as possibilidades de expressão artística e, portanto, deve ser constantemente recriada na mudança artística, ela estabelece, do mesmo modo, as formas da vida política e deve ser recriada em toda ação política consciente. Ora, é difícil – e ao mesmo tempo (parece) necessário – para a consciência moderna criar a tradição colocando-se no centro da tradição do mesmo modo que põe a tradição em seu centro. Talvez se exija dos políticos, no meio da confusão, um ato de imaginação, discernimento e vontade para reafirmar a identidade da sociedade que eles procuram governar, mesmo quando nada menor do que isso é exigido pelas pessoas. A rota que nos leva de volta ao local em que começamos não encontra esse lugar inalterado, e o caminho será difícil e incerto. Os políticos precisarão de qualidades excepcionais – as qualidades de um De Gaulle ou de um Disraeli –, caso queiram reafirmar, como estadistas, a realidade que conhecem como pessoas. Ainda assim, se eles têm vontade de viver e de governar, nada abaixo disso deve satisfazê-los. Como sugeriu certo autor,[14] não há uma explicação geral de como as pessoas recriam e aceitam tradições. Nem é fácil traçar a linha entre a recriação genuína e o estabelecimento de novas e divergentes formas sociais. Em todas as tentativas, porém, de restaurar, recriar e assimilar a tradição, o traço de continuidade permanece. Quando alguém age a partir da tradição, passa a ver aquilo que faz como parte de um padrão que transcende o foco de seu atual

---

[14] John Casey, "Tradition and Authority". In: *Conservative Essays*. London, 1978.

interesse, ligando-o ao que foi feito anteriormente – e feito com êxito. Obviamente, há tradições rivais, e seria inútil fingir que há motivo para pertencer a todas elas: há tradições de tortura, de crime e de revolução. As tradições que os conservadores defendem têm a relevância de uma história bem-sucedida – o que quer dizer que elas são o resto palpável de algo que prosperou e não o fato mais recente numa série de começos ineficazes. Elas atraem a lealdade de seus participantes, no sentido profundo de moldar sua ideia a respeito do que são e do que deveriam ser (comparem as tradições de vida familiar com as de tortura). Finalmente, elas apontam para algo durável, algo que sobrevive e dá sentido aos atos que delas surgem.

O que significa exatamente, contudo, essa tradição? Nenhuma resposta simples a essa pergunta se mostra satisfatória: a tarefa da doutrina é preencher a lacuna que existe entre a filosofia e a prática, e é apenas na prática que o conjunto das nossas tradições pode ser compreendido. Todavia, ainda é função da doutrina delinear o *tipo* de coisa pretendida e apresentar alguma exposição parcial de seus exemplos. A tradição, então, deve incluir todas aquelas práticas que servem para explicar o fato de o indivíduo "estar na sociedade". Ela constitui a autoimagem do indivíduo como um fragmento do organismo social mais amplo e, ao mesmo tempo, como a totalidade desse organismo implícita naquela parte individual. A instituição da família, segundo as diversas formas em que se desenvolveu, fornece um claro exemplo disso. Aqueles que participam dessa instituição não podem ficar impassíveis em relação ao conceito que têm de si. Eles não mais podem considerar a paternidade, por exemplo, um acidente biológico. Ao perceber-se como pai, você se vê envolvido em um vínculo de responsabilidade. E a razão para esse vínculo e para as ações que o expressam está no fato de as coisas serem assim. Ademais, elas são assim porque têm sido assim. A ideia de "família", por meio da qual suas responsabilidades, seus objetivos e suas preocupações são definidas dia após dia, é herdada, inconscientemente, de sua participação no sistema designado por ela. Isso é o que é "dado". Se você não tivesse concebido suas atividades como exemplos do padrão histórico contido nesse conceito, então teria precisado de algum substituto adequado, algum conceito rival segundo o qual pudesse estabelecer seus fins. E se esse conceito não pertencesse à tradição, abriria as portas para um pensamento perigoso: "Talvez eu não faça isso como um fim em si ou por aquilo que é, mas como um meio para um fim. Então, onde está o fim? Onde está o benefício disso?". Esse pensamento expressa a saída do indivíduo da vida social e o primeiro vislumbre do solipsismo vazio que o espera do lado de fora. A tradição recoloca o indivíduo no ato presente: ela mostra a razão existente no ato e acalma o desejo por um fim justificável.

Naturalmente, a família é um exemplo óbvio, como o é o direito consuetudinário. Há, porém, outros, tais como os costumes que circundam as importantíssimas ocasiões do nascimento, do casamento e da morte; os costumes de hospitalidade, concorrência e obediência de classe, de modos, de vestuário e de polidez habitual. Há também as instituições da religião, nas quais o desejo por uma identidade mais elevada do que a natureza humana provê desígnios completamente fora da história, em direção àquilo que está fora do tempo e da mudança. Pode-se pensar que apenas algumas dessas instituições são verdadeiramente políticas, mas adotar um ponto de vista como esse é ter uma visão muito estreita da política. Toda tradição que tenha alguma importância na vida do cidadão tenderá a se tornar parte do *establishment* de um Estado. Esse princípio – que podemos chamar de lei do *establishment* e que esclarecerei no capítulo oito – faz parte da história natural da política e mostra a contínua necessidade da ação política de ir além dos limites da gestão econômica. Ele é esclarecido não apenas pelo explícito estabelecimento da Igreja (por meio do funcionamento da lei), da família e da propriedade privada, mas pelo estabelecimento mais recente das tradições do trabalho organizado no movimento sindicalista e pela ampliação da lei (nos Estados Unidos, de modo menos automático do que na Inglaterra, mas evidente até mesmo por lá), a fim de proteger todos os aspectos da vida social, tão logo isso se mostre como algo mais do que uma preocupação individual.

UM SINAL DE CETICISMO

E o que dizer da atitude conservadora em relação à transformação social? Que "tradição" pode competir, em comparação com a violência da expansão industrial e da superpopulação, com a disseminação da descrença e com o crescimento das classes urbanas menos favorecidas? Não há um elemento fictício na ideia de que a obediência, a autoridade e o costume possam ter sobrevivido a essas convulsões históricas para continuar fornecendo o vínculo do qual a política tira sua inspiração e seu atrativo?

Se esse ceticismo é o prelúdio de uma política rival, então ele requer apenas uma resposta: que outro vínculo você está imaginando? E como você o criará? Comumente, porém, ele assume uma forma mais perturbadora, a forma (como se costuma dizer) da "ampla perspectiva histórica". Ele não recomenda nada, não adere a nenhuma política e permanece acima das crenças particulares das comunidades que procura contemplar. A perspectiva histórica menospreza o mundo dos seres humanos a uma altura em que as ações destes são vistas apenas como o movimento de forças impessoais, que impulsionam o político precisamente quando ele mais acredita que as está controlando. Ao nos afastarmos dessa altura, podemos, por instantes, ter a impressão de que a tarefa de descoberta e defesa da continuidade é impossível; de que todas as coisas mudaram completamente, e de que não há mais sequer um princípio permanente de governo.

Tentarei esclarecer algumas manifestações comuns dessa dúvida de historiador, mas duas coisas deveriam ser ditas imediatamente sobre isso. Em primeiro lugar, alguns dos pontos doutrinais por mim considerados têm uma base filosófica que os coloca além do alcance da análise histórica. A ideia de uma sociedade que exige formas de obediência e o reconhecimento da autoridade, que transcendem o funcionamento de qualquer acordo contratual, não é uma perspectiva dessa ou daquela comunidade, mas da essência da vida civil. É esse vínculo transcendente que constitui a sociedade e que é deturpado pelas teorias liberais do contrato e do consentimento. Ademais, uma tradição, que incorpora um vínculo transcendente e reforça a obediência social, tem sobrevivido às sublevações da história recente e só agora está começando a se desintegrar – trata-se da tradição da vida familiar. Até mesmo um "Estado revolucionário" ver-se-á dependente dela e necessitará criar (comumente por meio do velho expediente da política externa beligerante) o vínculo correspondente de unidade social. E quando a família começa a se desintegrar – tal como acontece hoje –, as pessoas não veem o resultado disso como uma libertação, mas antes como uma enorme ameaça social, da qual elas procuram se defender.

Em segundo lugar, pode ser verdade que certos vínculos de obediência se deterioraram ou foram destruídos. Se, porém, algumas pessoas acham (em sua facção vociferante) que o vínculo de cidadania se desfez ou foi afrouxado, isso não quer dizer que seu pensamento corresponda à realidade ou aos verdadeiros sentimentos políticos que as guiam. Há muito tumulto. Antigas fidelidades desapareceram, e novas estão surgindo em seu lugar. Devo argumentar, no entanto, que os conservadores, por meio de tudo isso, podem encontrar uma continuidade genuína e defendê-la. E a motivação que têm para fazê-lo ficará evidente na tentativa.

CONSIDERAÇÕES FINAIS

Analisei o grande "dado" da sociedade civil. Quais são, assim, as doutrinas para as quais essa análise dá suporte? Há dois princípios tão básicos, que formam axiomas do pensamento conservador. Em primeiro lugar, o princípio de que não há uma política geral conservadora. As formas de conservadorismo serão tão variadas quanto as formas de ordem social. Em segundo lugar, o princípio de que o conservadorismo se ocupa com a superfície das coisas, com os motivos, as razões, as tradições e os valores da sociedade dos quais obtém sua vida. Há outras ideias, abstratas em sua origem, mas específicas em suas implicações: a sociedade existe por causa da autoridade, e o reconhecimento dessa autoridade constitui um vínculo que não é contratual, mas transcendente, ao modo do vínculo familiar. Um vínculo como esse necessita de tradição e costumes por meio dos quais possa se perceber como um fato público. A tradição, contudo, não é algo estático. Ela é a conquista ativa da continuidade e pode ser restaurada, resgatada e aperfeiçoada conforme o decoro e a oportunidade permitam.

Agora devemos voltar nossas atenções para as implicações políticas da vida social e para a constituição da ordem na qual ela é vivida.

Capítulo 3 | A Constituição e o Estado

Burckhardt escreveu sobre "a grande falácia moderna de que uma constituição pode ser *criada*".[1] Seria igualmente verdadeiro falar da falácia moderna ainda maior de que uma constituição pode ser reformada incessantemente e em todos os detalhes. Os costumes, as alianças e as tradições aos quais me referi formam a vida de uma sociedade civil: eles ainda não equivalem à constituição de um Estado. Não obstante, claramente devem sua continuidade a um poder dirigente, e esse poder (que é o do Estado) deve conter em si mesmo a autoridade de algo "dado", para proteger e conservar lealdades e obrigações que não surgem de nenhuma escolha individual.

A CRIAÇÃO DE UMA CONSTITUIÇÃO

O liberalismo, que vê o Estado como um meio para o fim (que é a liberdade individual), é obrigado a considerar a sociedade civil absolutamente separada do Estado e deve exigir deste apenas o mínimo

---

[1] Ver Jacob Burckhardt, op. cit., Introdução. Essa ideia deveria, na verdade, ser atribuída a De Maistre, *Essai sur le Principe Générateur des Constitutions Politiques*. In: *Oeuvres completes*, vol. 1. Lyon, 1884. De Maistre, tendo reconhecido que o vínculo constitucional era "transcendente", concluiu que ele devia, portanto, ser obra de Deus. Essa passagem (da conexão com os vínculos transcendentes à crença em seres transcendentes) é de grande importância política. Retorno a ela no capítulo oito.

de interferência na vida da sociedade requerido pela liberdade. Portanto, ele deve inclinar-se naturalmente à ideia de que uma constituição pode ser criada (pois se ela não é mais do que um meio para um fim, é suficiente compreender o fim para calcular o meio mais eficaz de atingi-lo). Os liberais frequentemente mencionam o exemplo da constituição norte-americana como prova dessa alegação. E as reformas constitucionais propostas pelo governo do Sr. Blair parecem estar baseadas no modelo norte-americano. O exemplo, todavia, é ruim. Ele ignora a herança norte-americana, bem como as circunstâncias particulares que levaram à redação de um documento criado tanto para assegurar a unidade dos Estados participantes originais como para salvaguardar suas excentricidades. Ignora completamente o fato de que a linguagem e os costumes já estavam estabelecidos – particularmente, a tradição do direito consuetudinário inglês, que precedeu e sobreviveu à ruptura com a coroa. Ignora a posição social ímpar dos Pais Fundadores, cavalheiros educados que podiam propagar o mito de uma "nova constituição" ao mesmo tempo em que desfrutavam dos privilégios de uma ordem estabelecida que já definira seu propósito social (Madison pôde dizer na Convenção Federal em 1787: "nosso governo deve assegurar os interesses permanentes da pátria contra a inovação"; é parte do caráter de homens como Madison e Jefferson a capacidade de cumprir esse propósito). Ignora os conflitos que foram suprimidos na última ratificação, os quais ainda persistem e que geraram a mais sangrenta guerra civil vista até hoje. O exemplo ignora os direitos e as liberdades já constituídos que transformaram a adoção consciente de uma "constituição" em um gesto coerente. Ele ignora a lógica da jurisdição no direito consuetudinário, que faz com que a constituição norte-americana não esteja contida em um único documento, mas em quatrocentos volumes de intricada jurisprudência. Em suma, ele ignora o fato de que a constituição escrita do Estados Unidos – como qualquer constituição escrita – é uma fórmula abstrata, que não tem uma importância mais concreta do que a *Declaração dos Direitos do Homem e do Cidadão*. É certo, ainda hoje, que o próprio significado desse delgado documento é algo que só pode ser determinado por meio de um processo judicial.[2] E a interpretação judicial leva em conta – consciente ou inconscientemente – questões que determinam o tecido da vida civil. É a história, e não a palavra escrita, que revela a constituição norte-americana, e aquela sua parte que comumente é identificada como o todo nada mais é do que uma delicada superestrutura que se apoia sobre uma base imperscrutável.

O ESTADO E A SOCIEDADE CIVIL

Ora, é evidente que os conservadores, embora possam exigir uma conexão frouxa entre Estado e sociedade civil (mais frouxa, digamos, do que aquela que existe na China comunista), verão o Estado como um fim e não como um meio (tal como veem a sociedade civil). O Estado como meio (como máquina administrativa, ou como empresa, ou como administrador do bem-estar social ou o que quer que seja) não é do tipo a que os cidadãos podem pertencer da mesma forma que pertencem a uma família, a um casamento, a um regimento ou a um clube. Nem são realmente suscetíveis de descrição independente os objetivos que o Estado deve cumprir. Isso certamente é verdadeiro em relação ao propósito liberal, que é a liberdade. Naturalmente, o vizinho de uma pessoa pode interferir em sua vida em maior ou menor medida, mas, antes de alguém descrever concretamente o sistema social e político, é impossível dizer se essa interferência é desejável em maior ou menor grau. A "interferência" própria de uma comunidade rural em território zulu é maior do qualquer coisa já experimentada numa cidade soviética. Mesmo assim, seria tristemente enganoso

---

[2] É interessante notar que o principal livro escolar sobre a constituição norte-americana (escrito por Edward Corwin) chama-se *The Constitution and What it Means Today*. Ele foi reescrito treze vezes desde 1920. Em outras palavras, o estudo da constituição norte-americana não avança com a velocidade da ciência, mas com a da lei.

chamar isso de perda de liberdade, quando a sujeição a esse tipo de interferência é precisamente o que significa *ser* um zulu. E, tão logo haja interferência, passa a existir uma forma de governo e, portanto, um Estado, por mais vagamente construído que seja. Sem nenhum movimento nessa direção (em direção ao poder constituído), uma pessoa não é nem livre, nem sem liberdade, mas vive como os nômades da comunidade anarquista, num perpétuo delírio de liberdade que pode ser traduzido apenas em atos solipsistas.

Tratar o Estado como fim, e não como meio, é considerar que os objetivos do Estado surgem internamente, fora de sua própria vida e de sua autointeração. É completamente natural ver as instituições dessa perspectiva. Consideremos um time de futebol, uma instituição à qual algumas pessoas pertencem e à qual outros podem vincular sua lealdade. Ela demanda essa lealdade não como um meio, mas como um fim: é *este* grupo (agindo desse modo) que importa. Ele não é um meio para o fim de marcar gols (uma atividade que, fora da instituição do futebol, não faria sentido algum). Nem é um meio para o deleite daqueles que o observam. É, antes, algo a que alguém pode pertencer de diversos modos e cujo benefício está precisamente no vínculo do pertencimento.

Os conservadores podem ser reconhecidos como animais políticos em parte por seu respeito pela constituição (pelo Estado enquanto "dado") e por sua relutância em realizar qualquer separação completa – seja na teoria, seja na prática – entre o Estado e a sociedade civil. Uma doutrina fundamental do pensamento liberal é, como já comentei, que essa separação existe na teoria e também deve existir de fato. Um escritor moderno comparou o fascismo e o comunismo em nossa época dizendo que, enquanto o primeiro eleva as funções da sociedade civil ao nível do Estado, o segundo permite que o Estado absorva as funções da sociedade.[3] Tal artifício retórico, porém, deturpa a

---

[3] Herbert Marcuse, *Reason and Revolution*. London/New York, 1941 [ed. bras.: *Razão e Revolução*. Trad. Marília Barroso. São Paulo, Paz e Terra, 2004].

natureza da relação. Não há, nesse caso, duas entidades, mas antes uma entidade vista sob aspectos distintos. De forma análoga, um ser humano não é constituído por duas entidades – corpo e alma –, mas apenas por uma, a qual pode ser vista a partir tanto de uma perspectiva material como de uma perspectiva subjetiva. O liberalismo é semelhante a um sobrevivente político da teoria cartesiana da mente, uma tentativa de apresentar a mente da sociedade como funcionando numa relação acidental com seu corpo. E, para provar essa imagem para si mesma, a consciência massiva do liberalismo lutou para separar a vida da sociedade de sua "forma" espiritual e contemplou com crescente estupefação o resultado, que não é a vida, mas a morte do "corpo político".

Os conservadores consideram a constituição um princípio hereditário da vida do Estado, e este, por sua vez, não apenas o guardião de uma entidade social, mas também sua expressão. Eles não estão preocupados com "alternativas" – pois falar de alternativas sugere que estamos considerando meios concorrentes para algum fim universal. Para os conservadores, fim e meio são a mesma coisa: a vida do corpo político. Ademais, a resistência aos defensores do governo "mínimo" e o reconhecimento da essência da política num poder estabelecido são um instinto tão profundo num conservador quanto num socialista. Eles divergem na noção de legitimidade, que, para os conservadores, não deriva dos resultados, mas das origens. As razões que um conservador admite não se referem a um futuro hipotético ou abstrato, mas a um passado concreto e real. É no passado – e neste enquanto se faz presente – que eles encontrarão as razões para a busca pelo poder. E essa busca será vista novamente não como um meio, mas como um fim, como uma expressão de sua identidade política. A busca dos políticos pelo poder é simplesmente uma parte (e uma parte necessária) da vida do Estado, e o verdadeiro estadista é aquele cujos sucesso e ambição pessoais coincidem com as forças duradouras da ordem civil.

DIREITOS HUMANOS

Como essa postura em relação ao Estado deve ser expressa em forma de doutrina? Abordarei essa difícil questão negativamente. Em primeiro lugar, os conservadores relutam em fundamentar seu empreendimento político em qualquer noção de direitos "naturais" ou "universais". Na luta contra o comunismo, o conceito de "direitos humanos" desempenhou um papel importante, em parte porque ele fornecia um modo simples de encarar o fato óbvio: o de que os governos comunistas impostos, na Europa, pela União Soviética não tinham legitimidade e, em última instância, serviam de máscaras para um império destrutivo. Como o exemplo nos faz lembrar, há bons e maus Estados, tiranias e comunidades pacíficas; e os conservadores devem escolher estas ou aquelas. E eles não se negam a usar epítetos como "justo" e "injusto" nesse processo, mas pensar que toda a diferença pode ser resumida em termos de um simples corpo de direitos abstratos, o qual pode ser estipulado para todos os seres humanos, independentemente de sua origem e fidelidade, não é plausível política e doutrinalmente. Só há direitos onde há obrigações; e de quem é a obrigação de conceder esses direitos? Sem dúvida alguma a Carta de Direitos Humanos da Organização das Nações Unidas contém muitas verdades morais. Que sistema social, porém, que comunidade com interesses em comum, que povo com mútuo entendimento dá origem à obrigação política que deve ser obedecida?

Os britânicos são os felizes herdeiros de uma longa tradição de vida social e poder estabelecido. Seus direitos foram concedidos e conquistados por meio de um processo no qual a natureza e a identidade da nação raramente se encontravam em perigo (e nunca correram maior perigo do que quando a doutrina dos direitos do homem subitamente entrou em ascensão). Naturalmente, seus direitos, incorporados no direito consuetudinário, dão-lhes certo grau de liberdade, bem como a expectativa de um tratamento justo, que outros povos não conquistaram e talvez nunca desejaram.

Seguramente, essa não é a melhor linguagem para fazer uma crítica às tiranias do mundo moderno, cujas deficiências surgem menos de sua falha em admitir os direitos "universais" conservados na democracia moderna do que da destruição – promovida por elas – de todos os métodos por meio dos quais os cidadãos podem se defender do uso arbitrário do poder político.

DIREITOS E PRIVILÉGIOS

A ideia de "direitos" atingiu uma predominância anormal na linguagem política. Os conservadores têm se inclinado a conceber o poder estatal como uma incorporação do privilégio e não como uma fonte de dotes. Um privilégio é parte do aparato de governo e não está separado do exercício da autoridade política (desse modo, o título de "duque" só é um privilégio se representa alguma forma de precedência social ou política; caso contrário, como Huckleberry Finn descobriu, um duque é um tipo de coisa intratável). Já um dote é um benefício concedido livremente. Para recebê-lo, não é necessário servir ao Estado, ocupar um posto nele ou mesmo ser membro dele. O bem-estar social, por exemplo, é um dote, que consequentemente não confere ao beneficiário nenhum *status* político. Embora frequentemente seja reivindicado como um direito, ele não pode ser concebido de tal modo por alguém que adota a perspectiva conservadora na política. Além disso, tais dotes supõem uma transferência de poder sem qualquer transferência de autoridade (nisso eles diferem notoriamente do privilégio político). Em verdade, isso ilustra um dos canais por meio dos quais a autoridade flui desde o âmago da política e transforma a si mesma em mero poder do desfavorecido, que não tem nada de político, senão os próprios "direitos", nem nenhuma obrigação recíproca que possa lhe dar um título genuíno.

Ora, os conservadores não se opõem à caridade e, como argumentarei mais adiante, serão forçados a aceitar alguma versão do Estado de bem-estar social. Não obstante, pelas razões demonstradas pelo exemplo, eles podem relutar em subscrever à transferência universal da caridade para os departamentos do Estado. Ao fomentarem a ilusão de um direito "natural" à moradia, à saúde, à prosperidade e ao conforto, o Estado corrói tanto a vontade do indivíduo como sua própria autoridade. O Estado se torna um tipo de máquina, um centro de distribuição, um objeto estranho que algumas vezes concede e outras vezes retém aquilo que é tido como um direito independente. Para o conservador, o Estado não é uma máquina, mas um organismo – mais ainda, uma pessoa. Suas leis são as de vida e morte, doença e regeneração. Ele é dotado de razão, vontade e benevolência. Nem todos os cidadãos estão no mesmo fluxo que provém dele – alguns desfrutam de privilégios que outros podem não ter –, pois sua substância é o poder e sua forma, a autoridade. Não há distribuição equânime do primeiro que não dissipe a segunda. No capítulo oito, investigo como e por que o poder pode se transformar em autoridade e quais são os privilégios que advêm (ou que devem advir) quando isso acontece.

O ESTADO COMO PESSOA

As duas últimas seções forneceram conteúdo oculto para a metáfora que está no âmago do pensamento conservador. As pessoas são organismos: elas nascem, desenvolvem-se, adoecem e morrem. Nossas atitudes são condicionadas pela mortalidade: esta constitui nosso estímulo e nossa limitação. Não somos, porém, meros animais – somos, também, seres racionais. Não é que sejamos dois seres ligados por um nó cartesiano, mas sim que nossas forças orgânicas estão sujeitas a um princípio perene singular, e o funcionamento adequado desse princípio constitui nossa felicidade. Temos a capacidade de argumentar, persuadir e ser persuadidos. Podemos criar vínculos e obrigações, reconhecer direitos e deveres. Temos consciência do eu e do outro e de um sistema de valores que se origina dessa consciência. Nosso mundo é imbuído de vontade, e move-se do passado em direção ao futuro.

A razão anima nossa vida orgânica, tirando-a da imersão no desejo atual e escalando-a para os dramáticos papéis da reflexão autoconsciente. Portanto, assim como a razão depende da vida orgânica, também a continuidade da vida depende do exercício da razão.

Do mesmo modo, o organismo da sociedade é moldado por um intelecto racional. Esse intelecto é a "constituição", por meio da qual a autoimagem da sociedade é formada. Tal constituição, como o princípio racional nas pessoas, reconhecerá vínculos, obrigações, privilégios e deveres. Ela tem argumentos: persuade ou é persuadida (portanto, há um processo claramente político, que não é o processo revolucionário nem a mera busca por poder). A constituição dota a vida da sociedade de continuidade e vontade. Ela dá origem à história em lugar da sucessão. Já o Estado depende de sua base orgânica: sua vontade e autoimagem requerem a continuidade do organismo social, assim como o organismo social depende das formas de poder constituído. O Estado e a sociedade civil permeiam um ao outro: sua separação traz a morte para ambos. Assim, quase não surpreende o fato de, num corpo político saudável, a constituição permanecer tácita, geral e inexplícita. Supor o contrário é como supor um ser racional que controla a si mesmo desde o exterior, em conformidade com um programa de instruções que permanece inalterado pelos desejos e paixões do seu corpo. Assim como a razão permeia a vida do homem, também a constituição permeia a ação da sociedade. Se falamos de um "vínculo" que une sociedade e Estado, é apenas porque sua peculiar reciprocidade existe em diversos graus. Na tribo primitiva, a sociedade mal expressa a si mesma em formas políticas: tudo é instinto, organismo, exterior à história e à mudança. No Estado autoritário, a sociedade marcha rigidamente, presa nos grilhões de uma constituição que dificulta seus movimentos e enfraquece sua vida. É o corpo de um puritano marchando nas correntes de sua consciência. O ideal da personalidade calma, no qual a razão e a paixão florescem juntas, é alcançado diferentemente em momentos distintos. Na esfera política, ele é alcançado quando a vida social e as formas constitucionais estão em harmonia. É claro, porém, que esse ideal nunca é alcançado. Apenas nos aproximamos dele segundo modos que não apresentam padrão universal ou fim externo. Devemos, portanto, olhar para os aspectos nos quais nossa sociedade tem se aproximado desse ideal e para os aspectos nos quais ela tem se afastado dele.

Espero ter feito o suficiente para conferir força a nossa metáfora. Os argumentos a favor de sua veracidade são profundos e difíceis. Eu aludirei a eles e ocasionalmente os apresentarei. Meu objetivo, ao fazer isso, não será provar a filosofia subjacente a ela, mas articular elementos cruciais do pensamento conservador e dar suporte a eles.[4] Aqui compreendemos por que devemos rejeitar a linguagem dos "direitos do homem". Um Estado não pode, mais do que nenhuma outra pessoa, representar os privilégios que outorga como sendo "naturais". As relações de um Estado com seus cidadãos refletem o mesmo princípio que está incorporado nas relações entre os cidadãos: exigir um direito significa também conferir um. A doutrina dos direitos "naturais" é uma tentativa de evitar a perda imposta por todos os verdadeiros direitos. Daí o seu atrativo imediato e sua vacuidade política.

ESSÊNCIA E IDENTIDADE

Rejeitar a linguagem dos direitos "naturais" significa dar um passo em direção à ideia burkiana de uma "essência" nacional: a ideia de que há um núcleo da vida política que gera as atividades do Estado. Essa essência será a verdadeira "constituição" do Estado. Uma constituição, escrita ou não escrita, não é um corpo de leis. As leis que porventura estejam lá só podem ser interpretadas em termos de

---

[4] Essa filosofia foi explicada por Hegel, em termos que ainda precisam ser revisados, em *Filosofia do Direito* e *Filosofia da História*. Vestígios dela sobrevivem em Bosanquet e Oakeshott. A ideia é tão antiga quanto a *República* de Platão.

uma conjuntura de costumes, hábitos, convenções e certo "estilo" que mostra como são feitas as coisas. Isso se torna evidente na conduta do parlamento britânico, no qual é impossível separar lei e costume sem violentar ambos (é costume da rainha pedir ao líder do partido que comanda a maioria na Câmara dos Comuns que seja seu ministro. Isso não é uma lei nem um hábito: porém está pressuposto em toda a prática de governo. A flexibilidade do poder soberano nesse campo pode ser verificada imediatamente no exercício da prerrogativa de George V relativa ao Governo Nacional de 1931).

Se a constituição não é somente um corpo de leis, como podemos identificá-la e como podemos separá-la, se é que é possível, dos costumes que constituem a sociedade civil? A resposta, em resumo, é que a constituição é composta de leis e costumes por meio dos quais as pessoas se engajam no exercício do poder: é o que guia, limita e autoriza o poder; desse modo, manifesta-se primariamente pela lei, pelo "estilo" da lei e da posição do cidadão tal como definida pela lei. Ela pode mudar e se desenvolver conforme sua própria lógica interna – a lógica do precedente, da prática e da abstração judicial.[5] O instinto conservador não deve evitar essa mudança – já que ela é o movimento vital do Estado –, mas proteger a essência que sobrevive a ela e que nos permite afirmar que seus vários estágios são estágios na vida de um único corpo político. E a essência da constituição protege, por sua vez, a essência social. Eis aqui, então, a causa conservadora na política. A sociedade civil, uma vez destruída, dificilmente pode ser restaurada. Essa coisa vivente também é vulnerável. Ela precisa de proteção e satisfação no Estado constituído. E uma das tarefas do político conservador é combater as influências danosas

---

[5] É difícil descrever a lógica. Um debate interessante (conduzido em grande medida a partir do ponto de vista da visão liberal da constituição) pode ser encontrado em Richard Dworkin, *Taking Rights Seriously*. London, 1977 [ed. bras.: *Levando os Direitos a Sério*. Trad. Nelson Boeira. São Paulo, Martins Fontes, 2002].

que oprimem o Estado e defender as instituições que o sustentam. Descreverei algumas dessas influências e mais adiante tentarei mostrar a essência constitucional que até o momento tem sobrevivido a elas. Aqui não há lugar para otimismo ou pessimismo. Tomo emprestada a imagem que uma vez foi usada com tal propósito por um comandante indiano: os homens bebem a água da vida em diversos copos, e o nosso não está quebrado.[6]

DEMOCRACIA

Tocqueville afirmou que a democracia "não apenas faz com que todos os homens esqueçam seus antepassados, mas também esconde deles seus descendentes e os separa de seus contemporâneos; ela incessantemente os deixa sozinhos e por fim ameaça encerrá-los completamente na solidão de seu coração".[7] Trata-se de uma forma incisiva de colocar as coisas e que reflete a amargura disseminada pela Revolução Francesa no sentimento de todos os seus descendentes. Essa afirmação contém uma verdade, porém. A grande dificuldade está em encontrar uma linguagem com a qual seja possível persuadir as pessoas a aceitarem o pensamento de Tocqueville. A fragmentação social pressagiada por Tocqueville é tão elusiva quanto virulenta, ao passo que a suposta legitimidade do processo democrático é uma ideia que atrai as pessoas de forma vívida e permanente. Se os políticos desejam criticar o processo democrático, devem representar-se como opostos não à democracia, mas a alguma forma local ou especializada dela – digamos, a representação proporcional, ou o parlamento de câmara única, ou ainda o plebiscito. Essas formas especializadas, contudo, exemplificam o mesmo princípio que eles também devem alegar estar defendendo, o princípio de que, em assuntos governamentais, é a opi-

---

[6] Ver Ruth Benedict, *Patterns of Culture*. Nova York, 1934.
[7] Alexis de Tocqueville, *De la Démocratie en Amérique*, livro II, parte II [ed. bras.: *A Democracia na América*, livro II, parte II. Trad. Eduardo Brandão. São Paulo, Martins Fontes, 2004].

nião dos governados que confere legitimidade ao que é feito. Talvez seja possível argumentar contra o uso de um referendo, pela razão de que não se deve pedir que vinte milhões de pessoas tomem uma importante decisão a respeito de um assunto sobre o qual a maioria não sabe nada (por exemplo, se devemos fazer parte ou não da União Monetária Europeia). Talvez seja possível argumentar contra a representação proporcional, com a premissa de que ela dará origem a um parlamento fraco, irresoluto e repleto de loucos. Todos esses argumentos fundamentam-se em um princípio que nega a base da democracia, pois afirmam que a opinião popular é um guia legítimo apenas na medida em que é autorizada por uma constituição que limita os excessos. Portanto, a legitimidade do governo não pode ser conferida meramente pela escolha democrática.

É por uma razão como essa que Burke, em seu grande ensaio sobre a Revolução Francesa, ao tentar pela primeira vez determinar o princípio da constituição, não pode aceitar o direito de voto universal como parte necessária dela ou como tendo alguma relação com a legitimidade da lei. E é perfeitamente possível que mesmo hoje a essência constitucional de nossa pátria permanecesse impassível se o direito de voto fosse restringido a pessoas com posição social, educação, riqueza ou poder – àqueles, em outras palavras, com um interesse autoconsciente nos destinos da nação. Quando Disraeli subitamente roubou dos liberais a bandeira da reforma eleitoral, certamente não o fez porque tivesse considerado o sufrágio universal como um princípio conservador. O ato foi estratégico e oportuno. Ele também satisfez sua ideia de que os conservadores estão tanto na parte mais baixa como no topo da escala social, e a de que é na classe média, com seu desdém pela discriminação de outros, que o liberalismo encontra seu lar natural.

Todavia, o alcance do subsequente compromisso com a democracia não deveria ser subestimado. Ele sobrevive na doutrina (dado o crescente ímpeto retórico em cada eleição geral) do "mandato", segundo a qual o programa de um partido é um tipo de promessa ao povo e a vitória eleitoral é equivalente a uma promessa contratual feita para honrá-lo (se o programa contém mais de uma "promessa" como essa, então um partido pode conseguir a maioria de um eleitorado cuja totalidade dos membros votou em uma minoria referente à questão que mais lhe interessava. Então, para quem ele está cumprindo sua obrigação? Essa não é uma estranha exceção. Com toda probabilidade, é inteiramente normal. A noção de uma vitória eleitoral criadora de uma obrigação quase contratual é, portanto, absurda).

O compromisso com a democracia também pode ser visto na decisão do governo trabalhista do Sr. Blair de reformar a Câmara dos Lordes, na qual se toma por certo que a Câmara Superior necessita de reforma somente por causa do processo não democrático por meio do qual ela foi preenchida. Esse argumento, se levado a sério, conduziria à subversão de qualquer instituição (como uma escola, um hospital, uma faculdade, um monastério) que dependesse, para sua saúde, de um privilégio de governar que surgisse independentemente do "mandato" de seus membros. A ideia fundamental é mais uma vez profundamente anticonservadora: a de que a legitimidade pode residir apenas num acordo contratual ou quase contratual e não no costume existente. Portanto, julga-se, o único governo ou método legítimo é aquele que foi "escolhido" ou que teve o consentimento de seus sujeitos; porém, tão logo alguém considere as circunstâncias altamente artificiais da escolha democrática, perceberá forçosamente que essa "escolha" pressupõe, por sua vez, que os cidadãos deveriam reconhecer nela alguma legitimidade prévia, a qual eles não escolhem (nem podem escolher), isto é, os procedimentos que tornam a escolha acessível, bem como as pessoas e os cargos políticos que os protegem.

Todavia, há um motivo mais profundo para a desconfiança conservadora em relação ao processo democrático. É o seguinte: esse processo, por mais justo e livre que seja, sempre dará prioridade às necessidades e aos desejos daqueles que escolhem hoje, a despeito das necessidades e dos desejos daqueles que ainda não estão conosco ou daqueles que já morreram. A mesma fraqueza teórica que aflige o contrato social aflige a escolha democrática, isto é, privilegia os vivos e seus interesses imediatos em detrimento das gerações passadas e futuras. Portanto, ela ameaça tornar-se um solvente da comunidade e da perspectiva de longo prazo necessárias para a sobrevivência nacional.

Burke, em sua notável polêmica contra a Revolução Francesa, disse algo semelhante. Vale a pena, no entanto, colocar isso em um contexto mais moderno, visto que se relaciona com as questões mais importantes que enfrentamos agora. Burke argumentou que só podemos ver a sociedade como um contrato (tal como propuseram, na esteira de Rousseau, os revolucionários franceses) se reconhecermos que o contrato não inclui apenas os vivos, mas também os não nascidos e os mortos. A menção aos mortos parece estranha aos ouvidos modernos: afinal de contas, eles já não estão mais conosco e, portanto, é possível supor, não têm nenhum interesse que possa ser afetado pelo que fizermos. Todavia, não era assim que Burke encarava o assunto. Ele acreditava que os mortos tinham um interesse permanente em nosso respeito por eles. Ademais, isso é reconhecido pela lei, que nos obriga a realizar a vontade do testador, independentemente de isso ser ou não do interesse de mais alguém.

Há, porém, uma razão muito mais profunda para incluir os mortos e os desejos deles em nossos cálculos. Desde o início dos tempos, foi o respeito pelos mortos que formou a base das instituições. Escolas, universidades, hospitais, orfanatos, clubes, bibliotecas, igrejas e institutos surgiram como fundações privadas dependentes da propriedade doada ou legada pelas pessoas falecidas. Os detentores efetivos dessa propriedade eram, moralmente falando, seus administradores temporários. O respeito pelos mortos proibia o uso arbitrário de seu legado e obrigava os administradores a promover propósitos que os fundadores e doadores aprovariam. Ao honrarem os mortos, os administradores vivos salvaguardavam os interesses de seus sucessores. O respeito pelos mortos é o fundamento da atitude do administrador, do qual as futuras gerações dependem para sua herança. Tirem-se os mortos da equação, e serão excluídos também os não nascidos. E esse, francamente, é o verdadeiro perigo da democracia não moderada.

Portanto, devem-se delinear limitações processuais na democracia para garantir que as vozes dos mortos e dos não nascidos sejam escutadas no processo político. Não se trata, todavia, de *qualquer* morto e *qualquer* não nascido: apenas aqueles que pertencem à primeira pessoa do plural sobre a qual preside o poder soberano – a comunidade através do tempo, que, em termos modernos, é comumente vista como uma nação, estando o termo "nação" ligado etimologicamente à ideia de nascimento e descendência, sem a qual a perspectiva de longo prazo aparentemente não pode ser compreendida como parte da política.

MONARQUIA

Se a escolha democrática deve ser racional, ela deve, portanto, ocupar um lugar no contexto das instituições e dos procedimentos que dão voz às gerações ausentes. Essas instituições e procedimentos instigariam nos representantes uma atitude administrativa, por meio da qual as demandas imediatas dos vivos poderiam ser moderadas ou desviadas em benefício do futuro distante da sociedade. Tal instituição é a monarquia, como é concebida tradicionalmente. Não sendo eleito por voz popular, o monarca não pode ser compreendido simplesmente como representante dos interesses da geração atual. Ele ou ela nasce no posto e também o passa adiante para um sucessor definido legalmente. Se o monarca tem alguma voz sob qualquer condição, ela é entendida precisamente ao modo intergeracional, que é requerido pelo processo político. Os monarcas são, num sentido muito especial, a voz da história, e o modo muito acidental por meio do qual eles recebem o cargo enfatiza as bases de sua legitimidade na história de um povo, de um lugar e de uma cultura. Isso não quer dizer que monarcas não podem ser loucos, irracionais, autointeressados ou insensatos. Antes, quer dizer que eles devem sua autoridade e sua influência precisamente ao fato de que falam por algo *mais* do que os atuais desejos dos eleitores de hoje, algo vital para a continuidade e a comunidade, que o ato de votar pressupõe. Portanto, se eles são escutados sob qualquer condição, são-no como limitadores do processo democrático, exatamente como este deve ser limitado, de modo a resultar em uma boa legislação.

A CÂMARA DOS LORDES

Nós, na Inglaterra, temos desfrutado de outra (e mais interessante) incursão do princípio hereditário no processo político por meio da existência de uma segunda câmara hereditária no parlamento. Essa câmara está destruída atualmente, mas os argumentos que prevaleceram contra ela são tão fracos e confusos que vale a pena dizer algo aqui sobre as virtudes da instituição, a fim de que ela não desapareça do cenário político sem que alguém tenha lamentado por esse desaparecimento.

O traço mais importante da nobreza hereditária, como é entendido tradicionalmente, era que o cargo político passava de mão em mão com *status* social aprimorado e com um título anexado direta ou indiretamente a um pedaço do território nacional. As pessoas não cobiçavam ser nobres pela riqueza vinculada a eles – pois de fato era caro mantê-los no estilo esperado e algumas vezes eram rejeitados (como fez Winston Churchill) exatamente por essa razão –, mas por causa da carga emocional e da dignidade do título. Tal como concebido tradicionalmente, o título não era conferido a um indivíduo, mas a uma família: ele passava de pai para filho e constituía um endosso permanente do *status* social da família, enquanto a ornava com verdadeiro poder político.

O resultado foi que a Câmara Superior do parlamento passou a ser constituída em grande parte de pessoas cujos interesses não eram os de curto prazo, os de um ser humano enquanto vivo, mas os de longo prazo, que correspondiam aos de uma família. E o primeiro desses interesses é um profundo desejo de continuidade política e social. Um privilégio desfrutado pela herança só pode ser salvaguardado se os arranjos sociais e políticos que o conferem são preservados. Inevitavelmente, portanto, uma Câmara Superior hereditária verá a si mesma como guardiã e curadora de um legado político e social e, nesse sentido, como um freio no processo democrático. Se consideramos que o processo democrático precisa de tal freio, então esse é um forte argumento a favor da Câmara Superior hereditária.

A hereditariedade não é suficiente em si mesma para gerar aristocratas dignos do privilégio. Condições adicionais são necessárias para que uma classe política competente surja da herança do cargo, assim como tais condições são necessárias para que uma elite política competente surja por meio do voto majoritário. Não obstante, "o princípio hereditário", como Burke o chamou, é uma das poucas formas comprovadas de colocar a perspectiva de longo prazo no cerne da política.

Admito que essa não é uma resposta para a questão – na prática, a única questão debatida correntemente – de por que o acaso do nascimento deveria conceder um direito de legislar. Não *há*, porém, então, resposta para a questão. Tampouco há uma resposta para esta: por que a eleição democrática deveria conceder um direito de legislar? Pois não *há* direito de legislar. A legislação não é um direito, mas um privilégio concedido de maneiras diferentes sob sistemas políticos diferentes. É, obviamente, um privilégio que pode ser mal usado e que tem sido repetidamente mal usado tanto sob a aristocracia quanto sob a democracia. A sabedoria não pronunciada, que até recentemente imperava em nosso país, estava em que o mal uso poderia ser minimizado ao se equilibrar a câmara democrática com a aristocrática, cada qual tendo o poder de corrigir os excessos uma da outra.

Para compreender os defeitos da democracia sem entraves, precisamos compará-la a alguma alternativa. Meu argumento tem-se inclinado na direção da alternativa tradicional da aristocracia. É preciso deixar claro, porém, o que queremos dizer com isso. O termo vem do grego *aristokratía* e literalmente significa "governo dos melhores"; contudo, não é isso o que significou em nossa história nem o que poderia significar como uma prescrição política. Não há método conhecido que garanta o "governo dos melhores". Muitos métodos para ganhar e conceder poder político foram empregados ao longo da história da humanidade; e todos eles, em algum momento, fabricaram um "governo dos piores" – e isso também é verdadeiro em relação à democracia, como sabemos a partir do caso da Alemanha. O valioso na democracia é que esses erros podem ser corrigidos. A descoberta de que votamos nas pessoas erradas conduz eventualmente à deposição delas de seus cargos. E esse é o argumento mais forte em favor da democracia e a razão para conservar as condutas democráticas no âmago da política: ela nos permite livrarmo-nos de nossos governantes.

É justo dizer que a maior parte dos aristocratas hereditários não desfrutou da soberania na Europa, formando antes uma casta privilegiada entre governante e governado. Todavia, a aristocracia, no sentido usual do termo, carrega consigo uma concepção particular de cargo público e dever público e também uma cultura que enfatiza a distinção em vez da igualdade. Ainda que os próprios nobres não tenham muita coisa que os torne atraentes como povo ou como governantes, é essencial para o seu *status* hereditário que eles pensem em termos de cargo público, seus direitos e suas responsabilidades, e que eles cultivem a excelência em todas as suas formas. Os conservadores tendem a acreditar que isso facilita a transmissão tanto do espírito público quanto da alta cultura, além de dotar a nação com uma classe política que pode ser requisitada a qualquer momento e que terá tempo livre suficiente para oferecer seus serviços. A existência dessa classe dota a esfera pública com o encanto e a dignidade de algo permanente e, ao mesmo tempo, cria gosto, refinamento e conhecimento como atributos legítimos de alguém que aspira ao cargo – atributos que permitem que seu portador, ainda que com alcance limitado, compare a si mesmo com o nobre e o excelente. O aristocrata é ávido por legitimidade. Ele precisa reforçar os privilégios que lhe são dados como parte do destino, mas que outros lutam para ter e adquirir. Portanto, o aristocrata tem muito o que ganhar com a perpetuação de uma cultura da excelência.

Naturalmente, a velha sociedade aristocrática desapareceu. A ideia de cultura e espírito público, no entanto, sobreviveu durante um tempo à sociedade que a engendrou. Essa ideia dava vida às nossas universidades e escolas, era transmitida pela BBC e conservava sua força em nossa vida nacional até muito recentemente. Ela era – para usar uma palavra muito caluniada – "elitista", isto é, preocupava-se em salvaguardar talentos difíceis e exclusivos e assegurar que não fossem enfraquecidos por substitutos baratos e completas falsificações. Baseava-se no juízo crítico, no discernimento e na excelência social e sustentava instituições culturais e educacionais que tinham como resultado natural a geração de elites. Ninguém pode negar que essa concepção de cultura nacional rapidamente se tornou ofensiva ao modo de pensar democrático ou que surgiram reformas curriculares, já que filosofias educacionais repudiavam expressamente o ideal "elitista". O resultado foi uma grave perda de conhecimento e um declínio dos padrões em todos os meios de comunicação. Pode ser tarde demais para deter esse declínio. Todavia, a tentativa de fazê-lo fixa um objetivo da política conservadora, o qual é mais popular do que pensam os seus críticos.

Retornemos, todavia, ao tema da Câmara Superior. Se existe uma instituição que confere cargos e responsabilidades e que exige apenas algum talento herdado para que alguém possa habilitar-se para ela, como pode ser completamente condenada como inimiga do bem-estar do Estado? Afirmar que o princípio hereditário (mesmo quando aperfeiçoado como é pela constante criação de nobres) é "anacrônico" é o mesmo que não dizer nada. Requer-se apenas um olhar rápido para o estado da política internacional para perceber que o mesmo é verdade em relação à democracia. E argumentar que o princípio hereditário confere cargos e responsabilidades aleatoriamente, sem considerar a aptidão da pessoa que os recebe, é repetir uma objeção a todo método de promoção. Devemos supor que a habilidade para fascinar um eleitorado (como fez Hitler) tem alguma ligação com a aptidão para o cargo público? É estranho, de fato, escutar os debates atuais na Casa dos Comuns e refletir sobre o fato de que o autor de *Troilo e Créssida* um dia pertenceu a ela. O fato, porém, deixa de nos surpreender quando nos lembramos das atividades que hoje são necessárias para chegar lá.

Uma Câmara Superior que afilia aqueles cuja dignidade social e política é inviolável tem uma notável qualidade que sempre estará ausente em uma assembleia de membros eleitos – a ociosidade. O ócio transforma uma discussão em troca de ideias. Em nossa Câmara Superior, pontos de vista e interesses que foram debatidos, por serem inúteis para o demagogo, devem ser ignorados na luta pelo poder. Ademais, nobres como os Lordes da Lei, cujo cargo é resultante do seu aprendizado, beneficiaram-se grandemente com aquilo que a troca de ideias confere e a discussão elimina: eles venceram os debates relativos a todas as questões em que somente eles têm competência para decidir. De fato, foram os Lordes da Lei, falando não para um corpo de agitadores, mas para uma assembleia de ouvintes, que barraram leis muito confusas ou vingativas. Sua presença na Câmara Superior reforça sua autoridade nos negócios do Estado. Como argumentarei mais à frente, é essencial para o pensamento conservador que sua autoridade prevaleça.

No passado recente, o Partido Conservador respondeu às táticas agressivas de seus oponentes com gestos de reforma e emenda que mais pareceram apaziguamento do que preparação para a guerra. Há razões para isso, sendo a principal delas o fato de a política conservadora, ao fim e ao cabo, requerer uma unanimidade de opinião que transcende a lealdade partidária. Não obstante, política à parte (e a política aqui é vasta e delicada), é importante compreender que a questão é essencial e que os conservadores devem adotar uma posição firme. A reforma dos Lordes deve ser projetada tanto para fortalecer seus poderes como para conservar seu distanciamento. Bagehot, em sua espirituosa defesa da Câmara Superior, considerava duas reformas como imperativas, não para reduzir o poder, o privilégio ou a dignidade da Câmara, mas para restaurá-los[8] (essas duas reformas – a abolição do voto por procuração e a criação de nobres a título vitalício – foram, desde então, realizadas calmamente). As reformas propostas atualmente pelo Novo Partido Trabalhista do Sr. Blair parecem ter a intenção de atingir o efeito oposto: transformar a Câmara dos Lordes em uma espécie de *talkshow* televisivo, no qual as dignidades são descartadas e as opiniões avaliadas por sua "correção política" e não por sua veracidade.

A ILUSÃO DA DEMOCRACIA

A esperança conservadora tem sido a de que nossas instituições hierárquicas acomodarão o princípio da eleição democrática, sem conceder aos partidos o poder que pertence ao Estado. Alguns políticos têm considerado a Câmara dos Comuns como a câmara de debates da nação, a garantidora de liberdades, a defensora do povo contra as autoridades constituintes. É verdade que essa pérola, cultivada em

---

[8] Walter Bagehot, *The English Constitution*. Ed. R. H. S. Crossman, capítulo III. London, 1963. A defesa que Bagehot faz da Câmara dos Lordes é uma controvérsia de excelente qualidade, muito acima do nível dos debates recentes.

torno das praias da opinião popular, frequentemente tem tornado essa opinião inofensiva para o organismo social, mas, ainda assim, trata-se de uma pérola cultivada. Ela está lá porque a constituição a colocou ali, e não há nenhum direito dela que não lhe tenha sido conferido pela constituição. Numa série de cultivos cancerosos, ela começou a afundar a concha que a protege, transformando a instituição do governo em uma excrescência do processo político, que ela corrompe e reprime. O câncer principal foi o gabinete, um círculo interno de ministros nomeados unicamente pelo Primeiro Ministro, o qual decide todas as coisas em segredo e pretende responder tanto ao parlamento como ao monarca, embora, em verdade, não faça nem uma coisa nem outra e nem mesmo (como ilustram ridículos e recentes volumes de memórias de seus ex-membros) responda a si. Nenhum observador externo pode deixar de desprezar esse sistema de governo, e todos os conservadores devem, por instinto, opor-se a ele. Pois ele permite que os políticos explorem o que é ruim na democracia – o apelo à opinião da maioria, a indiferença às restrições constitucionais e o fomento de mentiras confortáveis em contraposição a verdades desconfortáveis – ao mesmo tempo que evitam o que é bom, isto é, a responsabilidade, a consulta e a soberania do parlamento.

O problema consiste em uma perda de equilíbrio orgânico. Nossas instituições parlamentares se desenvolveram a partir da necessidade de harmonizar poderes concorrentes, para determinar – de um modo compatível com a continuidade social – os complexos vetores de interesses novos e estabelecidos. A democracia tem sido vista como o meio mais eficaz para fazer isso. Infelizmente, democracia é o nome de um ideal que o próprio poder não reconhece: o poder procura reprimir e dirigir. Muito do princípio democrático debilita o equilíbrio do parlamento, dando origem ao político "profissional", o oportunista que deseja progredir o mais rápido e até onde for possível numa instituição que preserva dignidade exterior suficiente para tornar a busca válida. Os verdadeiros poderes na nação, porém, permanecem indiferentes a essa exibição de *glamour* e buscam atingir seus propósitos implacavelmente, muitas vezes fora do alcance do controle parlamentar. Enquanto a política for considerada uma profissão (em que as pessoas lutam por cargos com a assiduidade e a insolência dos vendedores), a Câmara dos Comuns continuará sendo necessariamente um campo de batalha cuja melhor qualidade será a capacidade de extenuar seus membros. Mesmo hoje é possível imaginar um tipo de política que não seja uma "carreira", uma política mais próxima da busca pelo aprendizado ou cargo do que das negociações do mercado. Ter como finalidade uma tal política significa, contudo, sujeitar a representação da política.

INDEPENDÊNCIA JUDICIAL

Como os conservadores encaram a constituição e como (e por que razão) eles tomarão providências para defendê-la? Não é possível descrever inteiramente a constituição do Reino Unido, a qual, em todo o caso, hoje é pouco inteligível, resultando de uma série de reformas desnecessárias. Em vez disso, eu me proponho a considerar uma pequena parte dela, a fim de mostrar como a atitude conservadora pode se manifestar nas complicações do poder. Considerarei a questão da independência judicial. Muitas vezes, travam-se batalhas parlamentares em torno dessa questão, mas sempre de modo infrutífero, visto que até agora nenhum político pensou em um jeito de desfazer esse nó constitucional. Não obstante, a independência judicial tem-se mostrado um obstáculo para as políticas da esquerda. Há, de fato, um argumento em voga: uma vez que a decisão judicial se baseia na ideologia de uma "classe média", ela automaticamente deve intrometer-se no caminho da legislação que procura danificar o interesse próprio dessa classe. Na China, onde argumentos como esse de fato levam a recomendações, quase nada dos processos judiciais permanece – são somente julgamentos peremptórios conduzidos por dignitários locais. O Compêndio das Leis e Regulamentos da República Popular da China originalmente era composto por um volume de médio porte publicado anualmente. Por volta do fim da década de 1950, ele se tornou muito delgado. Em 1964, sua publicação foi interrompida. Naquela altura o direito havia se tornado inteiramente um assunto do partido diretivo e uma questão de costume local. Pois, como todo bom leninista sabe, o definhamento do Estado implica o definhamento do direito.

Ora, o Estado é a mesma coisa para um socialista e para um liberal: um meio; e o fim, a "justiça social", uma expressão que, podendo significar qualquer coisa, descreve uma sociedade que nós não temos e que da mesma forma podemos não desejar. Naturalmente, o Antigo Partido Trabalhista hesitou identificar-se com esse ponto de vista, já que estava longe de representar uma atitude exclusivamente socialista ou até mesmo anticonservadora. Há um respeito residual pela constituição britânica que reflete tanto o próprio respeito do cidadão pela lei como o desejo premente dos novos grupos de interesse – os sindicatos, os burocratas do governo local e as "quangocracias"[9] – de fazerem parte do *establishment* político. Daí o surgimento do Novo Partido Trabalhista como um partido devotado não à justiça social, mas à promoção da classe que usa a "justiça social" como seu logotipo corporativo.

A questão é simples para os conservadores. Eles julgam que os axiomas do igualitarismo não comunicam nenhuma ideia concreta sobre a realidade futura. Em contraste, a constituição exibe uma ordem na qual vivemos cotidianamente. A manutenção dessa ordem é um objetivo inteligível, e a "justiça social" não.

A independência judicial é um fenômeno complexo, radicado em uma área ambígua da política em que fato e ficção agem em conjunto.

---

[9] As *quangos* (*quasi autonomous non-governmental organizations*) são organizações financiadas pelo governo, mas que atuam de forma autônoma. (N. T.)

Ela tem a história e o mito apropriados para todo dispositivo constitucional arraigado. Na realidade, não pode ser absoluta nem autossustentável. Segundo Montesquieu,[10] é costume dividir os poderes do Estado em três: o executivo, o legislativo e o judiciário. Embora a intuição seja sensata, não há uma teoria clara que a sustente. É claro que não é nem necessário nem desejável que o processo de administração, a elaboração das leis e a execução da justiça fiquem nas mãos de um único organismo. As três funções, porém, não podem ser desenredadas e, em certo sentido, a vontade por trás de cada uma delas é uma e a mesma. O Gabinete do Reino Unido, por exemplo, não poderia governar se tentasse separar seu poder legislativo do executivo. Ademais, um organismo que elabora leis é impotente a menos que consiga forçar os juízes a aplicá-las. O chefe titular do judiciário deve, portanto, responder ao poder legislativo. Assim, nosso Lorde Chanceler responde à Coroa e às inclinações da Coroa, à medida que essas são aprovadas pelo parlamento. Aqui vemos uma das vantagens que brotam dos mitos da monarquia: a de que um poder possa ser, a um só tempo, um (como deve ser por conta do governo) e muitos (como a obediência civil exige). Como, porém, descrevermos o fato constitucional da independência judicial?

O que chamamos de independência judicial é algo relativo. No Reino Unido, ela tem três causas principais. A primeira é que a argumentação e o procedimento legais permanecem autônomos. Com efeito, a ascendência da Equidade nas leis escocesa e inglesa (trazidas paradoxalmente por James I, em sua tentativa de manter o judiciário sob controle) requer que nenhum édito parlamentar possa de fato controlar o tom do argumento judiciário. Esse elemento da independência judicial existe em todo país em que decisões legais chegaram

---

[10] *De L'Esprit des Lois* (1748). A doutrina da "separação dos poderes" foi promulgada de forma explícita na constituição norte-americana – fato que de maneira alguma serviu para torná-la mais inteligível.

por meio da aplicação de princípios abstratos de evidência e de justiça natural, princípios que todas as pessoas (mesmo os políticos) precisam aceitar em suas tarefas diárias.

A segunda é que as decisões judiciais não podem ser revertidas pelo parlamento, mas apenas por meio do devido processo legal. Em circunstâncias normais, não existe legislação retroativa. Todavia, devemos nos lembrar de que o supremo tribunal de apelação no país – a Câmara dos Lordes – é também um corpo parlamentar, e é somente uma convenção constitucional que impede que os nobres que não tenham um cargo judicial façam juízo lá.

E, finalmente, a terceira é que nosso direito não está (ou ainda não está) codificado. Baseia-se em um sistema de precedentes (ou direito consuetudinário) expandido, restringido e aperfeiçoado pelo estatuto. Portanto, o direito frequentemente tem-se desenvolvido por meio da reflexão judicial, e não política, e quando repentinamente pode parecer que o parlamento tenha promovido, simplificado ou esclarecido algumas causas – como na formulação das Leis de Propriedade, da Lei do Furto ou da exemplar Lei de Responsabilidade do Inquilino, de 1957 –, isso pode ter-se dado porque uma ordem foi reconhecida – e extraída – a partir do raciocínio jurídico que já existia. A mentalidade judicial foi aplicada diretamente aos fatos de nossa sociedade e durante esse processo foi incorporada à lei do país uma imagem duradoura da nação, uma imagem que muitas vezes foi invocada de modo provocativo por Lorde Denning em suas reprimendas ao parlamento.

Um Estado bárbaro é aquele em que é impossível distinguir o "justo processo legal" (a vontade do Estado) da vontade de um partido ou indivíduo. Num tal Estado, a lei não tem autoridade independente, mas apenas poder delegado. A constituição do Reino Unido defende-nos de tal barbarismo em parte por causa dos três princípios da independência jurídica. Há restrições. Em tempos de guerra, os procedimentos jurídicos podem ser peremptórios, e a legislação pode ser retroativa (novamente, como um resultado da guerra), mas essas são anormalidades. O que preocupa muito mais os conservadores é o movimento para subordinar nossa jurisdição do direito consuetudinário aos códigos legais napoleônico e romano, que prevalecem no continente e que identificam, como fonte da autoridade legal, princípios abstratos em vez de casos concretos. Essa é a verdadeira origem da resistência conservadora à unificação europeia – não é que ela destruirá a soberania do parlamento (visto que isso já foi feito pelo sistema de gabinetes ministeriais), mas sim que sobrepujará a mais importante fonte de autoridade no Reino Unido: o direito consuetudinário.

A ASCENDÊNCIA DO ESTATUTO

Há um método perfeitamente normal pelo qual a atividade do judiciário pode ser controlada; e enquanto é um método que parece ser constitucional, a aparência é ilusória. Não há regra constitucional que rege a matéria; no entanto, tendo em vista que o motivo da prática surge independentemente do princípio que rege o Reino Unido, ela é não necessariamente inconstitucional, mas contra a constituição, expressiva do *éthos* do Estado como meio. Refiro-me à tentativa de refazer a nação por meio de estatuto e de substituir o direito consuetudinário, onde seja possível, pelo estatuto, mesmo em desafio à lei natural. Quando isso ocorre, é para o estatuto que o juiz deve se curvar.

Numa constituição adaptada ao mundo real, porém, a obediência torna-se algo complexo e criativo, para não ser de modo algum entendida como uma sujeição meticulosa à lei. Nota-se com frequência que a mente jurídica tem-se dado a procurar não a letra, mas o espírito da lei e (para todos os seus necessários protestos de obediência) não vai olhar o espírito da lei como investido apenas no parlamento. O parlamento é, por conseguinte, parte do aparelho do Estado, mas não o próprio Estado, e as consequências disso para o povo britânico são imensas. Os juízes foram capazes de reinterpretar a legislação severa, absoluta ou confusa à luz de seus próprios princípios já existentes.

É natural para um juiz procurar meios para manter as pessoas em seus negócios livremente escolhidos ou para inferir uma obrigação quando alguém foi deliberadamente encorajado a agir em seu detrimento. A legislação criada para superar tais fraquezas judiciais tem de ser draconiana e elaborada com uma exatidão que, em tempos de hiperatividade, é naturalmente algo raro. Leis manifestamente injustas – como o Ato de arrendamento de 1968, o qual tem a intenção de reescrever contratos em detrimento consistente de uma das partes; leis de expropriação e nacionalização; estatutos que tentam eliminar *mens rea* das ofensas que devem, todavia, ser severamente punidas – têm de ser estabelecidas com mais cuidado, para que não se morra a morte da competência judicial.

Ora, esse procedimento depende de um equilíbrio entre o poder judicial e o parlamentar, e os conservadores tendem a adicionar seu peso ao primeiro. Pois a reflexão judicial não é regida por outro propósito que não a busca da justiça no âmbito de uma dada ordem social, enquanto a reflexão parlamentar, sendo proposital, contém uma potencial ameaça àquela ordem social. O equilíbrio pode ser alterado por uma quantidade exagerada de legislação estatutária e pela tentativa correspondente de restringir a capacidade legislativa dos juízes. Naturalmente, não é possível dispensar o estatuto; toda a administração depende disso, mas, na Inglaterra, o estatuto normalmente tem sido uma questão deliberativa, constrangida tanto pelo precedente judicial quanto por "razões de estado". Ora, com uma burocracia europeia dedicada à produção de "diretivas" que devem ser incorporadas como lei em cada jurisdição subordinada, o estatuto está finalmente matando o direito consuetudinário.

Os socialistas, assim como a Nova Classe de burocratas do bem-estar social, recebem bem esse resultado. Políticos dados à busca da "justiça social" estão propensos a se impacientar com aqueles que preferem o tipo mais "natural". Assim, eles buscam estatutos que sejam imunes à competência judicial. E esses devem vir em rápida sucessão, impossibilitando que a comunidade tenha tempo de fazer um balanço da mudança (considerem a tentativa de implementar a educação integral, frente à qual os juízes continuaram a distribuir recursos, onde quer que estivessem disponíveis). Inevitavelmente, no calor da mudança fomentada, o judiciário deve agir como uma força conservadora. Pois os juízes buscam alinhar os decretos do parlamento com um sistema legal estabelecido, e daí (indiretamente) com instituições que encontram proteção no corpo da lei existente. Um político que quisesse destruir aquelas instituições desejaria, portanto, remover a capacidade legislativa dos juízes e investi-la inteiramente no parlamento, em especial na Câmara dos Comuns, onde o judiciário não é nem diretamente representado nem abertamente influente.

Aqueles que julgam o judiciário, sob a jurisdição do direito consuetudinário, uma força conservadora estão certamente corretos. Um juiz que age sob as disciplinas da lei inglesa não pode fazer nada além de respeitar o arranjo social que é expresso na lei. Ao fazer justiça, ele remove o ressentimento e, então, restaura indiretamente alguma parte do *status quo*. A ética da "justiça social" poderia demandar que classes inteiras da sociedade fossem punidas por causa dos seus privilégios, sucesso, talento, superioridade intelectual ou material. Nem a constituição nem a ética na justiça natural, porém, podem ser levadas a reconhecer tal lei. Por isso, indiretamente, a capacidade legislativa dos juízes tem impedido a formação de um Estado igualitário.

GOVERNO E PARTIDO

Há outro perigo para a independência judicial – assim como para todos os assuntos que se encontram equilibrados dentro da constituição por profundas forças históricas. Ele está na irreverência constitucional que deve naturalmente acompanhar o ativismo político. Políticos cujo objetivo é mudar a ordem estabelecida não podem considerar esse objetivo aberto à qualificação pela constituição existente, já que eles a respeitarão apenas no que ela serve aos seus propósitos, procurando, do contrário, ignorá-la ou deixá-la de lado. É por essa razão que, cada vez mais, os políticos estão deixando de levar a sério a distinção entre governo e partido. Ora, o judiciário tem de responder ao parlamento, e, por meio do parlamento, à Coroa. Certos membros parlamentares – como o Advogado-Geral e o Lorde Chanceler – têm a função de mediar as relações entre os que fazem a lei e os que a administram. Tais oficiais, porém, são agentes da Coroa, respondem pela Coroa aos interesses do Estado. A política democrática requer (embora isso não seja mais do que uma convenção constitucional) que aqueles oficiais sejam nomeados pelo partido dominante; no entanto, eles não respondem diretamente a esse partido. É importante observar, portanto, que uma ameaça constitucional já está presente quando esses oficiais são impelidos a agir em resposta à pressão partidária, como ocorre cada vez mais no caso do Lorde Chanceler. Para os conservadores, é necessário desafiar os assaltantes da independência judicial a falarem não com a autoridade do Estado, mas apenas com a influência de um partido. Eles se encontrarão muito mais confusos quanto ao seu significado.

Isso nos leva a um aspecto da constituição que é, e deve ser, a maior preocupação dos conservadores: a natureza do parlamento, e o papel da política partidária em determinar os seus assuntos. Ora, foi Burke – conservador que fez uma associação partidária com os Rockingham Whigs – quem primeiro encorajou seus amigos parlamentares, em face da ameaça de reforma constitucional, a se organizarem em um partido. Poderíamos supor que essa divisão em partidos fosse tanto alheia ao conservadorismo como destrutiva do equilíbrio constitucional. Eu duvido, porém, que seja assim. Burke estava correto na sua intuição de que a política partidária é um baluarte contra a fragmentação da vida política, que poderia, de outro modo, ocorrer sob o processo da democracia. Pela influência do partido, os votos são registrados não como uma manifestação da vontade individual (para esta ou aquela característica da vida nacional), mas, de forma ampla, como um gesto de fidelidade a um estilo de governo; e a continuidade do partido é sentida como a substituta mais próxima para a continuidade da nação. O corolário disso, no entanto, é que a política partidária deve ser tomada seriamente: um partido conservador constantemente confrontado por medidas drásticas de reformas desnecessárias, quando no governo, tem de deter tanto poder quanto seus oponentes o detêm para desfazer essas medidas; não porque tais idas e vindas da política doméstica sejam algo saudável, mas porque são a única maneira de levar isso ao fim. Esse é um meio de forçar os partidos a reconhecer uma causa comum, de forma que eles se tornem uma vez mais não "movimentos", mas facções, igualmente comprometidas com o interesse nacional e com a autoridade constitucional, entrando em conflito a respeito desta ou daquela atitude sobre questões de Estado, mas sobre nada maior que seu desejo comum por poder. A imagem composta que eles virão a formar deve conter grandes fragmentos conservadores. Para alcançar isso, é importante manter o governo e o partido separados, para investir tanto poder no primeiro quanto é assumido pelo último, e em particular investir poder naqueles aspectos de governo que não estejam sob a jurisdição parlamentar.

A SOCIEDADE CIVIL E O ESTADO

Para entender o que está em jogo nas questões constitucionais que levantei, devemos retornar às nossas reflexões anteriores e discutir a natureza da sociedade civil e sua proximidade com relação ao Estado. Para uma visão conservadora das coisas, é fundamental (como sugeri) que os indivíduos busquem e encontrem sua realização na sociedade e que se reconheçam como parte de uma ordem que é maior que eles mesmos, no sentido de transcender tudo o que possa ter ocorrido por meio do seu próprio acordo voluntário. Eles devem ver a si próprios como herdeiros, e não como criadores, da ordem da qual participam, para que possam derivar dela (a partir da imagem da sua "objetividade") os conceitos e os valores que determinam a autoidentidade. Eles verão sua extensão no tempo, do nascimento à morte, como tendo um significado de estabilidade civil: seu mundo não nasceu com eles, nem morre quando eles se separam de seu mundo.

É natural concluir que uma constituição adaptada à realização de uma perspectiva conservadora abrirá espaço para princípios de direito hereditário, sem ver nada de errado nisso, certamente. A herança reforça a conexão entre família e propriedade, que, sendo parte da natureza humana, é também parte da política *natural* que os conservadores propõem. Vemos aqui um aspecto de constituição (privilégio hereditário) refletido, primeiro, em uma característica da sociedade civil e, segundo, em uma demanda de política fiscal. É impossível separar aqui *questões de Estado* de todas as características que sustentam a vida civil à qual estão associadas. Para entender como precisamente os conservadores podem formular a crença no princípio hereditário (ou em qualquer outro aspecto da constituição), devemos sempre discutir questões muito mais sérias e mais ardilosas que a política imediata. Vivemos em uma nação tão constituída que o Estado e a sociedade se movem juntos, em direção ao fim comum da soberania nacional. Considerar um futuro político para nossa nação é mirar em sua continuidade exterior na política e em sua coesão interna na vida social. Como o exemplo de governo hereditário indica, e como expliquei anteriormente, será impossível separar os dois. Em certas questões de governo, no entanto, a política liberal é que vem incentivando a separação entre Estado e sociedade.

Considerem, por exemplo, a questão da devolução. Ela foi parcialmente efetivada pelo governo do Sr. Blair, com incalculáveis consequências. Um organismo político tem de necessariamente ter um centro e uma periferia e, se a periferia não for governada com a mesma força e a mesma resolução que o centro, a nação desmorona. No nosso novo reino *inglês*, fundado sobre a hegemonia da Londres Norte, o que pode prevenir os nortúmbrios insatisfeitos de declarar seu direito inato à independência? O que pode deter a cidade de Yarmouth, rica em petróleo, de autogovernar-se? Quem vai governar a república de Brixton, quando seus costumes, seus hábitos e sua linguagem parecem propiciar tão pouca aplicação às leis da distante Westminster? E quem vai ser motivado a desafiar a rebelião liderada pelo Napoleão de Notting Hill?

Além disso, um Estado que está certo de suas fronteiras requer governo dentro dessas fronteiras e decisões autônomas que podem ser identificadas pelo povo como formas decorrentes dele mesmo e expressivas de sua vida coletiva. Do ponto de vista constitucional, isso significa autonomia do legislativo. É certamente difícil para um conservador aceitar a estranha e voluntária renúncia da soberania, que tem insistido que a lei britânica é mais bem-feita em Bruxelas do que em casa. Ora, a lei europeia, sendo de intenção comercial, tem beneficiado amplamente as companhias que se ocupam com o comércio exterior. De fato, isso tem origem no tipo de pensamento segundo o qual o bem-estar econômico é tudo o que importa para a política e o verdadeiro objetivo da lei. Esse pensamento identifica o bem-estar das pessoas com os lucros das corporações multinacionais. Como as decisões que emanam da Europa começam a refletir mais de perto a ideologia de seus membros, muitas coisas serão impostas aos bretões de uma forma de que eles não gostam, mas eles serão impotentes para rejeitá-las, a não ser por meio da ruptura total dos tratados sob os quais a vida econômica da nação está sendo rapidamente subsumida. Uma vez que o conservadorismo está fundado em uma filosofia universal da natureza humana, e portanto numa visão generalizada do bem-estar social, ele não reconhece uma única política "internacional", uma única constituição ou coro de leis que possam ser impostos independentemente das tradições da sociedade que é governada por elas. Como posição política, o "euro--conservadorismo", portanto, não faz sentido – a não ser, é claro, que isso signifique a manutenção de alianças estreitas e relações comerciais, ou talvez algo mais absurdo, como a restauração do Sacro Império Romano e a soberania da Igreja.

Os assuntos que acabamos de discutir são constitucionais, mas refletem uma visão da ordem civil. De modo contrário, há assuntos que surgem do sentimento popular e ainda buscam expressão em decisões de caráter constitucional. Isso é verdadeiro para todos aqueles sentimentos que compõem a noção inarticulada de nacionalidade e que impõem sobre o governo a necessidade de estabelecer, como decreto constitucional, uma determinação legal de cidadania. A lei foi formulada há relativamente pouco tempo, sob a pressão da migração universal. Muitos bretões, que nunca ouviram falar dos Atos de Nacionalidade e das leis de imigração, reagem com convicção a algo que já foi chamado a "cunha alienígena". E certamente ninguém pode duvidar, nem aqueles que professam fidelidade à "sociedade multicultural", de que nossa sociedade, ao contrário dos Estados Unidos, não é desse tipo e, portanto, que a imigração não pode ser objeto de mera contemplação passiva por parte da cidadania atual. Talvez não haja maior sinal da força do liberalismo (uma força que vem não do consenso popular, mas do poder político da elite liberal) do que ele ter tornado impossível para qualquer um, a não ser para os que estejam ao seu redor, argumentar que os ingleses, escoceses e galeses têm direito prévio aos benefícios da civilização que seus ancestrais criaram, o que lhes dá o direito de reservar para si esses benefícios.[11] É, todavia, um princípio de longa data da lei britânica que a incitação do ódio (e, portanto, do ódio racial) é uma séria infração penal; porém, não está

---

[11] A visão liberal nesses assuntos é apresentada de modo sucinto por Sidgwick, *Elements of Politics*. London, 1891, p. 295. Ele defende o *ideal cosmopolita*, segundo o qual o "objetivo (do governo) é manter a ordem num território particular que as causas históricas lhe apropriaram, mas não determinar de qualquer modo quem vai habitar o território nem restringir o gozo de suas vantagens naturais a qualquer porção específica da raça humana". Como se as *causas históricas* pudessem demarcar um território sem, ao mesmo tempo, demarcar as pessoas que o habitam! É difícil imaginar que concepção de soberania, ou de legitimidade, pode ser derivada desse axioma tão distante dos sentimentos políticos das pessoas comuns.

claro que sentimentos não liberais devam ter a forma de ódio, nem que eles devam ser tratados da forma imperiosa planejada para torná--los assim. Ao contrário, são sentimentos que parecem surgir inevitavelmente da consciência social: eles envolvem preconceito natural, cultura comum e o desejo da companhia da própria espécie. Isso dificilmente seria motivo suficiente para condená-los como "racistas" – uma acusação que não tem definição na lei e contra a qual agora não há defesa. Ser acusado de racismo é ser culpado por isso: esse é o grande feito do pensamento liberal sobre a nacionalidade. Uma das mais importantes causas conservadoras no nosso tempo deve certamente ser a tentativa de desfazer o aparato de censura e intimidação que efetivamente silenciou o apelo à identidade nacional.

Em todas essas questões, foi trabalho do liberalismo afastar Estado e sociedade. A ideia conservadora de constituição como algo generalizado e tácito só pode ser posta em prática juntando-se os dois. O motivo pelo qual questões como a devolução, a autonomia legislativa, a imigração e assim por diante estão entre as principais preocupações dos conservadores é que elas indicam batalhas que poderiam ser vencidas. A atração magnética da sociedade civil tem aqui sua força máxima; é apenas necessário colocar a constituição dentro do seu campo.

Pessimae republicae plurimae leges.[12] As palavras de Tácito estão começando a se aplicar até mesmo à Inglaterra, sobre as quais Joseph de Maistre escreveu que "a verdadeira Constituição Inglesa é aquele admirável espírito público [...] que conduz e salva tudo, enquanto aquilo o que é escrito não é nada".[13] Conforme tentei mostrar, porém, o ideal de Maistre, modificado como inevitavelmente tem sido pela passagem do tempo e pela complexidade da administração moderna,

---

[12] Numa má república, as leis são numerosas. (N. T.)

[13] De Maistre, op. cit. Ver também os comentários em Hume, *History of England*, capítulo 47, relativos à crise constitucional causada pela disputa de James I com o direito consuetudinário.

ainda está em funcionamento no Reino Unido. Basta saber os pontos nos quais a "profunda" constituição não dita se revela, pois eles são os locais em que os conservadores deverão lutar.

CONSIDERAÇÕES FINAIS

Uma constituição não é um manual de regras, nem pode ser projetada dessa maneira. Ela permeia o corpo da sociedade, bem como a autoimagem de uma pessoa permeia sua natureza orgânica. Não está fundada em um direito "natural", pois concede direitos e privilégios, bem como demanda obediência em troca.

A unidade entre Estado e sociedade não requer nenhum processo democrático; de fato, no momento, a democratização é, em muitos aspectos, uma ameaça a essa unidade. Há, contudo, uma ameaça maior no desejo liberal de refazer a constituição, para que esta não se identifique com nenhuma ordem social específica nem responda a nenhuma identidade histórica específica. Como argumentei, para resistir a essa tentativa os conservadores devem buscar investir o poder do Estado fora do foco de mudança especulativa; particularmente, fora das opiniões turbulentas dos Comuns. Por isso, eles devem apoiar o judiciário, a Casa dos Lordes e cada instituição autônoma por meio da qual o processo político encontra sanção tácita e livre de facções. Para um conservador, o movimento da constituição deve expressar o movimento do sentimento social e não os objetivos oportunistas da pequena classe de políticos profissionais. Se, todavia, conservadores pertencem a essa classe, então eles devem lutar com ousadia e cautela, tomando uma posição em cada ponto no qual o vínculo de sociedade lhes dá apoio, e não permitindo a partido algum usurpar a lealdade que – por se originar da ordem social – não pertence a qualquer partido, mas ao Estado. Devemos agora, porém, considerar não o Estado como tal, mas a vontade do Estado, que é a lei.

Capítulo 4 | Lei e Liberdade

Se fôssemos permanecer no nível da *política partidária*, deveríamos discutir o processo pelo qual o Partido Conservador acabou se vendo, durante a década de 1970, como o partido *da lei e da ordem*. *Lei e ordem*, porém, é simplesmente o trabalho do governo, e nenhum partido político que tenha se pronunciado ou agido como se isso não tivesse nada que ver com ele poderia jamais ser eleito – como o Partido Trabalhista veio a descobrir à custa disso. A verdade foi revelada por Maquiavel em uma frase afiada que todos reconhecem ser verdadeira no momento em que reluta em acreditar nela: "O Príncipe deve usar primeiro a lei, que é natural ao homem, mas deve estar preparado para usar a violência, que é bestial, para que o Estado de direito seja mantido." As questões que nos dizem respeito são aquelas da natureza da lei, de seu alcance e de sua *imagem* no pensamento conservador. O resto é uma questão de estratégia. Teoricamente falando, pode-se deixar que *lei e ordem* cuidem de si próprias.

A ESFERA DA LEI

O que pode, e o que não pode, estar sujeito à lei? E em que medida pode a lei definir e limitar as atividades dos cidadãos? Novamente, é improvável que os conservadores se contentem com uma resposta única e absoluta, enquadrada para o uso de toda nação e toda instituição, sem considerar sua história e seu caráter. Todavia, eles ainda têm de lutar com seus oponentes liberais e, na esfera da lei, o liberalismo é um ser todo-poderoso, por assim dizer, o primeiro pensamento que vem à mente. Desde o Iluminismo, parece natural supor que a causa da "liberdade individual" é o que está em jogo em cada questão de direito; e, enquanto isso não é como a lei *é*, é como ela foi teorizada. Deveríamos remover a liberdade *desta* pessoa para proteger a liberdade *daquela* pessoa? Tal filosofia vê a lei como legítima apenas na medida em que ela protege os indivíduos de danos; e a lei deveria permitir o máximo de liberdade individual compatível com aquele objetivo. Claramente, seria impossível dispensar a visão liberal: ela tem uma respeitável história intelectual, assim como um apelo intelectual perene. É importante ver, porém, que os conservadores não são de forma alguma forçados a aceitar isso.

Como já sugeri, a visão liberal é individualista. Ela vê os indivíduos como potencialmente completos em si mesmos e possuidores de razão, a qual eles podem usar bem ou mal. Usá-la bem é usá-la livremente – viver uma vida de acordo com os preceitos de escolha *autônoma* (ou mesmo *autêntica*). É do exercício dessa escolha autônoma, alegou Kant,[1] que todo o bem da natureza humana deriva, e a mais importante degradação dessa natureza está na "heteronomia da vontade" – ação de acordo com preceitos que não são autocomandados. É fácil ver nessa filosofia – ancestral do existencialismo sartriano, e a quintessência do conceito iluminista de homem – a base para a visão de que nosso bem-estar reside na liberdade, e de que todo governo é válido apenas como um meio para esse fim. Não é preciso ir tão longe como o Grande Inquisidor de Dostoiévski para apontar seus defeitos. Kant pensava que ele poderia derivar do princípio primordial da autonomia certas leis subsidiárias à ação, as leis morais, as quais cada pessoa seria impelida pela razão a aceitar. Essas leis permaneceram, porém, como Kant reconheceu, puramente *formais*, e sua própria

---

[1] Ver *Crítica da Razão Prática*.

tentativa de derivar delas regras específicas de conduta foram não somente um pouco forçadas, mas também notavelmente apolíticas na sua concepção, não dando indicação do tipo de organização social que poderia servir melhor aos fins morais da humanidade. De fato, a operação da lei moral parece requerer que concebamos a nós mesmos como pertencentes não a este mundo, mas a um outro, membros ideais de um *reino dos fins*.

Parece-me que a concepção liberal da política não é mais nem menos plausível que a ideia kantiana do ser livre e autônomo. A visão conservadora parte de uma premissa conflitiva: a de que o ideal abstrato da autonomia, ainda que admirável, é radicalmente incompleto. As pessoas têm livre-arbítrio: elas fazem escolhas, agem com motivos, são guiadas em tudo por uma concepção de quem elas são e do que desejam ser. A *forma* da liberdade, porém, requer um conteúdo. A liberdade é inútil para um ser que carece de conceitos com os quais valorar as coisas, que vive em um vácuo solipsista, ociosamente querendo ora isto, ora aquilo, mas sem conceber uma ordem objetiva que poderia ser afetada por sua escolha. Não podemos derivar os fins da conduta apenas da ideia de escolha. Devemos mostrar como o agente valora o que pretende fazer. Por quais conceitos e por quais percepções ele representa seu fim como desejável? Reconhecer algo como desejável é vê-lo como uma conquista. Isso significa conferir-lhe mérito, dignidade, respeitabilidade – em suma, conferir-lhe reconhecimento social. Refiro-me ao caso normal, não aos exemplos supersofisticados, tais como você e eu, que deveriam ser definidos por extrapolação. Essa percepção do mérito de algo não é uma regra a ser traduzida em palavras: basta que seja real e vívida. Sem esse tipo de pronta percepção do valor das coisas não pode haver autonomia; e a percepção não pode ser adquirida por meio de um ato de escolha. Isso ocorre não pela liberdade, mas pelo esforço pela liberdade; não pela auto-obsessão, mas pelo conhecimento dos outros. Em suma, valorar requer a percepção de si como outro, e somente dessa percepção pode surgir a liberdade. Não há autonomia que não pressuponha o senso de ordem social e, se a ordem pode ser ideal, é apenas porque já foi alguma vez experimentada como real. O indivíduo autônomo é o produto de práticas que o designam como social. A pessoa individual é aquela que reconhece que não é meramente individual. A anarquia (que é a liberdade advinda dos constrangimentos de um domínio público) não é um ganho de individualidade, mas uma perda. Liberdade individual é o grande artefato social que, ao tentar representar a si próprio como a própria natureza, gera o mito do liberalismo.

O ADULTO RESPONSÁVEL

O significado do último parágrafo ficará mais claro quando aplicado a um exemplo. O que eu disse se opõe não apenas ao liberalismo, mas à concepção mais pragmática da lei, que a vê simplesmente como o poder do governo de constranger os perversos e apoiar os bons. É o exercício desse poder, sem o qual o homem é, nas famosas palavras de Hobbes, "solitário, pobre, desagradável, brutal e pequeno". Tal visão, porém, pode ainda ter sua expressão liberal. Poder-se-ia dizer que a lei teria sua função legítima realizada desde que possuísse poder e mecanismos com os quais impedir os indivíduos de interferir nos *direitos* dos outros – por exemplo, o direito à vida, à paz, à privacidade e à propriedade – e, sem dúvida, essa visão poderia encontrar alguma base natural, universal, num contrato implícito ou em alguma versão kantiana da *lei natural*. Segue-se que a lei é amplamente protetora e, tendo dado sua proteção, não pode legitimamente infringir o direito *natural* dos cidadãos de fazer o que quiserem, dado que eles também agradam àqueles *adultos responsáveis* que o fazem com eles.

Todos sentem-se atraídos por tal visão, porque todos, em alguma pequena porção de sua psique, é um *adulto responsável em seu íntimo*, ansioso por se retirar da vigilância do Estado para uma esfera soberana própria. Como os grandes atenienses, buscamos ser "Livres e tolerantes nas nossas vidas privadas; nos assuntos públicos, obedientes à lei".² E nenhum Estado moderno pode prosperar sem uma atitude cuidadosa para com essa ânsia supercivilizada por privacidade, mesmo quando sua manifestação principal repousa sobre a liberdade de os jornais dominicais fornecerem vinhetas de privacidade para aqueles que nunca a alcançaram. Todavia, a visão não pode ficar sozinha como definidora da nova ordem social ou de qualquer ordem social que seja.

O DIREITO DE PROPRIEDADE

Para dar um pequeno exemplo: o direito de propriedade. Numa visão extremamente liberal, não pode haver interferência legítima no direito de uma pessoa de dispor, como ela pensa que deve, do que é legal e moralmente reconhecido como seu. Vamos assumir, por um momento, que não haja complicações introduzidas pela separação entre propriedade legal e beneficiária. É absurdo pensar, porém, que um comerciante tenha o direito indefensável de jogar seus grãos ao mar, ou mesmo de tirá-los do mercado em tempos de fome (sendo esse ato lucrativo ou não). Naturalmente, ninguém duvidaria de que seu comportamento é imoral; mas certamente um Estado que se recusasse a tornar isso também ilegal estaria se abstendo do exercício do próprio poder investido em sua constituição, o poder de garantir a continuidade da sociedade humana. Talvez, dir-se-á, o exemplo seja extremo, e deveria haver algo como uma presunção irrefutável de que uma pessoa possa lidar livremente consigo mesma, mas isso é bastante questionável. O que, para a pessoa comum, é seu? Vamos considerar sua casa, uma vez que ela está mais próxima psicologicamente e é o local de tudo o que é *privado*. Que essa pessoa seja locatária ou dona de propriedade alodial é irrelevante, uma vez que ambos são direitos de propriedade na lei inglesa, representáveis como valores de

---

² Discurso do funeral de Péricles; ver Thucydides, *History of the Peloponnesian War*, livro II, p. 33-46.

troca. Por muito tempo, reconheceu-se que uma pessoa não poderia fazer o que bem entendesse com sua casa, e não somente porque alguns meios de fazê-lo prejudicariam diretamente seus vizinhos. Não se pode demoli-la, alterá-la e até (de vez em quando) redecorá-la sem o consentimento dos corpos legalmente autorizados. E as razões para isso podem ser puramente estéticas, questões de *caráter local*, *aparência tradicional*, em suma, uma expectativa pública de como a propriedade deve parecer. Não se deve imaginar que esse respeito legal para com os princípios estéticos seja algo moderno, uma proteção contra o mercado imobiliário que repentinamente se tornou versátil. Na Veneza do século XVI, até mesmo o padrão da proa de uma gôndola era determinado por lei. A ascendência da estética em questões de planejamento é de imensa significância, pois mostra a lei, expressando o desejo de uma continuidade visual, que não pode ter outra origem legítima que não aquela do poder investido pelo Estado (Estado aqui concebido não como meio de liberdade individual, mas como o guardião de uma ordem social estabelecida e de uma cultura que é a herança comum de todos). Tal lei pode ser entendida como legítima apenas se abandonarmos o retrato individualista da natureza humana.

MORALIDADE E LEI

Qual é, então, a legítima esfera da lei? A lei é a vontade do Estado e a expressão doméstica do seu poder. E já que o Estado e a sociedade civil são interdependentes, a legítima esfera da lei inclui tudo o que diz respeito à continuidade social, tudo o que pode reconhecidamente necessitar da proteção estatal. A lei deveria cobrir toda atividade pela qual os vínculos de confiança e fidelidade estão cimentados ou quebrados. Instâncias óbvias – a manutenção de contrato, a proibição da violência gratuita, a essência comum dos direitos civil e penal – partem dessa visão, como de qualquer visão, mas também o fazem instâncias mais controversas, envolvendo questões em que o domínio da ideologia liberal tende a ser a causa não de liberdade, mas de permissão.

Consideremos o caso da decência pública e da propaganda ostensiva emitida (em parte por meio da *educação sexual*) em nome de uma abordagem experimental das relações sexuais. Esses são assuntos difíceis sobre os quais escrever: por um lado, as pessoas contestarão que há alguma conexão (ou, ao menos, que deveria haver alguma conexão) entre os temas de decência pública e moralidade privada. Por outro lado, essa é uma área que, por envolver a qualidade e não a quantidade de algo (isto é, a qualidade do laço erótico), não se presta à pesquisa estatística. Como resultado, a mente burocrática, que pode imaginar que isso tem o alcance de questões como a violência na televisão, pode pensar que aqui não há um assunto a ser decidido e que, portanto, não há nenhum problema. De fato, como todos sentem instintivamente, há um problema. Mais ainda, em nenhuma dessas questões a estatística tem alguma relevância. Suponhamos que a estatística mostrasse que, nas sociedades que costumam organizar espetáculos envolvendo o martírio de cristãos – voluntários em público, diante de feras selvagens ou lançadores de facas –, ocorrências de violência pública existissem em menor número que em outras organizações, onde essas práticas saudáveis e purificantes não ocorressem. Isso prova algo? Naturalmente que não, pois o mal jaz não nos resultados da coisa, mas na própria coisa. E não principalmente no sofrimento das vítimas (que bem podem ter desejado o que lhes foi dado), mas na degradação mental da multidão. É claramente isso o que importa também em questões de decência pública. É irrelevante que mais ou menos pessoas saiam ou não após assistir a filmes pornográficos e se ocupem desta ou de outra prática. Isso não será o principal, o fato social. O fato principal é que elas assistem a tais filmes.

Ora, em todas essas questões parece que as opiniões de uma minoria têm recebido mais atenção que os sentimentos não articulados do cidadão comum. Esses sentimentos, que resultam dos limites da família, e a abstinência necessária para uma vida comum e responsável não merecem desprezo, mas proteção civil. É apenas por meio de uma visão exageradamente liberal da política que se pode recusar a ver que assuntos de moralidade privada e decência pública estão conectados e que ambos são de urgente preocupação política. Foi motivo de surpresa para alguns que júris tenham recentemente sido capazes de dar vereditos não apenas sobre obscenidades, mas também sobre blasfêmias. Isso não causaria surpresa alguma, contudo, para qualquer um que tenha observado, em si ou em outro, a força dos sentimentos que encontram sua realização na vida familiar, e o medo com o qual pessoas comuns, cujas vidas como cidadãs se iniciam na família, devem contemplar sua dissipação. Essa pode parecer uma questão menor, mas certamente está longe de ser sem importância, pois é por meio da canalização do impulso libidinoso que o vínculo da sociedade é formado. Conservadores tendem a não ser persuadidos por aquele tipo de sentimentalismo américo-germânico que imagina que a livre expressão do impulso sexual e a verdadeira harmonia das relações sociais sejam profundamente compatíveis e que vê os males da sociedade como decorrentes de alguma experiência particular de *repressão*. Isso com certeza é apenas ilusório, falso quanto à natureza humana e também autoenganador. A repressão, como caricaturada por Marcuse e Fromm, é simplesmente outro nome para a disciplina moral.

Deixemos um pouco de lado o controverso problema da conduta sexual e concentremo-nos naquele da decência pública. É certamente difícil contemplar a livre-comercialização do sexo como espetáculo e a consequente transferência da paixão erótica do compromisso pessoal para a excitação abstrata. Para tomarmos emprestado um conceito marxista: esse fetichismo da mercadoria sexual é também uma fonte de alienação sexual. Ele coloca uma barreira entre as pessoas e sua realização, transformando o ato sexual em uma caricatura de si próprio: não uma escolha existencial, mas a satisfação de um apetite.

Esse tipo de *fetichismo* é o inimigo do espírito humano: é a alucinação da liberdade, dispensada pela oscilação do mercado sexual. Isso marca a obsessão do homem por sua natureza animal e o roubo de sua essência social. E repetidas vezes, desde o julgamento de *Madame Bovary*, tem-se objetado que a censura ameaça a arte e a cultura. Devemos, contudo, distinguir o trabalho individual da cultura que o gera. E, tendo feito isso, por que não ser incrédulo? Não houve período civilizado anterior ao nosso em que faltasse censura eficaz, e houve poucos períodos tão aparentemente destituídos de inspiração artística, assim orientados – na busca de uma originalidade com desconto – para a profanação fanática em nome da arte.

Consideremos agora a questão dos costumes sexuais. Dir-se-á: não estariam eles dentro da esfera da lei? Sabemos que sim, e que a lei avança de forma morosa e complicada em obediência ao que alguém pode apenas chamar de convulsões da sociedade civil sobre esses assuntos, assuntos em que as naturezas animal e racional do homem estão às vezes em conflito direto e irreconciliável. Considere a ficção legal da *anuência*. É crime fazer amor com uma colegial disposta a isso, mas menor de idade; trata-se de um crime que se torna mais sério à medida que um homem descobre a facilidade de cometê-lo. E ainda, diz a lei, a garota não consentiu. Por trás da ficção legal está uma ficção moral que é vital para a autoimagem da sociedade. É a ficção, o mito, ou (do ponto de vista político são todos a mesma coisa) o valor da *inocência*. É por meio de uma concepção de inocência que as relações sexuais são experimentadas e entendidas – entendidas, isto é, como outra coisa que não uma mera performance animal. É essa concepção (e a ideia correspondente de maturidade pessoal) que torna possível a representação do amor sexual como a consumação de algo, como a finalidade do cortejo. A existência dessa lei pode, portanto, ser vista como legitimada por uma ideia moral indispensável. A ideia pode, de fato, corresponder apenas de forma aproximada ao modo como as pessoas se comportam, mas a maior parte das pessoas normais deseja ver seu comportamento dessa maneira, e ver seus valores consagrados na lei. Esse é o tipo de lei que os liberais acham difícil de aceitar. Os proponentes da *educação sexual* podem até considerar todo o conceito de *inocência* como profundamente anti-higiênico.

O exemplo é menor, mas importante, pois mostra como a postura de um conservador perante a sociedade civil pode começar a se traduzir – sem violentar seu sentido de atividade legítima do Estado – em leis que restringem seriamente o que alguns poderiam chamar de *liberdade* do cidadão. E essas leis não fazem referência às consequências *nocivas*, ou, se o fazem, é apenas porque o *nocivo* está sendo redefinido no processo. Não se pode dizer que a doutrina de uma *idade de consentimento* corresponda a uma concepção anterior do que é *nocivo* aos jovens. As pessoas ampliam sua ideia de *nocivo* para cobrir conceitos tão complicados como inocência e maturidade apenas imbuindo a ideia de um significado moral. Não é que a experimentação sexual prematura seja errada porque é nociva, mas sim que a experimentação sexual prematura seja nociva porque é errada.

LIBERDADE E DANO

O último pensamento nos coloca em conflito direto com a visão liberal da lei, como declarada e defendida por Mill e seus sucessores. A questão foi discutida diversas vezes, não apenas nas grandes controvérsias da era vitoriana,[3] mas até em nossos dias, muitos anos após o utilitarismo ter caído em descrédito. Seu surto mais recente – provocado pelo *The Enforcement of Morals* de Lorde Devlin – levou não apenas a protestos ardorosos de crença liberal em todo o mundo intelectual, mas também ao Relatório Wolfenden e às medidas subsequentes planejadas para remover do nosso sistema legal toda marca

---

[3] Ver J. S. Mill, *On Liberty*. London, 1859, e a resposta de Sir James Fitzjames Stephen, *Liberty, Equality, Fraternity*. London, 1873. Sobre a discussão moderna, ver a reafirmação sucinta da posição liberal de H. L. A. Hart, em *Law, Liberty and Morals*. London, 1963.

de intolerância sexual. Desde o Ato de Ofensas Sexuais de 1967, muitos assuntos podem parecer tacanhos, mas esse testemunho da vitalidade do pensamento liberal não pode ser ignorado. Uma leitura cuidadosa da questão revela dois princípios fundamentais que operam na mente liberal. O primeiro constitui sua premissa: que a lei criminal deveria se preocupar apenas com a proteção do cidadão contra danos. O segundo constitui o seu método, que diz que em todas as questões de lei e moralidade há espaço para debate, no qual o ônus da prova recai sobre a pessoa que gostaria de manter alguns preceitos, e não sobre a que os deseja abolir. O liberal é aquele que pergunta o *porquê* de cada instituição, nunca o que duvida da premissa da qual a possibilidade de tal questão advém, a premissa da descrença. O terreno da moralidade, assim como o da lei que a incorpora, permanece obscuro e inacessível. O liberal, que sabe não mais do que qualquer um por que é errado raptar, roubar, fazer demonstrações públicas de espetáculos obscenos ou sangrentos, deleita-se em induzir seus oponentes a inconsistências sobre assuntos que – por estarem no limite do entendimento humano – devem criar ou incoerência ou ingenuidade cada vez que são o tema não de prejuízo, mas de especulação. O que se quer dizer, quando se diz que dada prática não é *nociva* aos seus participantes, é que ela pode ser vista (de alguma posição de desprendimento seguro e emancipado) com não mais que os vestígios de um sentimento moral. O que mais a invocação de *nocivo* é capaz de significar? A ideia é clara o bastante na sua aplicação física: sabemos o que é machucar ou destruir um corpo humano. Danos físicos, porém, não são o acompanhamento normal do sequestro, um crime que deve, portanto, ser amplamente condenado por causa do dano *psicológico*, *espiritual* ou *moral* que causa à vítima. Eu seria, no entanto, prejudicado por algo puramente porque não consenti com ele? Se esse é o critério, então devemos modificar as leis fiscais, educacionais e ambientais do país. Sou eu prejudicado pelo espetáculo de uma execução pública? Como encontrar uma resposta séria que não alargue o conceito de *nocivo* para incorporar a tonalidade mais sofisticada de desaprovação moral? Novamente, sou prejudicado pela destruição de um belo prédio ou de uma obra de arte? A única resposta que vai gerar a lei que a maior parte dos liberais gostaria de ver é que eu *sou* prejudicado e de um modo que quase transcende a menor ofensa do promotor imobiliário falido pela aplicação da lei. Finalmente, sou prejudicado pela oportunidade de empreender (em privado) práticas contra as quais (por mim desconhecidas) minha própria natureza moral pode em uma fase posterior se revoltar? Claramente, nenhuma resposta razoável para qualquer dessas perguntas está ao alcance, até que comecemos a incorporar ao conceito de *nocivo* precisamente o sentimento moral e social que os liberais querem dele remover. Toda a disputa, representada pela oposição entre a intolerância obscura e a razão iluminada, não é mais do que um choque de preconceitos. E enquanto um lado francamente admite que os sentimentos que ele traz à disputa são morais, o outro esconde seu fanatismo por trás de uma máscara de razão, esperando serenamente vencer a batalha.

Isso não significa negar a possibilidade de um genuíno consenso liberal. A invocação desse consenso construiria a base para uma mudança correspondente na lei. E deve ser verdade que a moralidade liberal é cada vez menos a propriedade de uma elite e mais e mais a moeda comum da opinião popular. Como saber? Não se deve encontrar a resposta por meio de argumentos, mas pelo teste que sempre foi usado – pela resposta dos magistrados e júris. Conforme o sentimento moral recua, recua também o desejo de condenar a punição ou sujeitar-se a ela. Assim, tornou-se necessário inventar a ofensa de Morte por Direção Perigosa; pois qual júri, vendo outra pessoa ser acusada de um ato que ele mesmo não evita no dia a dia, encontrará um veredito de homicídio e uma possível prisão de dez anos? Da mesma forma, poderia ser que o sentimento popular sobre a maioridade estivesse mudando e começando a se mostrar no tribunal.

Defender esse teste tradicional não é pregar a doutrina de *vox populi, vox Dei*.[4] É simplesmente manter a lei dentro da visão e do entendimento daqueles que são governados por ela, recusar a assumir um consenso antes que ele seja provado no único foro onde as pessoas são forçadas a ser verdadeiramente sérias. Sofrer a opinião da maioria é a pena natural de uma educação que condena valores maiores; e o senso de uma ordem moral comum é a maior força que reconcilia aquela maioria às excentricidades que ela não pode entender nem imitar.

DIREITOS CONSTITUCIONAIS

Vale fazer uma pausa para mencionar outra manobra liberal perante o problema colocado pela moralidade popular. Isso significa argumentar que a lei é um distribuidor de direitos constitucionais. E, se a constituição envolve um compromisso com um *moralismo plural*, então o cidadão não terá expectativa legítima de que a lei possa impor seu código moral contra o dos outros, mesmo quando o código rival é postulado meramente para o bem do argumento. Nessa visão, por mais forte que seja o consenso, a lei é pública e a moralidade, privada. Ademais, o propósito da lei refere-se a apenas uma coisa – a constituição que confere os direitos disputados em tribunal. É desse modo que juristas norte-americanos tendem a ver sua lei; e, embora se possa naturalmente concordar com a visão de que os direitos conferidos pela lei são constitucionais, pode-se duvidar de que o compromisso com um *pluralismo moral*, mesmo quando contraria a teoria aceita do processo jurídico norte-americano, é uma visão coerente. A teoria em questão é o velho contrato social: como poderia algum americano obrigar-se a uma moralidade que não a sua própria?[5] Do

---

[4] A voz do povo é a voz de Deus. (N. T.)

[5] Ver a excelente discussão exposta em George Parkin Grant, *English-Speaking Justice*. Sackville, New Brunswick, 1974, parte IV.

que decorre que aqueles que são incapazes de participar do contrato social não podem se beneficiar da proteção da lei. Um feto, por exemplo, está exatamente nessa posição, como foi definitivamente provado no caso norte-americano *Roe v. Wade*. Não sendo uma *pessoa*, disse o Excelentíssimo Sr. Juiz Blackmun, o feto não pode naturalmente reivindicar qualquer benefício de uma lei que, embora nada concedendo à moralidade, concede tudo ao contrato no qual o Estado se funda. É surpreendente o liberalismo ter se afastado tanto de sua premissa inicial; no entanto, os conservadores prefeririam voltar àquela premissa, para ver o *pluralismo moral* pelo que ele é: uma forma desonesta da Lei Moral kantiana – um modo de impor a uniformidade moral em torno de uma agenda social liberal. "Tão natural para a humanidade", afinal de contas, "é a intolerância para com qualquer coisa com que realmente se importe" (Mill, *Sobre a Liberdade*).

LEI E SOCIEDADE

A autoridade da lei, embora filtrada pelo aparato estatal, depende do sentido de coesão social. Nenhuma lei que tente transcender esse sentido terá a firme adesão dos cidadãos. Igualmente, em qualquer área da vida social que seja vital – quer para a força do laço social, quer para a imagem social dos seus participantes –, a lei poderá interferir de forma legítima. Assim sendo, é inevitável que devam existir leis para a família, leis de planejamento, leis que regulam o dia e a hora de trabalho, bem como o lazer, e mesmo leis que controlam a natureza das substâncias tóxicas permitidas (da mesma forma que a lei islâmica reconhece o conflito entre o ponto de vista que expressa e o consumo do vinho, nossa lei reconhece um conflito entre o gracejo fétido dos *pubs* – geralmente tidos como lugares onde bons laços sociais são promovidos – e a suavidade ameaçadora da cultura da droga, normalmente considerada o primeiro passo rumo ao isolamento). É um grande mérito da visão conservadora da lei que ela seja capaz de explicar esses conflitos e torná-los inteligíveis.

Do ponto de vista liberal, parece-me que a quase totalidade do sistema legal de nosso país – afora uma pequena parte central das leis civis e criminais – torna-se indefensável.

Poderíamos ir mais adiante; *o quão* longe, no entanto, é assunto da política atual, o que ultrapassaria o escopo deste livro. É um assunto muito complexo ajustar as engrenagens da lei aos movimentos da sociedade e tentar seguir unicamente esse movimento que procede da própria vida social, em vez do movimento que prenuncia seu desaparecimento. De uma forma geral, parece-me que os juízes foram mais bem preparados para realizar esse ajuste do que o parlamento. Consideremos as múltiplas nuances de obrigações que foram inseridas recentemente na relação entre o homem e a mulher, usando apenas conceitos judiciais (como o da confiança construtiva), para acomodar casos difíceis, sem alterar os fundamentos da lei familiar.[6] E, se o entusiasmo dos juízes ultrapassasse a si mesmo, o ajuste judicial seria ainda possível, sem a necessidade de desemaranhar o complexo nó da lei, e teceria uma nova concepção de família.

O liberalismo, que é o credo de uma elite e um impossível substituto para as devoções da existência ordinária, tem sido a força orientadora de muitas organizações que se dedicam à reforma legal. Seu principal objetivo tem sido soltar as amarras que unem a vida civil à lei – estendendo a esfera da escolha àqueles âmbitos em que tradicionalmente se procurava não permissão, mas contenção. O liberalismo procura remover da lei a imagem de um acordo social. Para os conservadores, isso simplesmente retira da lei sua autoridade, ao refazê-la como um sistema de regras formais e evitáveis. Assim como os indivíduos precisam se encontrar refletidos na ordem social para reconhecer o valor externo do que fazem, da mesma forma, essa ordem social precisa se ver refletida na lei. A sociedade civil não pode

---

[6] Ver, em particular, os casos de *Eves v. Eves* ([1975] 3 ALL ER 768) e *Davis v. Johnson* ([1978] 1 ALL ER 1132).

munir a si própria de uma autoimagem, do mesmo modo que um indivíduo não adquire autoconsciência olhando o próprio reflexo em um espelho. A sociedade civil se confirma nas instituições do Estado, e a lei, como a vontade do Estado, é, então, a realidade concreta da vida civil. Na medida em que, um a um, os costumes, os modos, a moral, a educação, o trabalho – e tudo mais – são "libertados" da jurisdição da lei, o sentido de sua validade social sofre um declínio, já que os cidadãos percebem um abismo se ampliando entre seus costumes e sua forma de vida e a lei que – supostamente – os protege.

PUNIÇÃO

Tendo-se adotado o conceito de lei que tracei, encontrar-se-á pouca dificuldade em aceitar a punição como parte essencial dela. A confusão intelectual em torno do problema do livre-arbítrio entre criminologistas levou a uma concepção da lei como um instrumento não de coação, mas de cura e reforma. Não proponho debater essas questões, que são de grande complexidade. Farei simplesmente uma sugestão: qualquer filosofia que implique eliminar punição ou censura do entendimento das relações humanas deve também prescindir de recompensa e elogio, de raiva, de ressentimento, de indiferença, de respeito e de admiração – ou seja, de todas aquelas atitudes que constituem a rede de relações morais entre as pessoas. Tal filosofia deveria terminar por limpar do mundo a complicada superestrutura dos valores humanos, deixando em seu lugar um deserto behaviorista, no qual computadores sem alma podem prosperar, mas pessoas, nunca. Tomar essa filosofia como base para a vida moral e para a atividade política é remover a significância de ambos.

A questão a considerar não é aquela da lei e da ordem, mas a de como a lei e sua violação são concebidas. E devemos reconhecer uma oposição fundamental entre aqueles que veem o conflito entre crime e lei como um conflito da vontade e outros que veem isso em termos de *ajustamento* ou *desajustamento* do indivíduo (ou da sociedade).

A primeira visão é comum tanto a conservadores quanto a subversivos; cada qual concebe os criminosos como agindo deliberadamente e por seus próprios fins, em desafio à sociedade. Pode não ser seu propósito se opor à "Vontade Geral" (na expressão de Rousseau) – a não ser que, como Genet, eles tentem encontrar sua autoimagem justamente daquela forma, virando a roupa da sociedade ao avesso para vesti-la do lado das costuras. Não obstante, o propósito do criminoso é antagônico à sociedade, e já que a sociedade se expressa no Estado, e já que o criminoso é também um sujeito daquele Estado, então ele outorga ao Estado o direito e o dever de puni-lo. A razão para essa punição está no que ele fez. Os efeitos são irrelevantes. Não é importante que ele tenha sido reformado, curado, ou subjugado em aquiescência: é suficiente que ele tenha agido como agiu. Segue-se que o motivo da punição – sendo essencialmente retrógrado – é fundado em algum respeito à ordem estabelecida e ao sistema de autoridade no qual o crime constituiu uma violação. Uma punição não busca reparar um delito civil (pois essa é a esfera de ação do direito civil e não do penal), mas expressar e apaziguar a indignação geral. Assim, embora possa haver perdão para uma ofensa civil, para um crime pode haver apenas misericórdia. A forma mais sadia de punição será imediatamente compreensível, concebida pelo cidadão como uma retaliação natural, que retira o ferrão do ressentimento e elimina a necessidade de uma vingança privada. A instituição da punição simplesmente transfere para a lei a autoridade que é invocada em todo ato de retaliação.

Esse motivo agora é perfeitamente compreensível não só para o observador político, mas também para o cidadão, uma vez que não é nada além de seu próprio motivo reescrito com os grandes caracteres do Estado. Compreender a punição dessa maneira é defender a ideia do Estado como pessoa, como vontade e como fim em si mesmo: e esse é o ideal do conservadorismo. Sua inteligibilidade e coerência são marcas de seu senso comum político; e o fato de que ele pode gerar um critério claro e humano de punição é uma marca de sua razoabilidade – pois o caminho está, então, aberto para a sugestão de que o método e a severidade da punição devem ser diretamente determinados pela natureza e gravidade do crime.

Consideremos agora a visão – que não seria injusto tomar como uma das premissas da "reforma penal" moderna – de que a verdadeira razão para a punição não se encontra em seus antecedentes, mas em seus efeitos. Sob essa perspectiva, é legítimo punir desde que o criminoso ou o povo possa tirar algum benefício tangível desse ato, de modo que a real natureza da punição deve jazer na proteção da sociedade ou na reforma do indivíduo. De imediato, torna-se extremamente difícil explicar por que não devemos destinar a pena de morte para transgressões menores (uma atitude que as eliminaria de uma vez por todas) nem punir o assassinato com um curso de sociologia na Universidade de Essex (uma punição que, para esses crimes particulares e domésticos, deve provar-se pelo menos tão reformatória quanto a prisão). Tampouco esse tipo de absurdo é o único defeito na abordagem "progressista" da instituição da punição. Eis o defeito mais sério: que ela torna a instituição ininteligível, pois retira da descrição da punição qualquer referência ao mal que foi feito, apresentando o crime em termos neutros, como uma espécie de acidente biológico gerado por um organismo desordenado; e nossa única preocupação seria "curá-lo". Essa atitude (descrita no filme *Laranja Mecânica*) representa o crime e sua penalidade não como atos inumanos, mas desumanos, distantes da esfera do entendimento comum, sem motivação, sem objetivo, sem valor. Isso significa abandonar o conceito indispensável de liberdade a um equívoco vulgar, sob o disfarce de uma visão "objetiva" e "científica" do homem.

À medida que o poder estabelecido do governo foi adulterado pelo especialista e pelo carreirista, o humanitarismo vago começou a substituir as sanções naturais, que são os antagonistas inteligíveis do crime. O humanitarismo é, na verdade, sinal de uma relutância em se responsabilizar totalmente pelos cargos do Estado, embora se queira desfrutar das vantagens que emanam deles. Ele pode representar a si mesmo como "consciência", com todos os ardis associados de "sinceridade", se bem que, em considerações de tal importância, não se possa senão se sentir tentado a seguir a opinião de Oscar Wilde, de que é o estilo, e não a sinceridade, o que conta. Para as pessoas comuns, a punição é simplesmente uma necessidade moral, que não tem nada a ver com o objetivo humanitário. É uma retribuição, uma vingança institucionalizada, o deserto do criminoso e o direito de sua vítima. Substituir a punição pela "reforma" é separar a lei de seu fundamento moral; é ainda assumir um direito de perdão que só pertence à vítima do crime. Esse perdão fictício reforça ou o entendimento do crime como algo "subjetivo" – de modo que os atos são considerados criminosos somente por convenção – ou o entendimento de que a objetividade do crime passa despercebida pelo Estado. O primeiro desses pensamentos tem como consequência o declínio dos padrões de conduta comuns, ao passo que o segundo nutre o desejo pela vingança pessoal em vez da institucional.

Poder-se-ia perguntar que forma esse sistema "não liberal" de punição deveria tomar. A resposta não pode ser definida de maneira abstrata, mas não há dúvida de que uma característica vital da punição – que é o sentido vívido de que há uma mediação humana e não um mecanismo não humano em sua fonte – precisa ser restaurada se a instituição quiser ter o lugar nas organizações sociais que os conservadores desejam atribuir-lhe. Escritores modernos, de Kafka a Genet, já descreveram suficientemente o tormento e a degradação do homem num mundo sem mediação: tal mundo é um mundo além da moralidade, além da política, um mundo que seria uma tolice irremediável trazer à existência. Consideremos, pois, a instituição da prisão. É óbvio que a prisão é o melhor modo de transmitir, seja para o criminoso, seja para o povo, o sentido adequado da punição como uma resposta para o crime, de forma que uma ação humana possa constituir uma resposta? A resposta não é de modo algum segura.

O efeito desmoralizante de penas duradouras, a tendência natural da prisão de criar uma sociedade criminosa com seus próprios valores e tradições, o efeito depravador e perturbador de uma vida social sem o benefício do lar, tudo conspira para fazer com que a prisão seja tanto cruel quanto perigosa. Ademais, sua natureza como meio de intimidação e retribuição é tornada frívola por seu exterior inescrutável; e manter a prisão como a única forma de punição é dar origem a uma absurda matemática do crime, de acordo com a qual parece que o saque de um vagão dos correios é quatro vezes pior do que um assassinato premeditado – um resultado profundamente repugnante para a consciência normal.

A LEI NATURAL

Sempre se fez uma crítica ao conservadorismo, a qual tem certa importância: dirigir as aspirações políticas na direção de uma ordem estabelecida elimina os meios da crítica social e requer que alguém sustente qualquer despotismo arbitrário que tenha alcançado ou usurpado o poder do Estado. A ideia do Estado bom simplesmente passa como irrelevante. O desafio de tal questionamento pode ser enfrentado, mas a resposta conservadora – à diferença da reformista – não é fácil de formular. Conservadores não podem criticar a ordem existente, porque ela é um meio insuficiente para algum fim que eles designam como o único objetivo da política. Eles precisam encontrar, dentro da própria atuação da lei, seu critério de validade.

Um Estado não se torna despótico somente porque a lei representa um poder que traz autoridade. A constituição não escrita do Reino Unido – que dá o poder de fazer leis às instituições, muitas das quais são apenas indiretamente responsáveis pelas fontes do poder – torna o despotismo improvável, pois a parte importante do direito penal inglês não resulta da sanção parlamentar, mas daquilo que chamarei de justiça "natural" (um rótulo antigo e frequentemente muito mal empregado). Por justiça natural, entendo um processo de reflexão reconhecido (mas nem sempre obedecido) por todos em suas relações mútuas; um processo sem o qual nenhuma relação humana poderia ser concebida no espírito da amizade. Já critiquei anteriormente o conceito de "direitos humanos", com o qual os políticos travam tantas guerras de palavras, não porque não haja uma noção inteligível que se vincule a esse rótulo, mas porque se acredita que ele sintetiza toda a legitimidade do governo e porque gera, como um princípio de política universal, preconceitos bairristas para a democracia ocidental. Essa noção apenas obscurece os principais assuntos da política externa em relação aos quais ela é usada.

Há, contudo, direitos naturais na medida em que há obrigações naturais – ou seja, na medida em que um conceito de "relação justa" surge naturalmente entre pessoas. Ao usar a palavra "natural", não quero dizer que a autoridade desses direitos possa ser exercida independentemente da proteção concedida pela ordem política, e sim que eles podem ser independentemente compreendidos. Além disso, os direitos naturais estão, em certo sentido, "mais próximos" dos cidadãos do que os direitos e as obrigações que definem sua filiação a uma sociedade específica.

No direito administrativo, certos princípios formais ou procedimentais recebem o nome de "princípios de justiça natural" – o direito de representação, a obrigação de não ser juiz em sua própria causa e assim por diante. À parte, porém, esse resíduo de princípios derivados do direito canônico, a distinção entre o "natural" e o artificial é feita apenas indiretamente, pela distinção entre equidade e lei. Apesar disso, a distinção é intuitivamente óbvia. É inegável que o processo mesmo de evolução de uma criança em um adulto – de um animal em um ser racional – envolve pessoas em relações com seus próximos que, não fossem mediadas por uma concepção instintiva do que é justo, seriam destituídas do benefício da amizade, da benevolência e do amor. É injusto bater em alguém que não deu nenhum motivo para isso; é injusto forçar alguém a submeter-se a desejos sexuais de outra pessoa... e assim por diante. A lista é longa e, mesmo na aplicação das leis que derivam somente da constituição política, um judiciário independente seguirá princípios de raciocínio que têm sua base intelectual – assim como aqueles princípios elementares têm sua base – numa concepção de justiça que é pressuposta em toda organização social e que não pode ser concebida como simples criação de um poder soberano. A questão da origem e da justificativa desse sentido de justiça é filosófica: é ela uma reflexão daquele princípio fundamental da razão prática que Kant tirou da ideia de autonomia (o princípio de que é preciso tratar todos os seres racionais como fins e não como meios)? Ou é, talvez, simplesmente parte da história natural da amizade? A resposta não compete a nós; pois o que importa, politicamente falando, é que o sentido de justiça é imediato, uma parte da superfície da vida social. Ele não pode ser erradicado da percepção humana por nenhum poder político, tampouco por um processo de "reeducação". O melhor que um déspota pode fazer é evitar sua manifestação. E, assim como a justiça natural é um ingrediente essencial na amizade entre as pessoas, também as leis de um Estado precisam incorporá-lo se esse Estado pretende comandar a amizade de seus cidadãos e ser honrado como fim e não como meio.

JUSTIÇA SOCIAL

É aqui que temos de reconhecer, todavia, que a justiça "natural" tem um inimigo não natural: a justiça "social" do reformista igualitário. Para ilustrar o conflito entre elas, é melhor refletir sobre um exemplo específico. Levarei em consideração o direito de propriedade.

A principal aplicação da "justiça natural" é às ações humanas e, por extensão, às personalidades das quais essas ações surgem. Ela não se aplica a um estado de coisas como tal, julgado independentemente da ação que o produziu. O sentido de justiça, fundado em nossas relações recíprocas e expressando-as, surge apenas porque nós conseguimos ver a justiça das ações individuais e nos sentimos atraídos pela vontade da qual elas nascem. Se, numa fase ulterior, chegamos a ampliar a ideia e a falar de justiça ou injustiça de realidades sociais e políticas, queremos nos referir não à natureza delas, mas à sua causa. Não é justo nem injusto que uma mulher nasça mais bonita ou mais inteligente do que outra. De fato, conservadores diriam que nosso entendimento dessa ideia de "justo estado de coisas" é tão incerto que não poderíamos nem dizer que é injusto que uma pessoa nasça mais rica do que outra, ou que esta e aquela porção de cidadãos detenha esta e aquela porção da riqueza nacional. Essas coisas acontecem, mas elas são injustas somente se forem causadas por uma injustiça. Se vão ser criticadas, então tem de ser em outros termos, e termos que, a menos que façam referência à ação humana, serão mais estéticos do que morais.

Para empregar esse conceito de "justiça" no debate político, o advogado da "justiça social" cria uma ficção inconsciente e peculiar: a ficção de que, na verdade, toda riqueza e talvez toda vantagem pertença a um só dono (a sociedade), que (de alguma maneira inexplicável) tem o dever de garantir sua "distribuição". E, numa descrição suficientemente desguarnecida e anistórica dos fatos, talvez pareceria injusto distribuir a riqueza de maneira desigual entre pessoas que são iguais em seu direito de reivindicar uma porção dela (iguais apenas por serem todas cidadãs); do mesmo modo, pareceria "desleal" dividir os doces de maneira desigual numa festa infantil. Essa ficção de "distribuição", no entanto, está tão frequentemente em conflito com a percepção imediata do que é justo que só se consegue crer nela por uma enumeração repetida e ritualística de suas implicações desejáveis: isto é, que socorra os pobres e deponha os ricos.

Para ilustrar o conflito entre justiça social e natural, contemplarei um exemplo que teve grande importância política nos nossos tempos: o Ato de Arrendamento de 1968, que deu proteção estatutária para a maior parte das classes de locatários privados. Escolhi esse exemplo não porque ele seja fácil de discutir, mas porque ilustra a profundidade em que se dá a luta entre a justiça natural e a social. Os Atos de Arrendamento deram poderes aos locatários privados para interferirem em negociações contratuais e assim garantirem na lei direitos que transcendem os direitos contraídos. Ora, não é estranho ao espírito da justiça natural recusar-se a manter um contrato ou a impor condições que não estejam contidas nele. Sempre se reconheceu que a liberdade com a qual uma promessa é feita é uma coisa relativa, e que uma pessoa pode comprometer a própria vida, como Antonio, sob a pressão da necessidade. Parte do exercício da justiça natural pode envolver contratos desfeitos e reescritos, a fim de remover todo tipo de elemento de utilização opressiva que, de outro modo, poderia ser sancionado por eles. E é claro que, uma vez que é necessário ter uma casa, é improvável que a lei vá deixar de lado contratos relativos à propriedade residencial (ou à industrial). Nos remotos tempos feudais, a lei oferecia "direitos" – até para os intrusos – sem os quais as relações entre proprietários de terras e locatários teriam se tornado despóticas, como aconteceu na Rússia (que assim permaneceu durante o regime comunista). Segue-se que, já que os contratos para o uso da terra são e têm sido assunto de um minucioso controle judicial e estatutário, será bastante difícil prover uma fórmula que defina a organização singularmente justa. Dificilmente, contudo, seria considerado justo se um tipo de contrato tivesse *sempre* e *inevitavelmente* que ser reescrito em nome do interesse de uma das partes e de tal modo que efetuasse uma transferência de propriedade para alguém que estivesse fazendo o contrato apenas com vistas ao direito de uso. Suponhamos que houvesse um estatuto que declarasse que qualquer um que contratasse livremente o aluguel de um carro poderia imediatamente reescrever o contrato, reivindicando o uso do carro por toda a vida (e por toda a vida de um de algum de seus dependentes), a um preço reduzido de aluguel e com a obrigação de que o contratante arcasse com os custos de um eventual conserto. A justiça natural seria ultrajada e o senso comum acabaria com esses contratos.

Ora, o sentido de justiça é desnorteado pelo fato de que o acesso à terra tornou-se mais difícil, pelas razões que já mencionei. Obviamente, a ligação de uma pessoa a sua casa e ao lugar que está à sua volta; as dificuldades em mudar de casa, de encontrar outro lugar para morar que seja compatível com a manutenção de um emprego, etc. – tudo isso põe um locatário à mercê de um proprietário que pode aumentar o aluguel ou acabar com o arrendamento. A dificuldade de guiar o sentido de justiça através dessa complexa rede de negociações livres e não livres, porém, não pode dar margem à completa adoção da ética da "justiça social" e à consequente tentativa (manifesta nos Atos de Arrendamento) de simplesmente redistribuir propriedades, de forma que locatários adquiram os direitos de propriedade que anteriormente cabiam aos proprietários – assim como, no meu exemplo, a propriedade de um carro é efetivamente transferida sob o nome de "acordo de aluguel". O exemplo foi muito importante, pois, tendo conduzido à interrupção de acordos de arrendamento privado, exceto sob circunstâncias muito especiais, isso fez com que regiões inteiras de nossos bairros pobres primeiramente se tornassem vazias, depois vandalizadas e finalmente isoladas do mundo civilizado. Essa foi a principal causa daquele "êxodo para os subúrbios" que os governos e planejadores modernos tanto deploram em vão.

É óbvio que o estatuto em questão pode ser entendido como um exercício de "justiça social", uma vez que, as outras coisas sendo iguais, ele efetuará uma transferência de riqueza do rico para o pobre. Também é óbvio que suas cláusulas beneficiam tão terminantemente a parte "mais fraca", que chegam a constituir uma violação direta à justiça natural. Consideremos o seguinte caso, que não é incomum. Uma viúva, a quem não se deixou nada além de sua casa e um pouco de dinheiro, compra para si um pequeno apartamento, na esperança de viver da renda provinda do aluguel da sua antiga casa. Essa casa fora adquirida há muitos anos, à custa de consideráveis sacrifícios, e é o principal fruto do trabalho dela e de seu marido. Depois de alugar a casa, a viúva percebe que não consegue tirar os inquilinos dali e que tem pouco controle sobre eles. A casa não pode mais ser vendida. Além disso, a viúva não pode aumentar o aluguel, pois precisa acompanhar o ritmo da inflação, e sua obrigação estatutária de consertar a casa a sobrecarrega de despesas que ela é incapaz de pagar. O resultado disso não é só a tribulação, mas a destituição. Não é a tribulação que está em questão: apelar a ela é simplesmente invocar o conceito de "justiça social" que conduziu a essa iniquidade. O que está errado é a injustiça natural da lei.

Como eu disse, o exemplo é complexo, porque lida com uma área da lei em que direitos históricos e contratuais se confundem e em que todos são obrigados por necessidades que não podem se sujeitar aos caprichos da escolha individual. Como argumentarei no próximo capítulo, a "liberdade de contrato" é, na melhor das hipóteses, um ideal, o qual está sujeito a coações que tornam impossível a um conservador apoiar seus casos tão somente nesse conceito. As complexidades sociais sempre nos obrigarão a nos afastarmos do paradigma das relações justas, mas é exatamente em exemplos do tipo que apresentei, nos quais essas complexidades modificam e informam a atuação da justiça "natural", que o conflito entre a justiça "natural" e a "social" pode ser visto tanto como genuíno quanto como profundo. Se assim for, então a adoção da ética da "justiça social" na prática do governo provocará uma tensão não natural sobre o laço social (o laço que é encontrado nas relações amigáveis entre cidadãos e entre cidadãos e Estado). Ademais, seus efeitos não são mais que temporários, consistindo, de fato, na transferência de riqueza para o mais fraco. A justiça social não pode, na natureza das coisas, arrancar essas profundas desigualdades de habilidade, de engenho e de talento que mais uma vez farão com que alguns subam e outros desçam. A história recente da Rússia ilustra perfeitamente essa questão.

Por conseguinte, é no conceito de justiça natural que os conservadores irão encontrar uma resposta para os céticos e um critério parcial do bem social. E a justiça natural, longe de ser um objetivo externo da política, não se conseguirá desenredar do procedimento legal, modificando e alterando as mesmas leis e costumes que constituem o Estado.

A AMPLA PERSPECTIVA HISTÓRICA

Um fantasma familiar agora vem nos assombrar. Até aqui procurei evitar a argumentação filosófica e apresentei o conceito de justiça "natural" por meio de uma única instância. Doutrina requer concretude. Todavia, falar do que é concreto é entrar na jurisdição da história. A que – perguntar-se-á – equivale essa "justiça natural" quando vista do ponto de vista neutro do historiador? A resposta pode parecer desconcertante. A justiça natural tem seus antecedentes na *jus gentium* da lei romana, esse resquício de lei aplicada não aos cidadãos, mas à massa de povos conquistados cujas normas consuetudinárias proporcionaram um apelo conveniente – conveniente porque, ao representar Roma como o árbitro definitivo da justiça, também confirmou Roma como o poder reinante definitivo. O *jus gentium* (racionalizado como *jus naturale*) passou para o direito canônico e foi mantido sob a forma do "direito natural" dos juristas e teólogos medievais. A que, no entanto, historicamente, equivaleu aquela transmissão senão à tentativa da Igreja de constituir um tribunal de recurso segundo as leis locais dos soberanos europeus, que assim se agarravam à ascendência de Roma? E por que o *Code napoléon*[7] apoiava-se tanto na retórica da lei natural senão para apoiar a hegemonia política que procurava expressar-se por meio de suas deliberações? Vejamos um exemplo mais recente: a Ordem Rodesiana do Norte, na assembleia de 1924,

---

[7] Código Napoleônico. Foi o código civil francês outorgado por Napoleão I, que entrou em vigor em 21 de março de 1804. (N. T.)

sustentando a administração daquele protetorado, decretou que, em casos civis, os tribunais deveriam ser guiados (quando possível) pela lei nativa, contanto que ela não fosse "repugnante à justiça natural". Novamente, a repressão da justiça natural é a repressão de um poder em vigor. O extraordinário fracasso de Grotius em extrair uma "lei internacional" coerente dos vestígios da jurisdição eclesiástica durante a Reforma só serve para confirmar o ponto de vista "histórico". A "justiça natural" é escrava de uma classe dominante. Onde não há tal classe (como nos problemas que surgem entre Estados-nações), não há justiça natural a ser aplicada.

É impossível considerar todos os problemas factuais, diplomáticos e de teoria legal levantados por nosso historiador. Viremo-lo de ponta-cabeça. Por que, perguntemos, alguém (ainda não sendo membro de alguma classe dominante) pode ter sido enganado pela doutrina da lei "natural"? Não foi por causa de uma ligação com os "direitos do homem" (como admitirão os historiadores honestos). Portanto, é plausível sugerir que a doutrina surge, como ela alega surgir, um tanto "naturalmente", isto é, das exigências da natureza humana. E é por isso que a uma classe dominante interessa defendê--la, assim como interessa a uma classe dominante confirmar e consolidar todos os sentimentos naturais do povo que está sob seu domínio. A sensação de injustiça ligada à violência gratuita, ao estupro, ao roubo e à fraude, à prisão sem julgamento – esse sentimento é um resultado inescapável da experiência da sociedade. Não cabe ao historiador, mas ao filósofo, perguntar-se por que isso deve ser assim; sabe-se que é assim. E é desse modo que poderíamos começar a *explicar* o poder e a durabilidade de Roma, da Igreja e do *Code napoleón*. Longe de estar manchada por causa de sua proximidade do poder político, a justiça natural constitui uma das justificativas do poder, já que esse tem sido necessário para torná-la possível.

Também há, porém, poder sem justiça. Na história moderna, pode-se dizer, é a "justiça social", e não a "justiça natural", que mais tem feito para sustentar essa possibilidade. A primeira representa um objetivo político (o objetivo da igualdade social); a segunda simplesmente traduz para a lei um princípio vital da sociedade. E, como meu exemplo pretende mostrar, em algum momento o conflito entre as duas será inevitável e manifesto.

Todavia, a justiça natural não existe de modo absoluto, mas em graus variados. Não é possível supor que a ganância da natureza humana poderia ser de tal modo superada, que apenas a justiça seria suficiente para nos governar. Então, devemos retornar, ao fim e ao cabo, ao comentário de Maquiavel, com o qual este capítulo teve início. Enquanto a autoridade do Estado prepondera, a obediência dos cidadãos tem um aval, e eles devem lutar por quaisquer liberdades e benefícios que pareçam desejáveis sem ameaçar seja a ordem social, seja a própria realização deles nessa ordem social. Em tal Estado, a justiça natural pode estar no âmago de cada dispositivo constitucional e reside em cada decisão judicial. É exagerado, contudo, esperar da natureza humana que a autoridade do Estado não seja desafiada, ou que a sociedade civil não contenha elementos que considerem instituições estabelecidas não como manifestação de autoridade mas como meros instrumentos de poder. Em cada sistema legal, portanto, deve haver provisão contra a sedição, leis que permitam ao Estado reafirmar-se contra oponentes, e essas leis podem ficar inteiramente fora do controle da justiça natural, sendo determinadas unicamente pelo princípio da necessidade. Essa verdade é tão evidente que nenhuma doutrina política pode prescindir de alguma retórica consoladora que irá servir para torná-la palatável. É inquestionável que, se o poder do Estado é ameaçado, sua autoridade e, com ela, a estrutura da sociedade civil, também o são. Sacrificar o poder em nome da justiça é tornar o exercício da justiça impossível. Não pode ser, portanto, um defeito insuperável na lei de sedição o fato de ela estabelecer encarceramento sem julgamento, um processo judicial simplificado, ou execução sumária. O que importa é a medida em que tais leis devem ser invocadas. Se essa invocação constitui – como na Rússia comunista – uma porção maior do processo judicial, então o Estado claramente não tem autoridade real e o arranjo inteiro permanece à beira da ilegitimidade.

Aqui vemos o que poderia ser chamado de dialética de justiça e submissão ao Estado. O exercício da justiça só é possível dentro do contexto das instituições estabelecidas, que infundem respeito. Para infundir respeito não é suficiente fazer pronunciamentos justos: também é necessário ter o poder de colocá-los em prática. E aquele poder tem de parecer estar incorporado nas decisões judiciais, de forma que um único poder se traduza em comandos executivos, no cumprimento da lei e na resolução de querelas privadas. Um consentimento geral diante da ordem estabelecida é requerido para o exercício do poder e, por conseguinte, para as relações justas que os cidadãos esperam advir daí. Em troca de sua expectativa de justiça, o Estado espera a sujeição de seus cidadãos; eles são obrigados em suas consciências a sancionar os métodos mais violentos e até mesmo "não naturais" na supressão da rebelião, contanto que o objetivo seja um retorno tão rápido quanto possível à condição em que procedimentos justos se tornem a norma. Isso é, seguramente, o que se deveria dizer em defesa daqueles que, como o general chileno Pinochet, tiveram de fazer a escolha entre estabelecer violentamente uma ordem em que a justiça natural tem uma chance, e consentir na violência contínua e na degradação de uma sociedade devotada à "justiça social". Somente aqueles que não têm experiência de comunismo não se solidarizarão ao general nesse dilema – o que não quer dizer que ele já o tenha experimentado como um.

A visão conservadora da lei prestará uma atenção especial ao artefato constitucional conhecido como "Estado de direito". O Estado de direito é o sinal de uma constituição bem-sucedida – pois é um sinal de que todo exercício de poder pode ser descrito e censurado em termos legais. Por isso, ele permite ao cidadão fazer uma pronta distinção entre a autoridade do Estado e o poder de algum grupo revolucionário. É uma característica essencial do Estado conservador que esse "Estado de direito" deva prevalecer, não porque a lei tenha uma autoridade maior do que o poder do Estado, mas porque o poder do Estado e a autoridade da lei devem ser, em última análise, um e o mesmo. O Estado conquista seu manto de autoridade somente quando coberto pela lei. Conforme veremos, a disputa política é sempre representada pelos conservadores em termos legais. Nas relações industriais, nos hábitos de assembleia, no controle do monopólio e na restrição do poder individual, mesmo na esfera das relações internacionais, em que o estado da natureza ainda prevalece, é por meio da lei – e não da confrontação de poderes subordinados – que eles buscam uma solução.

CONSIDERAÇÕES FINAIS

A visão conservadora da lei é, como sugeri, clara, consistente e, por estar em harmonia com os sentimentos normais, divergente das ideias preconcebidas. Como a vontade do Estado, a lei precisa expressar a vontade da sociedade. A ideia de "liberdade individual" não pode ser o suficiente para gerar leis que serão ou aceitáveis para a consciência normal, ou compatíveis com as necessidades administrativas normais. Tampouco é convincente reivindicar que a lei obtém sua legitimidade somente preservando o indivíduo do "dano". A legitimidade nasce da ligação entre cidadãos, e a lei precisa ser pensada da mesma maneira – assim como a lei consuetudinária é pensada como surgindo da experiência primária da sociedade. Tal atitude perante a lei exige uma atitude correspondente perante a punição. Essa atitude, que pode parecer severa inicialmente, é, na verdade, tão humanitária quanto seus concorrentes liberais.

Considerei a possibilidade de que poderia haver princípios gerais de justiça, que carregariam uma autoridade maior que a autoridade de uma constituição particular. Eu declarei que tais princípios existem, que estão em conflito profundo e inevitável com a meta da "justiça social" e que eles não podem ser vistos meramente como instrumentos do poder. Sua generalidade resulta da condição geral da ordem social. Assim, mesmo a visão conservadora da lei, que dá um peso especial aos acordos sociais existentes, pode gerar um critério de validade que se aplica para além do *status quo*. Em virtude disso, é possível, para os conservadores, negar que todo e qualquer acordo mereça ser conservado, por mais que a preservação do mérito possa perdurar dentro da estrutura de um Estado de direito, no qual ajustes e mudanças são mediados pelos tribunais.

Capítulo 5 | Propriedade

Pode parecer surpreendente que até aqui eu tenha descrito a atitude conservadora sem mencionar o que alguns consideram seu principal fetiche. O leitor começará a ver, porém, que há um mundo de diferenças entre a perspectiva política que descrevi e a visão de que a política, como um todo, seria uma questão de propriedade e de geração e distribuição de riqueza. Não obstante, seria bastante difícil aceitar uma doutrina política que nada dissesse sobre esses assuntos e, ainda que estivesse na moda superenfatizar questões de riqueza e propriedade, isso somente constituiria uma razão ainda mais forte para levá-las a sério. Devemos, em particular, examinar a natureza da propriedade privada e determinar como e em que medida os conservadores estão comprometidos com sua salvaguarda.

RIQUEZA E ADMINISTRAÇÃO

A Economia é a principal preocupação dos políticos em exercício. Além disso, se há uma imagem popular consistente da máquina do Estado, essa é a de uma corporação, com uma *administração* direcionada ao *crescimento econômico*.[1] Essa imagem é promovida pela mídia e também pelos próprios políticos. Até que ponto, porém, essa é uma verdadeira imagem do processo político?

---
[1] Ver Michael Oakeshott, *On Human Conduct*, op. cit.

Se a questão da propriedade é central para o conservadorismo, não é porque ela o defina. Não há identidade lógica entre conservadorismo e capitalismo, por exemplo. A conexão surge porque a necessidade de propriedade privada se origina automaticamente da atitude básica do conservadorismo, como já descrevi. Pode ainda não fazer parte do conservadorismo estar associado a alguma política econômica específica, ou mesmo aliar-se à busca de riqueza.

PROPRIEDADE

Talvez o exemplo mais simplório para algo chamado *conservadorismo* consista no argumento de que uma economia de *livre mercado* é a garantia da riqueza nacional e o melhor caminho para manter ou aumentar o *padrão de vida*, por assegurar que cada pessoa, ao buscar o seu próprio bem-estar material, tenha o estímulo para ir em busca do bem-estar do todo. E se assim é, então o verdadeiro inimigo do *conservadorismo* – agora identificado como *socialismo* ou *propriedade pública* – é aquele que necessariamente priva os cidadãos do incentivo material com o qual contam para a própria prosperidade.

Tais argumentos – enquanto podem fornecer a essência dos *slogans* eleitorais – apresentam-nos uma visão da política que é realmente desconexa, como se o único objetivo da existência social fosse a acumulação de riqueza, e a única preocupação da política fosse encontrar os meios mais eficazes para obtê-la. Sem dúvida, há verdade na alegação de que a propriedade pública destrói o incentivo, e não há dúvida de que a tentativa de enfraquecer as instituições de propriedade privada é incompatível com os objetivos econômicos mais elevados. Não está claro, porém, que esses objetivos são o teor da política. Socialistas, por exemplo, estão mais interessados na distribuição da riqueza que na sua acumulação. E eles asseguraram o apoio popular com base apenas nisso. Houve um tempo, de fato, em que o Partido

Tory[2] inglês se posicionou contra a economia de *mercado* não pelos interesses da riqueza nacional, mas pelos interesses de uma ordem social que o partido, de forma correta, viu ameaçada.

    Não se pode ignorar a questão da riqueza nacional, a qual deve, inevitavelmente, ter relação com cada questão de política interna e externa. Não há teoria política ou da natureza humana convincente o bastante, contudo, que mostre a riqueza como um bem absoluto ou a pobreza como um mal absoluto; e, possivelmente, apenas o desejo de reduzir todos os bens humanos a algo mensurável é que poderia representar as coisas dessa maneira. Ninguém provavelmente considera que a riqueza do esquimó advinda de seu trabalho na fábrica de embalagem de peixe signifique algo comparada com a pobreza que ele já experimentou junto com os seus. Naturalmente, a riqueza material é importante em política internacional e na segurança nacional. A vasta riqueza dos Estados Unidos, porém, contou pouco na Guerra do Vietnã, e não mais que os recursos acumulados da Inglaterra, da Holanda e do Império contra a resolução dos franceses que seguiram Luís XIV. Argumentou-se também que a riqueza é a grande precondição da ordem interna e da cultura nacional: Veneza, Holanda e Florença não deram prova disso? É, porém, preciso esquecer, então, a Grécia e o Japão antigo, esquecer o mundo de privações de Piers Plowman, esquecer acima de tudo que todas as nações ocidentais possuem muito mais riqueza do que era concebível na Itália renascentista, apesar de nenhuma delas poder produzir um artista que se iguale ao menor dentre os cem que logo floresceram na pequena cidade de Florença. O fato é que a relação entre a riqueza e o bem-estar social e político é um mistério, e remeter toda a política a termos econômicos é entregar os fatos conhecidos da vida humana à mais frágil especulação.

---

[2] Uma das duas facções políticas do século XVIII. Adeptos da monarquia tomaram partido do Duque de York (posteriormente Jaime II) para que não fosse excluído da sucessão real, desejada pelos protestantes, por causa da sua conversão à religião católica. Deu origem ao Partido Conservador. (N. T.)

Isso não quer dizer que a produção de riqueza não tem um papel a desempenhar nas deliberações políticas. É, antes, insistir na ascendência da política sobre a produção, política significando aqui a administração da atividade voltada à manutenção da vida social. Assim concebida, a geração de riqueza não é uma política suficiente. Caso se pense ser assim, é porque, em parte, se acredita que a geração da riqueza é uma garantia necessária para a estabilidade econômica. A ênfase no *padrão de vida* na política – enquanto efeito natural do processo democrático – tem sua explicação mais importante na experiência de inflação descontrolada, depressão econômica, grande flutuação e alteração das circunstâncias materiais, como essas vêm afetando a sociedade ocidental no século atual. E essas reversões repentinas têm sido acompanhadas de "desastres sociais, políticos e morais que a estrutura geral – os padrões de comportamento, os hábitos, a perspectiva, a linguagem, enfim, a *superestrutura ideológica* das vítimas – não poderia sustentar".[3] É a verdade contida na observação de Berlin que levou os políticos a buscarem algum conhecimento sobre essas coisas e a tentarem, a todo custo, evitar as drásticas flutuações experimentadas nos anos entre guerras. A fidelidade das pessoas requer expectativas definidas, uma ideia determinada da condição material sua e dos outros e a compreensão de que elas não são vítimas de forças incontroláveis que podem a qualquer momento imergi-las na penúria ou elevar os outros à infinita riqueza. Na medida em que essa noção integra a autoridade do Estado, torna-se parte da responsabilidade do Estado estabelecer e sustentar a moeda corrente e todas as expectativas materiais a ela associadas. Como os conservadores têm percebido até recentemente, porém, isso não defende um livre mercado, mas algo como seu oposto. De fato, isso por vezes levou à

---

[3] Sir Isaiah Berlin, *Four Essays on Liberty*. Oxford, 1969, cap. 1 [ed. bras.: *Quatro Ensaios sobre a Liberdade*. Trad. Wamberto Hudson Ferreira. Brasília, Editora Universidade de Brasília, 1981, cap. 1].

aceitação, por parte do Partido Conservador, das teorias econômicas – como a de Keynes – que consideram a intervenção do Estado no processo de mercado uma necessidade social e econômica.

A ASCENDÊNCIA DA ECONOMIA

Antes de considerar a instituição da propriedade privada, é importante refletir sobre a ascendência da economia em matéria de políticas. Alguns podem considerar que isso seja um sinal de uma adoção indiscriminada da visão marxista – a visão de que "o modo de produção da vida material determina os processos social, político, intelectual [...]" – e que se deveria sempre distinguir "a transformação material das condições econômicas de produção, que pode ser determinada com a precisão de uma ciência natural", das "formas legais, políticas, religiosas, estéticas ou filosóficas – em suma, ideológicas – em que o homem se torna consciente desse conflito e passa a combatê-lo".[4] Em outras palavras, isso parece ser equivalente à teoria de que o correto entendimento dos fatos da vida social é encontrado na *ciência* econômica. A política nada mais é do que uma tentativa obstinada da consciência de expressar e controlar uma realidade que, na verdade, vem de obediência a leis que nenhuma concepção meramente política pode compreender.

De fato, as coisas são piores que isso, pois a tentativa vivaz de Marx de subverter as opiniões do senso comum político foi redimida por uma teoria que restaurou, no chamado nível *econômico*, todas as características de autoconsciência que ela pareceu invalidar no nível de política de superfície. A *teoria do valor-trabalho* é menos uma teoria econômica que uma teoria de exploração política. *Trabalho* é um conceito integrante da autoconsciência da humanidade e, ao descrevê-lo

---

[4] Karl Marx, *A Contribution to the Critique of Political Economy* (1859). London, 1961, prefácio [ed. bras.: *Contribuição à Crítica da Economia Política*. WMF Martins Fontes, 2011]. Ver também *The German Ideology* (1846) [ed. bras.: *A Ideologia Alemã*. Boitempo Editorial, 2007], obra em que essa visão é posta com mais ênfase.

como realidade econômica, Marx estava ao mesmo tempo descrevendo os pensamentos e sentimentos por meio dos quais a vida social é experimentada.⁵ Até recentemente, os *consultores econômicos* que cercavam nossos políticos estavam, em geral, cheios de teorias que ambos afirmavam ser mais científicas que as de Marx e ainda permaneciam completamente afastadas de qualquer referência à vida moral. A cidadania foi reduzida ao consumo, e o triunfo da economia coexistiu feliz com a queda do entendimento político. Outros políticos de pensamento menos gerencial foram vítimas desses economistas que – enquanto preservavam a aparência de expertise científica – disfarçavam de teoremas econômicos os preconceitos políticos que não poderiam ser deduzidos deles. Chegava a parecer que um Galbraith, um Hayek ou um Friedman poderiam falar sobre assuntos políticos com a autoridade de um cientista, quando na verdade sua doutrina política permanecia como uma regra destacável da sua teoria econômica, sendo essa tão questionável quanto suas concorrentes. Como resultado de tudo isso, uma resposta à ascensão da economia foi o ceticismo; acima de tudo, descrença em suas pretensões científicas, em suas predições, em seus conceitos e em seus resultados, muitos dos quais, nas mãos de *consultores* estabelecidos, parecem derivar diretamente das políticas antecedentes de um partido político e não dos axiomas de uma ciência imparcial (a questão é evidente nas teorias *neoclássicas* de mercado; é um pouco menos evidente nos recentes ataques norte-americanos ao *oligopólio*).⁶

O ceticismo, no entanto, é prematuro. A aceitação, durante os anos 1970, de políticas econômicas similares pelos nossos maiores

---

⁵ Alguém poderia duvidar disso, lembrando da dívida de Marx para com as teorias de Adam Smith e Ricardo, nas quais o *trabalho* aparece como um conceito exclusivo à teoria econômica. Há, porém, outra grande dívida: "O trabalho é a interação universal e *Bildung* (autoimagem) do homem" (Hegel, *Schriften zur Politik*, 424).

⁶ Ver, por exemplo, P. A. Baran e P. M. Sweezy, *Monopoly Capital*. New York e London, 1966; e J. K. Galbraith, *Economics and the Public Purpose*. 2 ed. London, 1972.

partidos (até certo ponto sob pressão do Fundo Monetário Internacional) e o subsequente triunfo do pensamento de livre mercado sob Margaret Thatcher e a influência do Institute for Economic Affairs sugerem um mínimo de conhecimento adquirido em assuntos econômicos. Um conhecimento que triunfa até sobre a ideologia do Partido Trabalhista bem que poderia conter as verdades básicas de uma ciência promissora. Suponhamos, porém, que haja essa ciência e que ela tenha o poder de prever e de explicar o que Marx e outros reivindicaram. Não deveriam os políticos se beneficiar de seus resultados, e não irão eles, por meio disso, melhorar seu conhecimento político?

Em resposta a essa questão, é necessário lembrar que nenhuma ciência natural do homem poderia substituir, ou acabar com, o modo de conhecimento que chamamos de político. Podemos, é claro, imaginar uma ciência neutra e preditiva do comportamento social, mas o resultado pode fazer com que a ação humana não seja mais compreensível, senão menos, uma vez que poderia eliminar da sua conta qualquer referência a como a ação é concebida. A economia está para a política da mesma forma que a neurologia está para a afeição pessoal. Enquanto eu poderia, em princípio, considerar meu amigo como um organismo ativado por um complexo sistema de nervos e basear todo meu conhecimento sobre ele e todas as minhas antecipações do seu comportamento naquela descrição, eu certamente não poderia por meio disso entendê-lo como o faço instintivamente por meio da amizade. Ele se tornaria para mim um cadáver mecanizado no que concerne ao amor e ao ódio, à simpatia e à raiva, à admiração e ao desprezo – de fato, toda emoção que é distintamente humana seria mais ou menos impossível. Eu seria forçado a afastar-me dele como de um alienígena incompreensível.[7] Somente dessa forma o economista puramente científico teria de olhar para a sociedade

---

[7] Nesse parágrafo, refiro-me às considerações dos capítulos um e dois; o leitor de sociologia notará a relação com o conceito de *Verstehen* de Dilthey e Weber.

civil, como um cadáver se movendo em obediência a leis científicas que podem ser formuladas sem referência às concepções, aos valores e aos sentimentos por meio dos quais as pessoas entendem a si próprias como seres políticos. O único resultado desse empreendimento científico seria tornar a política incompreensível, afastar-se de um envolvimento direto nela e parar de querer pertencer ou não ao arranjo social que nos cerca. Tal objeção, como demonstrarei adiante, aplica-se a todos os modelos econômicos *deterministas*, em particular à teoria marxista da história, que procura substituir o conhecimento político por uma ciência preditiva *livre de valores*.

O DIREITO DE PROPRIEDADE

Nada disso é para dispensar a importância da economia ou para sugerir que não há espaço para uma genuína *política econômica*, moderada pelas prioridades da política no sentido em que a economia doméstica é moderada pelas necessidades da vida familiar. Antes, porém, de enfatizar essa *ciência* vindoura, devemos estudar os princípios a partir dos quais se origina a política da propriedade. Os conservadores não estão preocupados apenas com a geração de riqueza. Então, será que eles voltarão sua atenção, como os socialistas fazem, para a distribuição? A resposta é sim, mas apenas indiretamente e somente por causa de determinada concepção sobre a propriedade privada. Essa concepção é difícil de exprimir pelo simples motivo de que a intuição que a origina encontra-se no cerne da consciência social. É por ignorar essa intuição que tem sido possível, aos oponentes do conservadorismo, olhar para os assuntos políticos como se dissessem respeito ao *controle dos meios de produção* e estabelecer uma dicotomia simplória entre socialismo e capitalismo, como se ela contivesse a totalidade da política contemporânea. Para os conservadores, essa dicotomia é ingênua, pois simplifica, além do reconhecimento, o princípio da sua visão: a absoluta e inextirpável necessidade de propriedade privada.

A propriedade é a principal ligação entre o homem e a natureza. É, portanto, o primeiro estágio na socialização dos objetos e a circunstância de todas as instituições mais elevadas. Não é necessário que seja o produto da avareza ou da exploração, mas é necessariamente uma parte do processo pelo qual as pessoas se libertam do poder das coisas, transformando a natureza resistente em uma imagem complacente. Por meio da propriedade, o homem impregna seu mundo de vontade e aí começa a descobrir a si próprio como um ser social.

Esses sentimentos elevados pertencem a Hegel[8] e demandam tradução na fala comum do governo. Essa tarefa não é fácil, mas um primeiro passo é dado quando vemos quão próxima está a ideia de propriedade privada das noções que apresentei no capítulo dois, ao considerar o que são as pessoas sem a instituição da propriedade. Elas não podem identificar no mundo qualquer objeto que seja seu, então elas não podem livremente se beneficiar dos objetos e esperar que os outros concordem com o seu uso. Tudo o que elas desejam, veem apenas como um objeto de desejo e não de direito, e nem podem ver qualquer parte do mundo como conectada (exceto por algum acidente de força ou interesse) com mais ninguém. Uma pessoa que domina o poder sobre as florestas e os campos não tem mais autoridade para dispor deles do que seu vizinho. Os conceitos de *direito* e *posse* não conseguem comunicar seu significado comum de um mundo que, consequentemente, permanece alheio a cada um deles e um campo de batalha para ambos. A batalha não pode tampouco ser encerrada por um presente, uma vez que o presente pressupõe propriedade. Os objetos, então, não têm papel no estabelecimento e no fortalecimento das relações sociais. Ao contrário, eles ficam completamente isolados

---

[8] *A Fenomenologia do Espírito* e *A Filosofia do Direito*. Alguns aspectos dessa visão estão prenunciados em Locke e nas considerações tomistas de direito natural.

do mundo das pessoas: um cenário inanimado e desumano para suas transações sem forma.

Se as pessoas vão acordar desse estado em direção a uma genuína consciência de si – consciência de si próprias como agentes –, então elas devem ver o mundo em termos diferentes, em termos de direito, responsabilidade e liberdade. A instituição da propriedade as habilita a fazer isso. Pela propriedade, um objeto deixa de ser mera coisa inanimada e se torna o foco dos direitos e das obrigações. Esses direitos e essas obrigações não precisam ser (em primeiro lugar) contratuais. Em verdade, a questão de como eles surgem é de pouca importância imediata. Antes, a questão é a de que, até que eles surjam – até que a propriedade passe do *controle efetivo* (para utilizar uma expressão marxista) para o direito institucional –, a propriedade não contribui para a sociedade humana. Por meio da propriedade, e dos direitos a ela associados, o objeto é elevado da simples condição de coisa e se entrega à humanidade. Ele carrega agora a marca das relações sociais humanas e reflete para seu proprietário uma figura de si mesmo como um ser social. Ao insuflar o mundo com os diretos de propriedade, o homem refaz o mundo como uma imagem do seu verdadeiro – seu social – eu. O homem está agora em casa onde antes estava apenas solto.

É por esse motivo que a principal atitude de uma pessoa com relação à propriedade diz respeito a seu ambiente próximo – casa, quarto, mobília –, àquelas coisas com as quais ele está, por assim dizer, amalgamado. É a casa, portanto, a esfera principal de propriedade e o local principal de doação (hospitalidade é a única forma de presente que se impõe como uma obrigação, pois surge quando outro é convidado à esfera que define aquilo que é próprio a alguém).

Há, então, uma profunda conexão entre a propriedade privada e a autorrealização. Se houve dúvida com relação a isso, é em parte por conta de uma confusão generalizada entre posse e consumo. A atividade de consumo não pressupõe a propriedade e ocorre até mesmo no *estado de natureza* no qual os filósofos colocam seus seres humanos primitivos. No estado civilizado, no entanto, o consumo é também um exercício de direito e implica a propriedade das coisas consumidas. Não obstante, o consumo é apenas uma parte da propriedade e não é a parte que revela sua essência social. O aspecto importante da propriedade é seu aspecto estável, no qual a propriedade é concebida como permanente ou semipermanente. Para o pleno usufruto do senso de propriedade, deve haver objetos permanentes de posse. É isso que explica o lugar permanente da terra na psicologia da propriedade. O verdadeiro presente não é a coisa que é consumida (e que faz jus apenas ao processo de hospitalidade), mas a que é mantida para além do consumo previsível. Essa coisa é a incorporação de um direito de uso. O direito pode ser exclusivo ou qualificado, permanente ou semipermanente, absoluto ou anulável: há muitas distinções aqui, e elas precisam necessariamente ser ignoradas na teoria econômica (era *óbvio* para Keynes que "consumo é o único fim e objeto de toda a atividade econômica",[9] mas era óbvio apenas porque a teoria econômica de Keynes não podia distinguir os vários tipos de propriedade e as diversas formas de mantê-la). Considerações similares explicam por que o sentido de propriedade tende a se transformar na busca de um valor estético e por que objetos bonitos são consagrados a Deus. Um paradigma do presente pessoal é aquele objeto ornamentado, decorado, que preserva seu valor além da vida de qualquer dono. Dentre essas coisas, os exemplos importantes são a casa, sua mobília e todas aquelas diversas coisinhas que costumavam vir numa *cassone* decorada, presente da noiva para o noivo.

PROPRIEDADE E FAMÍLIA

O lar é o lugar onde a propriedade privada se acumula e também se excede, tornen-se algo compartilhado. Não há contrato de

---

[9] John Keynes, *The General Theory of Employment, Interest and Money*. London, 1936, p. 104.

distribuição: compartilhar é simplesmente a essência da vida familiar. Aqui, o que importa é o *nosso*. A propriedade privada é adicionada e reforça a principal relação social. É por isso que os conservadores veem a família e a propriedade privada como instituições que ficam de pé ou caem juntas. A família faz sua vida no lar, e este requer uma propriedade para seu estabelecimento. Quaisquer que sejam os argumentos abstratos que se pudessem dar contra essa conexão, ela tem um sabor de irrefutável bom senso. E, do modo que eu vejo, o argumento abstrato é bastante débil ao representar a conexão entre *família* e *propriedade* como um acidente, peculiar a algo chamado de família *burguesa*, o fim iminente do que pretende predizer. Esse ataque está enraizado na mais rasa observação. Onde se encontra a família *não burguesa*, na qual a conexão entre parentesco, casa e propriedade está supostamente frouxa ou desfeita? Aqui os críticos radicais geralmente escolhem se referir a algum futuro hipotético, do qual nem eles, nem ninguém, têm um conhecimento concreto. Se recorrem à história, é geralmente a fim de descrevê-la mal.[10] Para considerar algumas famílias *não burguesas*, a homérica *óikos* (palavra que dá origem à palavra *economia*) não se refere apenas a uma unidade social, mas também a uma casa, dotada de propriedade e sob os direitos de propriedade e obrigações de hospitalidade (Nestor, exortando os aqueus ao lado de seus navios, grita: "Amigos, sejam corajosos e considerem a vergonha dos outros homens; e lembrem, cada um de vocês: filho e esposa, posses e parentes [...]" (11. XV, 11. 661-3). E para que não se pense que Homero escrevia apenas para a classe dominante, veja também Hesíodo, Works and Days [*Os Trabalhos e os Dias*] (1.

---

[10] Ver especialmente o trabalho de Michel Foucault (em particular *Les Mots et les Choses*. Paris, 1966 [ed. bras.: *As Palavras e as Coisas*. Trad. Salma Tannus Muchail. São Paulo, Martins Fontes, 1999]; e *L'Archéologie du Savoir*. Paris, 1970 [ed. bras.: *A Arqueologia do Saber*. Trad. Luiz Felipe Baeta Neves. Rio de Janeiro, Forense Universitária, 1987], no qual a reescrita da história de forma mitográfica é levada a esplêndidas e chocantes conclusões retóricas.

405f.), e os comentários no pseudoaristotélico *Oeconomica* (livro I). A moderna família proletária é constituída de forma semelhante, assim como o era a família aristocrática estendida da Renascença. Ao estudar tais unidades sociais, podemos ver quão profundamente entrelaçado está o aspecto privado da vida social com a instituição da propriedade; e como seria uma distorção separar os dois. Aqueles que pensam que a família proletária de algum modo escapa da ligação com a propriedade, apenas porque não pode ou porque não necessita comprar uma casa, estão certamente confusos. Propriedade não consiste na acumulação de objetos próximos: é uma forma específica de *direito*. O direito de ir e vir é propriedade, bem como o são o direito de usar um cortador de grama público e o direito de fechar a porta na cara de alguém. Até a ocupação de um apartamento público é um direito de propriedade, anulável por lei, mas não mais anulável que um arrendamento privado, na prática, e traz consigo um forte senso de território da mesma forma que ocorre em qualquer casa de campo. A diferença que há certamente é importante: a propriedade habilita a família proletária a acumular bens móveis e aparelhos (carros, televisores, máquinas de lavar) de uma forma que muda o aspecto do lar. E pode ser que esses bens, e os apetites específicos por eles, apontem para considerações políticas que condenam todo o arranjo – como creem os oponentes da sociedade de consumo. Discutir essa complicação, contudo, irá apenas obscurecer o presente assunto: a conexão essencial entre a casa e a família é inegável. Segue-se que os conservadores devem se preocupar com a distribuição da propriedade e não apenas com sua acumulação. Dada sua crença na importância política da família e sua confiança na lealdade da família em respeitar uma ordem política estabelecida, eles devem desejar a distribuição da propriedade por todas as classes da sociedade, de acordo com qualquer conceito de casa que possa ser genérico para cada um deles. Como e em que medida a distribuição é efetuada? E até que ponto é preocupação do Estado promovê-la?

A DISTRIBUIÇÃO E O MERCADO

Penso ser uma consequência inevitável da existência de propriedade, e da natureza ativa das pessoas, haver troca e acumulação. Há filosofias que encaram as instituições de propriedade privada como existindo sem essas consequências. Somos solicitados a imaginar uma sociedade de pessoas não apenas dotadas de tanta fartura que têm apenas de estender a mão para satisfazer suas necessidades, mas também possuidoras de uma natureza tão preguiçosa que o desejo de superar e dominar é por elas desconhecido. A literatura está cheia de visões assim, e nada que Aristóteles, Hobbes ou Nietzsche tenham dito vai impedi-las de serem produzidas e ponderadas. Sejamos, porém, realistas: as pessoas procuram a paz e a segurança interna; a fama e o aplauso; o poder e a influência; a amizade e o amor. De todos esses, apenas o amor não pode ser obtido por propriedade, e amor sem segurança é trágico. Além disso, os outros objetivos não apenas são conseguidos pela propriedade, mas requerem propriedade, uma vez que requerem a capacidade de reivindicar um sólido direito contra intrusão. O desejo por propriedade será, portanto, mesclado com os desejos por segurança, *status* e poder. Todos esses fins são promovidos pela troca (já que ninguém pode produzir tudo aquilo de que necessita) e pela acumulação (que traz segurança e poder). Uma vez, portanto, que talento, habilidade e energia – na verdade, o puro apego à vida – são desigualmente distribuídos, também a propriedade assim o será. Esse fato só poder ser chamado de *injusto* pela invocação daquele conceito de *justiça social*, cuja razão para rejeitar já vimos. Assim, o próprio processo pelo qual o homem humaniza o mundo e o torna compreensível como um objeto da sua vontade social também cria as divisões que, em um ponto de vista, põem as pessoas umas contra as outras. Os socialistas, que buscam a redistribuição da riqueza (acreditando que apenas numa condição de igualdade o conflito social será posto a termo), têm desenvolvido métodos de chegar a esse objetivo – e mais adiante considerarei três: tributação, nacionalização e desapropriação –, já seu papel nas atividades do Estado é tão fundamental que nenhuma doutrina política pode ignorá-los.

A *distribuição* pode ser considerada tanto do ponto de vista político como do econômico. Pode-se considerar a justiça de uma forma específica de tributação, ou a sabedoria política da desapropriação, ou a relação entre a distribuição da propriedade e a qualidade da vida social. Essas são questões políticas, que dependem dos conceitos – justiça, amizade e comunidade – pelos quais o organismo social é entendido por aqueles que o compõem. Pode-se considerar os benefícios econômicos da tributação progressiva, ou o efeito do imposto sobre os rendimentos de investimentos, ou o benefício fiscal resultante da propriedade generalizada de bens móveis. Essas são questões econômicas, que devem ser respondidas por meio de uma teoria adequada. As respostas a elas não conterão recomendações que não estejam subordinadas a questões de política geral. Não faz parte da vida social o envolvimento nessas especulações econômicas, embora os políticos devam ter alguma compreensão delas. Qualquer que seja a compreensão que eles possam buscar ou adquirir, no entanto, ela só lhes será útil se eles possuírem uma doutrina política – um conjunto de crenças capaz de gerar políticas coerentes e assegurar o entendimento e o acordo daqueles sobre os quais a política é imposta. Por isso, antes que as questões de gestão econômica possam ser devidamente discutidas, é necessário revisar os fatores políticos que estarão em jogo na sua solução. Devemos, portanto, examinar o modo pelo qual as questões de distribuição entrarão nos princípios básicos do pensamento conservador.

A distribuição tem sido, na Grã-Bretanha, uma grande causa socialista. Devemos notar, no entanto, que o desejo de chegar a uma *distribuição equitativa* não é o desejo de abolir a propriedade privada, mas sim o de um ajuste no que os economistas liberais (ou *clássicos*) pensaram ser a ordem natural. Os socialistas britânicos têm, em geral, apoiado a instituição da propriedade privada, parcialmente em resposta à intuição que elaborei: a intuição de uma profunda conexão entre a propriedade e a vida familiar. Com a crítica *radical* – a visão de que a propriedade privada é simplesmente um mal que deve ser abolido do mundo o mais rápido possível –, devo me preocupar apenas mais adiante.

Talvez se possa perguntar por que deveríamos agora considerar o socialismo, mesmo na sua forma contida, a que objetiva a redistribuição. Pois, tendo defendido a propriedade privada, não podemos deixá-la tomar seu curso, estabelecendo-se na sociedade de acordo com as leis naturais do mercado? A resposta é: certamente que não. Seria não apenas absurdo dispensar, de forma irrefletida, a demanda por redistribuição (como se os muitos que clamaram por ela fossem pessoas sem conhecimento), mas também errado, tendo dado razões essencialmente conservadoras para a manutenção da propriedade privada, adotar uma postura unicamente liberal com relação à distribuição.[11] Podemos ver nessa explicação que o direito de propriedade deve estar profundamente entrelaçado com a história nacional e social e que não pode ser em momento algum reduzido a um mero resumo dos acordos humanos. A propriedade é uma instituição que requer não apenas a realização nas instituições do Estado, mas também a proteção delas. Além disso, o direito de uma pessoa à propriedade não é uma lei primordial de justiça natural, mas um direito que depende da lealdade à sociedade que tornou a posse possível. Por isso, não há injustiça envolvida numa lei de

---

[11] A visão liberal é resumida por John Stuart Mill, *The Principles of Political Economy*. 3 ed. London, 1848, 1852, II, 2, i: "A instituição da propriedade, quando limitada a seus elementos essenciais, consiste no reconhecimento, em cada pessoa, de um direito de dispor do que ele ou ela produziram com seus próprios recursos, ou receberam por presente ou por acordo, sem força ou fraude, daqueles que produziram" (a gramática dessa sentença é o resultado infeliz da adoção da causa feminista por Mill).

confisco, e se podemos mostrar que a ordem e o equilíbrio da sociedade requerem a apropriação de propriedade individual, então, razões de Estado exigirão que o direito à propriedade privada seja anulável pelo interesse público. Não há dúvida de que as razões de Estado podem ser abusivas, tanto à moda de Nero como na forma de poder burocrático mais sutil. E até aqui, naquele crepúsculo em que o equilíbrio entre o direito individual e a necessidade pública é estabelecido, há princípios de justiça que nenhum governo deveria ignorar. Não é mais possível imaginar, porém, em meio às vastas contingências da sociedade moderna, que a necessidade de propriedade privada deveria ser autorizada a ditar um direito *natural* e que a lei de mercado (seja o que isso for de fato) deveria assim ser decretada por todo poder dominante. O que quer que a justiça natural prescreva, isso será apenas uma parte da lei de propriedade, e insuficiente para determinar o sentido dos direitos legais.

Nada ilustra isso melhor que a histórica lei da terra na Inglaterra, uma lei que, codificada muitas vezes, culminando na grande lei de terras de 1925, representa mil anos de cuidadosa negociação entre o Estado e o cidadão, e expressa uma noção sutil das formas em que um título de terra pode ser perdido, ganhado ou concedido. Tem-se reconhecido ao longo da história que a lei de mercado é inadequada para representar a menor parte do que está aqui em jogo, e que qualquer propriedade pode estar sobrecarregada com direitos adversos que surgiram tanto fora de contrato quanto fora de qualquer outra forma de escolha feita pelo homem.[12] Além disso, devemos ter em mente que a propriedade, mesmo quando é *privada* e muda de dono por um acordo privado, pode estar sujeita a interesses que a impedem de ser

---

[12] A questão aqui levantada não pode ser facilmente resumida. Ver a doutrina do direito prescritivo, honesta mas inadequadamente defendida por Mill (op. cit. II, 2, ii); ver também a discussão em "*Competition and Custom*" em II, 4, ii, esclarecedora em sua tentativa de subsumir a história sob o princípio liberal, e em sua honesta confissão de fracasso.

negociada pelo seu preço de *mercado*. O fiduciário dos ativos de um truste está encarregado dos direitos dos beneficiários, que se tornam proprietários equitativos dos ativos do truste. Isso introduz complexidades imensuráveis nos direitos de propriedade; a propriedade pode agora permanecer detida, mas imóvel, limitada por condições que não permitem negociações ativas. O caso de um truste com finalidade específica (como na doação de um legado para uma faculdade ou um hospital), para o qual não se pode fazer uma lista de beneficiários, mostra a propriedade privada no ponto máximo de atenuação, próxima de se tornar completamente pública. Pois aqui, apesar de se considerar a *propriedade privada*, o direito de dispor dela não recai sobre um grupo de indivíduos (a não ser os fiduciários, que não têm direitos reais, mas apenas obrigações). Tais arranjos, apesar de não fornecerem nossos paradigmas de posse privada, ao menos mostram como a propriedade privada já contém em si a possibilidade de sua própria restrição. Os direitos de propriedade são precisamente o tipo de coisa que pode ser indefinidamente condicionada aos interesses de alguma instituição *mais elevada* – e por que não ao interesse da mais alta instituição, o Estado?

Contudo, apenas uma minoria veria agora a economia de mercado como o verdadeiro fim da propriedade privada e o *controle estatal* como um mal absoluto voltado contra o direito natural dos cidadãos. Isso nunca foi verdade, e agora é evidentemente falso, que a escolha nesses assuntos se situa entre *individualismo e socialismo*, como um liberal[13] declarou na Casa dos Comuns em 1923 (o tema em debate era o caso surpreendentemente abstrato da *Falência do Sistema Capitalista*), mas devemos encarar a questão da legitimidade da atividade estatal no campo da propriedade privada e do exato *modo de produção* (se há um) que os conservadores poderiam se comprometer a apoiar.

---

[13] O liberal em questão é Sir Alfred Mond (depois, Lorde Melchett).

TRIBUTAÇÃO

Começaremos considerando a tributação porque, de uma forma ou de outra, sua necessidade não pode ser negada sem que ao mesmo tempo se negue a necessidade de governo. Na Inglaterra, a tributação sempre se destacou entre os temas políticos e, sendo um dos assuntos que separou os Stuart do parlamento, contribuiu muito para nossa maior crise constitucional. A estabilidade completa nas relações entre o Estado e os cidadãos foi instituída no último século com a introdução de um imposto de renda permanente pela administração de Peel em 1842.[14] Como veremos, não foi acidental que o governo Tory tenha sido responsável por essa medida e que os argumentos de justiça tenham sido utilizados em seu apoio. Dada a necessidade de tributação, sua legitimidade como instituição não precisa ser questionada. A justiça se intromete, no entanto, porque devemos nos perguntar *como*, *quanto* e *quando*.

Gibbon, descrevendo as grandiosas injustiças dos imperadores romanos, escreveu com frequência sobre as taxas *opressivas*; e duvido de que muitos de seus leitores tenham ficado insatisfeitos com o epíteto. Solzhenitsyn e outros descreveram em termos similares os sistemas de tributação bolchevique e stalinista, impiedosamente aplicados na tentativa de destruir cada vestígio do lucro privado. E, novamente, mudando das abstrações da teoria política para exemplos concretos que tais autores nos apresentaram de forma tão vívida, poucos conseguem não se indignar com o que leem. Parece, então, que o senso de justiça nos fornece, mesmo aqui, um critério de legitimidade; mas não é um critério que pode ser compreendido prontamente. Um importante pensador liberal concluiu – por um argumento notavelmente evocativo da tese marxista segundo a qual um empregador que lucra deve fazê-lo pela extorsão do trabalho não remunerado – que essa

---

[14] O imposto de renda temporário havia sido introduzido por Pitt, sob o governo Tory (mas antes da formação do Partido Conservador moderno).

tributação não é nada mais que trabalho forçado e, portanto, inerentemente injusto.[15] Se cedemos a tal argumento, então invalidamos o empreendimento conservador e deixamos de reconhecer a rede de obrigações pela qual os cidadãos estão comprometidos uns com os outros e em relação ao Estado.

O primeiro problema é saber o que o Estado está fazendo ao extorquir impostos. A resposta parece ser simples: está se provendo de fundos para satisfazer as necessidades do Estado e, portanto, as necessidades políticas dos cidadãos. O direito natural sugere que cada um deveria ser tributado de acordo com seus meios. Em quase todos os países, no entanto, encontramos significativos desvios desse ideal, o que indica que o tributo não é utilizado apenas para financiar os departamentos do Estado, mas também para redistribuir a riqueza, mesmo quando legitimamente adquirida. Os mais ricos devem participar com uma proporção maior (e não apenas uma quantidade maior) da sua receita. Isso não ocorre porque os pobres recebem isenções (pois essa é, geralmente, uma característica independente),[16] mas porque os ricos são impedidos de manter o que ganham.

Há dois argumentos de peso para a tributação progressiva, mas nenhum deles é recomendável a um conservador. O primeiro é puramente político e remonta pelo menos a Thomas Paine (*Os Direitos do Homem*, parte II, capítulo 5). A tributação progressiva, a longo prazo, tende a equalizar a posse de propriedade não por dar aos pobres, mas (o que sempre se provou mais fácil) por tirar dos ricos. Tal argumento deve ser atraente a um socialista, especialmente um que acredite, como Shaw, que o socialismo é apenas "o lado econômico da ideia democrática",[17] mas isso não tem poder de persuasão para

---

[15] Nozick, op. cit., p. 169.

[16] Ver excelente discussão em Adam Smith, *A Riqueza das Nações*, livro V, cap. 2, conforme explicado por Mill, *Principles of Political Economy*, op. cit., livro V, capítulo II.

[17] *Fabian Essays*, p. 33.

além do alcance dessa ideologia específica. A tributação progressiva é um ato que põe em risco os laços entre o Estado e seus indivíduos mais bem-sucedidos, e só pode ser visto como uma necessidade social se a nação apresentar um nível tão elevado de ressentimento por parte da população desprivilegiada, que os ricos devem ser punidos para apaziguá-los. É improvável que conservadores aceitem essa visão, uma vez que irão instintivamente se inclinar a acreditar que o ressentimento é tranquilizado não pela igualdade, mas pela *validação* da desigualdade, nas formas e alianças que pertencem à manutenção da vida cívica. Adaptando um pensamento de Aristóteles, não é com as grandes desigualdades que as pessoas se ressentem, mas com as pequenas. As pessoas não sofrem com a prosperidade de outros com os quais não estão habituados a se comparar. A mudança, porém, na sua posição com relação a seus semelhantes imediatos é profunda e intensamente sentida. Assim, não devemos nos surpreender se a *erosão dos diferenciais* ou a *perda de paridade* trouxer à tona um ressentimento muito maior que a distribuição *não equitativa* que precedeu e sobrevive a eles.

O segundo argumento é econômico. Pode parecer que os benefícios fiscais de tributação progressiva sejam pequenos, uma vez que indispõem ao trabalho os mais talentosos e, assim, diminuem o produto total disponível para tributação. Não é preciso, no entanto, que seja assim. É evidente que, depois de certo ponto, as pessoas não estarão mais dispostas a gastar o que elas ganharam – a menos que estejam dispostas ao desperdício que geralmente acompanha não o ganho, mas a herança de riqueza. Em outras palavras, se o excedente não é confiscado pelo Estado, ele irá se acumular e não será retornado ao mercado. Vai se tornar um castelo, uma pilha de ouro, uma coleção de pinturas, uma biblioteca ou alguma outra coisa sem aproveitamento. Algumas vezes, o indivíduo pode retornar o excedente ao mercado indiretamente, na forma de capital de investimento, o que gera emprego; mas não há garantia de que ele fará isso com o excedente.

Suponhamos que aceitemos a hipótese keynesiana[18] de que o crescimento da economia requer vigoroso estímulo da demanda. Seria possível, então, crer que a apropriação desse excedente ocioso poderia ser usada para alimentar a economia, tanto pelo gasto público como pela redistribuição, de modo que as classes mais pobres pudessem transformá-lo em bens de consumo. Podemos também pensar que o crescimento econômico (ou a ausência de declínio econômico) é uma necessidade política. Nesse caso, a tributação progressiva se tornaria uma garantia da subsistência nacional.

Mesmo que alguém aceitasse esse argumento (no próximo capítulo darei motivos para rejeitar um dos princípios sobre os quais ele repousa), o máximo que poderia justificar seria uma forma de tributação progressiva muito limitada. *Grosso modo*, a solução econômica para o problema de demanda decrescente será dada pela interseção da curva que mede o crescimento da demanda através da distribuição e por meio da curva que mede a queda do excedente tributável causado pelo desincentivo ao ganho. O ponto ótimo da tributação deveria ser aquele em que o desincentivo ao ganho marginal equilibra o benefício de confiscar marginal. Onde quer que esteja esse ponto (e seria muito complexo calculá-lo), ele certamente estará abaixo do efetivo máximo que todos os governos, incluindo os conservadores, tendem a impor.

O imposto de renda não é apenas uma necessidade orçamentária, é também uma forma de tributo mais facilmente compreensível para a vítima. Tendo a natureza de um golpe repetitivo a uma parte que já está dormente, é a forma de confisco mais levemente sentida. Além disso, é sentida por toda a sociedade e não apenas por uma classe subordinada ou dominante: portanto, ela impõe restrições severas às despesas governamentais e leva a um equilíbrio natural das forças sociais. Se a classe baixa sofre os efeitos fiscais de uma política ao

---

[18] *General Theory*, op. cit.

mesmo tempo e no mesmo grau que as classes média e alta, então estarão todos unidos na sua atitude com relação a isso. Em sentido algum a tributação precisa ser causa de inquietação social, como ocorreu na França de Luís XVI, quando a nobreza estava isenta, ou como foi na Grã-Bretanha sob sucessivos governos trabalhistas nos anos 1960 e 1970, quando a classe média era sujeita a medidas punitivas cuja natureza que não poderia entender nem aceitar.

Essas medidas punitivas são explicadas pela persistência, na consciência política, do ressentimento de classe vitoriano. Em algum lugar no coração de cada socialista, a imagem da Londres de Mayhew está indelevelmente gravada e, apesar de tudo o que aconteceu para dissipar tais coisas dos corações das pessoas mais ignorantes, nenhuma realidade atual tem poder em comparação com os fantasmas daquela era desaparecida. Nenhuma sociedade pode sobreviver se seus governantes mantêm sua atenção fixa nos males que não podem mais ser remediados e invocam em si próprios ressentimentos que jamais poderão ser apaziguados. Esse sentimento, porém, tem sido dominante na Grã-Bretanha até muito recentemente. Isso resultou, por exemplo, no uso da tributação para atacar a riqueza hereditária, tanto pela imposição de pesado imposto sucessório como por meio do (agora inescapável) imposto de transferência de capital. Esse imposto, uma vez que mina não apenas a transferência de riqueza entre gerações, mas também o exercício da doação pessoal, constitui um ataque direto contra a instituição da propriedade privada. Sendo um ataque, combate não apenas a propriedade privada, mas também a família e a amizade. As doações privadas são penalizadas, assim como o desejo natural de estabelecer um lar e mantê-lo por meio de doações. É possível pressentir, em relação a isso, o mal chegando, quando nada tangível passar de geração a geração a não ser às escondidas. Inopinadamente, a continuidade das coisas é rompida, e o passado e o futuro começam a se esconder por detrás da busca atual pelo ganho ávido e imediato.

Parece, então, que a atitude conservadora em questões fiscais opor-se-á à tentativa de direcionar a tributação permanente e diretamente para algum objetivo externo de redistribuição. Isso não significa que políticos conservadores subscreverão à visão de que o único uso legítimo do imposto é para assegurar as receitas do Estado: eles também estarão preparados para, quando necessário, utilizá-lo como um instrumento de controle social. Eles farão isso, no entanto, excepcionalmente e com o interesse na continuidade e não na revolução social.

PROPRIEDADE PÚBLICA

Uma imagem sinistra dos efeitos da competição, da luta gananciosa do homem contra o homem por uma fatia cada vez maior do mercado, foi pintada pelos primeiros socialistas. Agora, na medida em que o espírito competitivo é parte constitutiva da nossa natureza racional, conectada com os sentimentos de orgulho e autoestima por meio dos quais imbuímos nosso mundo de valor, é inútil lamentar suas manifestações mais espalhafatosas. Os conservadores não se sentem seguros de que um arranjo econômico possa ser planejado, o qual ao mesmo tempo preservaria as motivações e a autoestima do trabalho e também prescindiria da competição delas resultante. Ao lidar com fatos arraigados e pertinazes da natureza humana, pode-se, apenas abster-se de julgar com severidade. Todavia, não é necessário ser um saint-simonista para ver que essas questões estão longe de ser simples. A desenfreada lei de mercado gera monopólio – ou, se não monopólio, oligopólio[19] –, que não apenas sufoca a competição, mas

---

[19] A teoria subjacente a essa afirmação não está provada e é frequentemente tema de disputa. Enquanto Baran, Sweezy e Galbraith afirmam que algo como isso deveria ser assim (inspirados no retrato cínico e original do processo industrial, demonstrado nas obras de Veblen), há alguma evidência de que sua verdade esteja restrita aos Estados Unidos. A legislação que regula o monopólio é tão antiga na Europa, que os costumes nos negócios parecem ter

também pode estabelecer uma corporação independente ou um cartel em rivalidade com o Estado. Já se argumentou que a cura para isso é a propriedade pública, ou o *controle estatal*. No entanto o *controle estatal*, apenas protege o Estado se este atribui a si o poder de monopólio. Na Rússia comunista, onde tais questões eram bem entendidas, esse efeito era atingido, uma vez que os trabalhadores, num monopólio estatal, eram cuidadosamente conduzidos pelos dirigentes sindicais, os quais serviam o Partido no poder. No Ocidente, entretanto, o Estado geralmente se torna mais, e não menos, vulnerável pela propriedade pública. Ele permite que os sindicatos apoiem o princípio do monopólio (excluindo os trabalhadores que não fazem parte deles) e ao mesmo tempo mantém o *direito de greve*, com o qual os trabalhadores podem levar qualquer empresa à paralisação. Assim, o poder que o Estado arranca do proprietário monopolista (do qual se pode esperar que esteja interessado em manter o crescimento e a atividade da sua indústria) não vai para o Estado, mas para o *trabalho organizado*, o qual pode pressionar o Estado ao subsidiar qualquer indústria que ele leve a fracassar. O trabalho organizado é difícil de apaziguar e fácil de antagonizar – e, estando sempre em uma posição de poder sem autoridade, tende a se ver em termos de autoproteção, voltando-se para o Estado como se este fosse um senhor que concede favores. No caso de serviços essenciais, o resultado pode ser desastroso. Se esses serviços estão (e eles devem estar) sob a administração do Estado, deveria também haver sanções legais cerceando a atividade dos trabalhadores neles empregados. Nenhum Estado pode tolerar facilmente a persistência de um *direito de greve* entre seus servidores imediatos (carteiros, policiais, bombeiros, integrantes das forças armadas e dos serviços civis, membros do parlamento e do judiciário – a lista se amplia a cada nacionalização que não é um mero *ato gratuito*).

---

incorporado muitos dos seus princípios e objetivos. Ver Thorstein Veblen, *The Theory of Business Enterprise*. Chicago, 1904, cap. 3.

Muitas questões envolvem a propriedade pública e é difícil manifestar uma visão conservadora, mas as considerações precedentes sugerem uma distinção importante entre uma indústria nacionalizada e um serviço público, entre uma empresa competitiva tomada pelo controle público e uma atividade essencial à manutenção da vida pública. Economistas liberais descrevem tais atividades como *bens públicos*, assumindo que eles não serão providos por um mercado no qual o lucro individual é o único objetivo. Defensores da empresa privada certamente poderiam fazer uso dessa distinção ao esclarecer sua abordagem sobre as complexidades do Estado moderno. Vejamos os correios: o serviço postal tem sido indispensável para a vida da comunidade; sem ele, nem as relações privadas nem os negócios rotineiros poderiam ser conduzidos como de costume. Supondo que tal serviço não pudesse ser fornecido de forma privada, ou apenas seletivamente, em algumas partes do país, a manutenção do serviço postal se tornaria uma das responsabilidades do governo. É evidente que, com o advento das comunicações eletrônicas, os correios estão perdendo seu papel público e podem em breve ter de competir como um provedor, dentre outros, de um serviço que não é mais um bem público. Quando uma empresa é um bem público, no entanto, os poderes do Estado podem, sem violência aos direitos de propriedade normais, ser invocados a apoiá-la, protegê-la e ampliá-la. Mesmo nos Estados Unidos isso é reconhecido. É pela incorporação de empresas independentes que as *fronteiras do Estado* se estendem, muitas vezes, ao ponto de tensão.

Em anos recentes, no entanto, houve um movimento na direção contrária: um movimento de *privatização* mesmo daqueles serviços vistos como essenciais. Em alguns casos, isso cria um monopólio privado; em outros, leva à alienação de patrimônio e à exploração de natureza destrutiva. Os conservadores têm, todavia, visto a privatização como essencial, como forma de resgatar atividades economicamente necessárias dos burocratas que não têm interesse próprio em sua eficiência. Parece-me que a verdadeira posição conservadora é reconhecer que eficiência não é tudo e que, no caso de um serviço, como o ferroviário, servir a outros objetivos sociais talvez mais valiosos, o Estado deve manter um interesse de controlá-lo. Na verdade, ele *deveria* fazer isso sempre que os custos do serviço, que poderiam torná-lo não rentável para um empresário da iniciativa privada, fossem balanceados pelos ganhos sociais cujas responsabilidades recaem sobre o governo. Pode ser impossível operar as ferrovias com lucro, mas é bastante possível prover um transporte público eficiente, que remova a necessidade de novas estradas e de mais carros privados. Esse não é um motivo para o Estado liquidar as ferrovias, mas, ao contrário, uma razão para mantê-las.

No caso de uma simples indústria, entretanto, os conservadores são justamente relutantes em tolerar a intervenção estatal, não, como alguns pensam, por uma simpatia arrogante pelos bem-sucedidos, mas por um medo de serem perturbados pelos incompetentes. Não faz parte da amizade cultivar a dependência. Da mesma forma, não é parte da atividade estatal ocasionar a dependência financeira dos seus cidadãos. O Estado, porém, faz isso sempre que, ao nacionalizar uma indústria, remove a orientação natural do interesse próprio, criando em seu lugar um bolsão de redundância em que podem ser mantidos, em um emprego fútil, milhares que poderiam ser contratados de forma mais rentável em outro lugar. Aqui, pode ser que os conservadores preferissem o que se chama *disciplina de mercado*,[20] apenas porque isso efetiva mais rapidamente o que vai ocorrer de qualquer forma.

Seria vagaroso e difícil repassar os argumentos relevantes, mas uma questão de princípio precisa ser afirmada. Como argumentou Hobbes, embora com outras palavras, é dever absoluto do Estado ter poder sobre seus cidadãos. A relação do Estado com o cidadão

---

[20] F. A. von Hayek, *Industrialism and the Economic Order*. Chicago, 1948, cap. 3.

não é, e não pode ser, contratual. Também não é uma relação entre patrão e empregado. O Estado tem a autoridade, a responsabilidade e o despotismo da paternidade. Se ele perde esses atributos, então deve perecer, e a sociedade, junto com ele. O Estado deve, portanto, se afastar de qualquer arranjo econômico que o coloque à mercê de cidadãos individuais. Esse conselho tem sido muitas vezes ignorado, e nunca tão descaradamente quanto nos tempos atuais. Por meio do prodigioso e irrestrito serviço civil, do governo local, da indústria nacionalizada, de todos os órgãos consultivos, das *autarquias* e dos conselhos interventores que o cercam, o governo dispersa seu poder entre parasitas autointeressados. Se ele não pode coagi-los, então está à mercê de qualquer força (um sindicato, por exemplo) que o possa.

CAPITALISMO

Se o Estado recuar e deixar de participar diretamente nos arranjos econômicos (oferecendo suporte aos necessitados, por caridade e não por algum direito contratual), então ele deverá tacitamente apoiar aquele modo de produção chamado capitalista. Pois o terceiro método de interferência no fluxo de propriedade privada – o método de expropriação – tem muito da aparência de penalidade que seria usada apenas em tempos de guerra ou contra a insolência arrogante dos criminosos. Ele não pode ser levado adiante como um simples recurso contra a superacumulação de riqueza privada. E, se a riqueza pode ser acumulada – mesmo em menor grau – e a redistribuição é apenas parcial, então nada vai impedir que ela seja acumulada nas mãos daqueles que mais a desejam e a perseguem. Desses, portanto, devem pedir emprestado aqueles que desejam começar um negócio próprio, e imediatamente a estrutura econômica do capitalismo é forçada sobre nós como consequência daquele poder de empréstimo. Assim surgiu o trabalho assalariado: quando uma pessoa não tem nada para barganhar, exceto os dons do poder natural. O único meio de evitar isso seria impor um sistema próximo ao feudalismo (ou, ao menos, ao feudalismo como descrito por Marx), no qual a riqueza é em grande parte herdada e não pode ser trocada; as pessoas nascem numa rede de obrigações que circunscreve seu uso e suas próprias atividades, e a livre venda do trabalho é desencorajada. Apesar, porém, de a imposição desse tipo de feudalismo ter tido algum sucesso na China maoísta (onde se considerava que as pessoas nasciam em sua classe social e não eram livres para se mover nem no espaço nem em relação a suas realizações, e toda a produção era imediatamente passada a um suserano que tinha total responsabilidade pelos trabalhadores sob seu comando), o arranjo se provou inconstante. Outrossim, tais medidas felizmente estão fora do alcance da política britânica contemporânea.

A referência ao feudalismo permite-nos, no entanto, esclarecer o problema – e isso é inegavelmente um problema para a economia conservadora. Desde suas origens, o Partido Conservador caracterizou-se por uma política fiscal relativamente firme e empreendedora, sendo responsável não apenas por constantes restrições ao livre-comércio, mas também pela introdução de imposto de renda regular e pela legislação que determinou a venda e as condições de trabalho. À luz da história, sua conversão pós-guerra à teoria econômica keynesiana deve ser vista como um desenvolvimento intelectual natural, um passo adiante da visão (proposta ou assumida de formas variadas por Smith, Ricardo e os Mill) de que os assuntos econômicos são autorreguláveis (de forma que pouco proveito e muito dano podem resultar da tentativa de interferir com eles), na direção de uma visão mais plausível de que a postura do Estado é muito importante e que, sem a vigilância dele, privação e desemprego poderiam ocorrer a qualquer momento. E talvez não seja por acidente que, sob Margaret Thatcher, quando o Partido Conservador abandonou essa concepção do papel econômico do Estado e levantou a bandeira da economia liberal, ele tenha sido abandonado pelo eleitorado, de forma que a antiga aliança de interesses que representou por um século subitamente se desfez.

O estranho, no entanto, é que a política que causou o colapso do Partido Conservador – economia de livre mercado, sob a égide de corporações globais – é a política mais fervorosamente adotada pelo Novo Partido Trabalhista de Tony Blair; e não há dúvida de que resultará na queda desse partido também.

O Partido Conservador tem estado sob a influência de sucessivas teorias econômicas, mas devemos lembrar que nenhuma teoria econômica faz sentido até que esteja unida a alguma doutrina política adequada (uma doutrina que defina a natureza e os direitos do arranjo social a ser servido). O apelo à economia é como o apelo ao médico, baseado não em autoconfiança, mas em esperança ou receio. É assim, tanto para uma doutrina política, como para qualquer teoria econômica, que os conservadores apresentam restrições com relação à empresa capitalista. E tais restrições de modo algum são peculiares ao nosso tempo. Ao contrário, o livre-comércio tem sido, desde sempre, uma causa pela qual vale a pena lutar e não uma norma a ser assumida.

O DESAFIO MARXISTA

É uma contribuição característica do marxismo, com a qual todos os historiadores e políticos estão em débito, sugerir que os fatos históricos e sociais podem ser esclarecidos em termos da estrutura econômica da qual se originam. Marx contrastou duas estruturas: capitalismo e feudalismo. A primeira requer liberdade de troca, trabalho assalariado, capital acumulado, e leva, em passos inexoráveis, à criação de uma classe proprietária e de uma destituída. A segunda estrutura requer servidão, trabalho não remunerado, e uma ligação ao lugar e à pessoa que impede a livre-troca.

Agora é difícil imaginar a presença de riqueza real sem a tendência à troca e ao movimento. Nas sociedades que têm sido *chamadas* de feudais (por causa das obrigações específicas que evidenciam), a prevalência do dinheiro sugere uma verdadeira referência à troca como a base até mesmo do poder de um monarca (na Inglaterra *feudal*, por exemplo, servos feudais podiam comprar, vender, penhorar e contratar tudo, de pecuária a terras; seu vínculo feudal frequentemente tratava-se de algo mais que um vínculo ao lugar e ao feudo, engendrado tanto pelo costume como pela força).[21] Ora, alguns marxistas acreditam que há uma distinção genuína e absoluta na realidade entre os modos feudal e capitalista de produção, e que a transição de um para o outro é o único fato econômico importante, explicando assuntos tão díspares como as Revoltas Camponesas, o advento do protestantismo e a formação das cidades. Há um elemento de fantasia nessas explicações e um consequente vazio na descrição da real alternativa ao capitalismo. Podemos, no entanto, extrair deles uma importante ideia subjacente: *feudalismo* e *capitalismo* são os nomes e não as realidades históricas; não passam de *tipos ideais*, para usar o idioma de Weber. As sociedades podem se aproximar de quaisquer uma das formas, mas na realidade conterão sempre alguma mistura idiossincrática de ambos. Pode ter havido (em alguma triste comunidade, perdida na Idade das Trevas da nossa civilização) um genuíno arranjo feudal; pode ter havido (talvez na Chicago do final do século XIX ou na Manchester vitoriana) uma genuína cidade capitalista, mas como a história aponta para a ausência do primeiro, ela também confirma uma ausência similar do segundo. A Europa moderna mostra quão desviantes estão seus arranjos econômicos daqueles da livre empresa capitalista descrita por Marx. E os Estados Unidos, com seus grandes monopólios e cartéis anônimos, demonstra que, até na ausência de intervenção estatal, o *homo economicus* da teoria clássica tem pouca capacidade de sobrevivência.[22] Não se vê mais a pequena empresa *burguesa*, buscando o ganho privado no

---

[21] Ver M. M. Postan, *The Medieval Economy and Society*. London, 1972, cap. IX.
[22] Ver Baran e Sweezy, op. cit.

fórum aberto do mercado, acumulando lucro com o qual conseguir um negócio para o trabalho. Naturalmente, as corporações, por sua vida e lógica interiores, perseguem seu lucro em um mercado, o qual podem *corrigir* apenas parcialmente. Elas firmam contrato, porém, com todos os seus membros: administradores, representantes sindicais, vendedores, maquinistas, conselheiros e funcionários, todos os que se tornaram trabalhadores assalariados, numa organização cujo lucro se acumula anonimamente e cuja finalidade não pode ser mais estável dia após dia que a finalidade da baleia. Além disso, o contrato é feito sob coação mútua: um gerente logo se torna indispensável e pode *consertar* suas cláusulas. Até o empregado mais subalterno – cujo salário poderia, de outra forma, ter sido determinado pela falta de qualificação – torna-se possuidor de poder similar, operando não como indivíduo, mas como parte do sindicato que assegura aos trabalhadores manuais, como classe, um poder de barganha que eles jamais poderiam ter conquistado sozinhos. Os conceitos do marxismo correspondem, então, apenas a arranjos teóricos e idealizados, e ainda que isso possa torná-los úteis no estudo da história, nos dá pouco terreno para aceitar a economia política com a qual esses conceitos estão comumente associados. Assim, torna-se absurdo dividir a realidade entre os exploradores que empregam e os explorados que são empregados por eles (e quem, portanto, sacrifica suas horas de trabalho *não pago*). Praticamente todos estão empregados. Segue que a classe normalmente identificada como burguesa está tão propensa a contratar sua força de trabalho como a classe que é supostamente oprimida por ela. Ambas produzem um superávit (que é outro modo de dizer que sua empresa comum é lucrativa) e ambas sofrem o que os marxistas consideram ser a injustiça do *confisco*.[23] Todas as distin-

---

[23] Este ponto resulta naturalmente da teoria do valor do trabalho ou, mais indiretamente, da visão de que todos os contratos salariais são "forçados" e levam uma das partes à condição de escravidão. A teoria trabalhista transforma a visão de Adam Smith – de que o real valor de uma mercadoria está na

ções aqui estão obliteradas por uma filosofia que, em qualquer caso, estabelece a ideia de *justiça* à esfera da *ideologia*, a fim de representar (e deturpar) as relações contratuais em termos de exercício de poder.

O PRINCÍPIO FEUDAL

Tratei sucintamente da teoria marxista por um motivo específico: uma vez que apresenta modelos idealizados de arranjos econômicos, ela nos permite descrever em termos mais claros a atitude conservadora com relação à restrição de propriedade. Não é o feudalismo que os conservadores defendem, mas meramente seu "princípio central – de que a posse de propriedade deveria ser o cumprimento de um dever".[24] Essa observação de Disraeli, expressiva da visão idealista de *Sybil* e *Coningsby*, é certamente tão falsa no que diz respeito à realidade da Europa medieval quanto o é a análise marxista da sua economia. Mas, assim como pode haver modelos idealizados em teoria econômica, também pode haver tais modelos na política, que extrai dos arranjos imperfeitos da história algum ideal de obrigação política.

Agora, no entanto, vamos encarar, por um momento, a perspectiva histórica ampla. Nenhuma sociedade tem assimilado com sucesso a industrialização ou os descontentes que dela resultam. A industrialização, a mobilidade, a divisão entre trabalho e gerência, a busca desenfreada por crescimento econômico – tudo isso tem se espalhado

---

quantidade de trabalho pelo qual ela pode ser trocada (*The Wealth of Nations*. London, 1776, livro I, cap. 5) – na visão de que seu valor consiste antes no trabalho necessário para produzi-la (ver *O Capital*, vol. 1). Isso, portanto, atribui valores independentemente da demanda e, enquanto pode fazer da teoria uma força ideológica útil, parece privá-la de todo poder preditivo. A visão de que os contratos salariais são forçados depende da afirmação de que o proletariado, enquanto não individualmente coagido ao contrato, pertence a uma classe que é coagida como um todo. Mesmo se isso fosse verdade, a sindicalização seria suficiente para remover a natureza unilateral da coação.

[24] Disraeli, prefácio à edição de 1870 de seus romances.

tão rapidamente pelo globo que seria tolice supor que sua existência é acidental. A tarefa dos conservadores não tem sido se opor à força que moldou essas coisas, mas salvaguardar, atravessando todas essas ofensivas, a realidade da ordem social e a continuidade da vida política. Mesmo os marxistas têm de admitir que "até o fim do século XVIII as pessoas comuns da França e da Inglaterra aderiram a uma *economia moral* profundamente sentida na qual a própria noção de [...] uma dissociação entre valores econômicos de um lado e obrigações sociais e morais de outro foi uma afronta à sua cultura".[25] Eles também têm de admitir que surgiu no último século e sob o impacto de forças que não tinham necessária conexão com o capitalismo, ou com qualquer outro sistema de controle, uma "economia antipolítica cujos duros purgativos de perdas e ganhos anularam do corpo político as velhas noções de dever, mutualidade e cuidado paternal".[26] Desde então, o capitalismo tem sido ativo na Europa, por quatro séculos – um longo intervalo que qualquer explicação histórica poderia assimilar. Parece, portanto, que a perda da sua *economia moral* é algo mais complexo do que a típica perspectiva histórica pode se aventurar a explicar.

Apresentei agora a propriedade como corolário para o pensamento conservador, em vez de sua principal preocupação. É bem razoável afirmar que, para o conservadorismo, a unidade social e política tem precedência sobre a livre acumulação de propriedade. Socialistas ingleses reivindicam crédito pela *luta heroica* contra os males da produção industrial. Eles preferem esquecer que os *Factory Acts*, a legalização dos sindicatos e até o Estado de bem-estar social foram ou criados pelos conservadores, ou possibilitados pelas forças conservadoras que há muito têm se esforçado para trazer tais coisas à existência.

---

[25] E. P. Thompson, "*The Peculiarities of the English*". In: *The Poverty of Theory*. London, 1978, p. 82.

[26] Ibidem, p. 44.

A perspectiva histórica mais ampla, como veremos cada vez mais, não é ampla o bastante. Ela se mantém centrada no século que a tornou possível e olha tão atentamente para o processo industrial a ponto de invocar imagens grandiosas e alucinatórias de sua significância e poder. As explicações que isso gera parecem inexoráveis apenas porque derivam do período em que a *inexorabilidade* era a noção em voga, mas negligenciam a atividade política duradoura que nos tem conduzido através dessas mudanças *inexoráveis* e que tem observado a velha *economia moral* restaurada. Naturalmente, houve mudanças, muito significativas. Aliás, elas foram associadas a uma estranha infelicidade. Se a perspectiva histórica tem algo a nos dizer, é que não podemos esquecer a questão. Algo mais profundo necessita ser dito sobre a emergência, a partir dos escombros da industrialização, do homem singularmente *moderno*.

CONSIDERAÇÕES FINAIS

Argumentei que a sociedade civil demanda uma instituição de direitos sobre as coisas. Em consequência disso, qualquer perspectiva política que considere o Estado como protetor da sociedade deve também exigir a continuidade da propriedade. Além disso, uma visão que reconhece um direito de propriedade sobre usos e costumes não verá nada de errado na herança e na acumulação de riqueza. Outrossim, buscará proteger tanto uma como a outra na medida em que se originem da família e que se encontrem endossadas na condição de sociedade. Isso significa que é a renda, e não a riqueza, que os conservadores irão querer tributar, mas eles serão forçados, pela preocupação com as obrigações civis que geram sua crença na propriedade, a considerar a questão da sua distribuição. Eles desejarão introduzir na acumulação da propriedade aquelas obrigações sem as quais parte da sociedade se beneficia com sua busca mesquinha, enquanto outra parte sofre por ela. Como sugeri, um endosso qualificado do capitalismo moderno parece ser consequência dessas opiniões, mesmo quando esse endosso não acompanha nenhuma aversão à pobreza generalizada e nenhum comprometimento com o crescimento.

Se, porém, como alguns dizem, o modo capitalista de produção (mesmo na sua forma moderna, muito atenuada) é a única ou principal causa dos males que nos envolvem, será o conservadorismo ainda possível como elemento de crença? Em resposta a essa questão, devemos mostrar que a condição do homem moderno, qualquer que seja a ansiedade que o acompanhe, não é o resultado da propriedade privada, mas de alguma outra coisa. Aqui, entramos em uma área obscura da política, na qual tanto conservadores como radicais desferem golpes que erram seus alvos.

Capítulo 6 | Trabalho Alienado

Existe um instinto natural em pessoas que não refletem – as quais, ao tolerar os fardos que a vida lhes oferece e sem querer deixar a culpa onde elas não veem solução, buscam realização no mundo como ele é. Esse instinto é o de aceitar e apoiar, por meio de seus atos, as instituições e as práticas nas quais elas nasceram. Esse instinto, que tentei traduzir na linguagem autoconsciente da doutrina política, está enraizado na natureza humana; e, ao elaborar seus fundamentos, eu também estou sugerindo uma filosofia especulativa do homem. Essa filosofia distingue das atividades dos animais o comportamento peculiar que reconhecemos como humano: o comportamento de uma criatura que não tem somente instintos, desejos e necessidades, mas também valores; que existe não somente no presente, mas ainda no passado e no futuro; que não apenas se submete à realidade, mas que também faz de si parte dela e imprime no mundo a marca de sua vontade.

A CONSCIÊNCIA MODERNA

Agora, porém, a tarefa encontra um obstáculo. Defender o preconceito não refletido de uma pessoa ativa e normal era fácil em uma época em que preconceitos derivavam diretamente dos dogmas da religião recebida, ou quando a continuidade social garantia que aqueles que ascendiam para a autoconsciência ainda assim se afastavam apenas nas questões menores dos mortais mais felizes, que eram determinados a nunca questionar o que sabiam. Agora, entretanto, nós nos encontramos confrontados com esta entidade monstruosa, o homem moderno, a pessoa para quem qualquer conexão com uma ordem maior do que si mesmo tem que ser alcançada pelo próprio esforço, e que procura por essa ordem não necessariamente naquilo que existe ou existiu, mas mais frequentemente no que será ou poderá ser. Seu desejo inquieto de livrar-se do aqui e agora não é insuflado por nenhuma fé religiosa nem por nenhuma crença na imperfeição necessária das coisas mortais. Seu impulso transcendental se traduz em uma nostalgia que tudo consome, uma nostalgia não pelo passado, mas por um futuro que – como o paraíso – só pode ser descrito negativamente.

Tampouco essa inquietude é peculiar ao autorretrato que se pintou ao longo dos últimos duzentos anos. Ela pertence – pelo menos ele acha que pertence – ao mundo dos homens como um todo, que serviu para criá-lo, e, nessa tentativa de entender a si mesmo, ele foi forçado a entender a condição de todas essas coisas sobre si que jazem naufragadas na costa da história, seres que podem não compreender seu idioma recém-criado, mas cujo estado requer uma descrição que não tinha sido ouvida antes. Devemos aos Românticos alemães os conceitos com os quais a humanidade *moderna* pode ser representada, conceitos que refletem uma filosofia que tentei seguir intuitivamente. Agora, porém, é hora de deixar o problema central explícito. E é aqui que devemos abandonar o liberalismo e nos ocupar apenas com aqueles oponentes que reconhecem a profundidade das coisas humanas. Afinal, qual foi a principal falha da ideia liberal? Certamente, esta: que ela baseia toda a política e toda a moralidade em uma ideia de liberdade, mas não provê nenhuma filosofia da natureza humana que possa nos contar aquilo que a liberdade é de verdade ou por que ela é importante. Ela isola o homem da história, da cultura, de todos os seus aspectos não escolhidos, que são, na verdade, as precondições da sua autonomia subsequente. Quando os liberais tentam tornar concreto o ideal de liberdade que eles propõem, eles se encontram sempre constrangidos a apoiar (voluntariamente ou não) os hábitos e as predileções de um modo particular de vida – o modo de vida do intelectual urbano. Em relação, porém, ao resto da natureza humana, a essência humana, que Marx e Feuerbach chamaram de "ser genérico" do homem, parece sobreviver na filosofia liberal apenas em forma atomística, uma mistura confusa de desejos e necessidades individuais. A realização humana jaz na satisfação de quantas escolhas seu tempo curto permite. Tal filosofia não contém nenhuma ideia de ser acima dos desejos que o constituem: portanto, ela não tem nenhuma ideia de autorrealização além da livre satisfação do desejo. Ela tenta esticar a noção de escolha de modo a incluir toda instituição à qual as pessoas conferiram legitimidade, sem conceder que seu senso de legitimidade deriva precisamente do seu respeito por si mesmas como seres formados, alimentados e amplificados por essas coisas. Não é que as pessoas tenham desejado e escolhido seus costumes, suas tradições e suas instituições, porque sem elas não haveria escolha a ser feita. Tampouco sabem elas como voltar a todo acordo herdado e pronunciá-lo legítimo por algum ato soberano da vontade – não mais do que elas podem perguntar, com distanciamento, "devo ou não devo ser esta coisa que eu sou?"[1] Os conservadores, como os radicais, reconhecem que a ordem civil não reflete os desejos do homem, mas a essência do homem. Tampouco eles hesitam em propor ou defender um sistema que frustra – ou redireciona – até a mais inocente das escolhas humanas, se eles enxergam essas escolhas como conflitantes com a ordem que proporciona a

---

[1] Alguns filósofos modernos propuseram métodos de abstração que, eles esperam, vão nos permitir fazer essa pergunta (ou algum equivalente estratégico dessa questão). Ver, por exemplo, a teoria liberal da justiça exposta por John Rawls, *A Theory of Justice*. Oxford, 1972 [ed. bras. *Uma Teoria da Justiça*. Trad. Almiro Pisetta e Lenita M. R. Esteves. São Paulo, Martins Fontes, 2008].

realização. Os conservadores, porém, são também céticos. Eles podem sentir nostalgia pelo passado, mas não vão apresentá-la como um ideal declarado, e considerarão a nostalgia bem mais sedutora de seus oponentes por um futuro inexistente como um tipo de loucura destemperada, um último sobrevivente investido da crença em uma Idade do Ouro.

Em face, porém, de um mundo que, doente ou não, em sua parte autoconsciente pensa que está assim, os conservadores devem procurar definir novamente sua posição, e sua história de ceticismo lhes deixou somente uma linguagem empobrecida com a qual isso poderia ser feito. É por essa razão que eles deveriam respeitar a tentativa radical de reescrever a humanidade de modo que a consciência moderna possa ser vista como uma parte disso. Por mais que os conservadores ingleses, por meio do amor das liberdades constituídas, possam sentir-se atraídos para a causa liberal, sua filosofia não é deles. Ela não descreve o homem, mas uma breve caricatura do homem; e na maior parte, essa caricatura é ridícula quando colocada ao lado da vida moderna. No que se segue, devo tomar emprestados (principalmente do lado hegeliano do marxismo) conceitos com os quais redefinir nossa visão política, de modo que esse homem moderno possa ao menos ser discernido por ela. A discussão será obrigatoriamente breve, tocando em assuntos que requerem grande análise, mas, espero, será suficiente para indicar uma direção que os conservadores devem seguir sem detrimento de sua força ou de sua refinada falta de propósito.

ALIENAÇÃO

Marx tomou de empréstimo da filosofia hegeliana o conceito de alienação para descrever a condição do homem sob o capitalismo – não apenas a condição do trabalhador (como foi o primeiro pensamento de Marx), mas a condição de todos. Somente com a abolição da propriedade privada, ele imaginava, poderia essa alienação ser superada, e assim o homem voltar a ser ele mesmo, restaurar sua essência, que é seu "ser genérico".² Essa abolição seria o resultado necessário de processos históricos que Marx via em curso na sociedade, processos que envolviam a transferência de poder de uma classe para outra, e que culminariam na emancipação final do proletariado e na libertação de todos os homens do vínculo mútuo em que tanto o explorador quanto o explorado haviam sido mantidos. Nesse ponto, a verdade da história seria revelada e a propriedade privada desapareceria, não tendo mais nenhum lugar nas relações entre os povos.

Como apoio a essa visão idealista, surgiu um tipo de teologia política, e um tipo que requereu certo grau de fé daqueles que se ligariam a ela. Ainda assim, não é acidental que as descrições que o marxismo oferece tenham obtido, até recentemente, tanta aceitação. Naturalmente, muitos problemas sociais acompanharam o fim do período "clássico" da nossa cultura. A industrialização, a perda da convicção religiosa, a mobilidade e subsequente afluência de todas as classes, incluindo a classe trabalhadora, a ascensão da mídia, a degradação da linguagem, o descolamento quase universal de lugar e posição social – qualquer que seja a causa dessas coisas, elas formam o principal fato social dos tempos modernos, que é o triunfo dos bens materiais sobre os espirituais. Com esse fato, porém, apresentando-se a si mesmo como causa e efeito simultaneamente, está o mesmo fantasma inquieto – o espírito da alienação, o sentido coletivo de que pode não haver uma ordem social à qual pertencemos absolutamente. Esse fantasma não é o pior dos horrores modernos, mas ele nos lembra de que nem toda sociedade é governável e que há problemas políticos que não podem ser resolvidos pela política econômica.

Reconhecendo, portanto, que pode haver verdade na descrição da nossa "condição alienada", e reconhecendo também a possibilidade

---

² Ver, por exemplo, Karl Marx, *Economic and Philosophical Manuscripts of 1844*. Trad. T. B. Bottomore. In: Erich Fromm, *Marx's Concept of Man*. New York, 1961 [ed. bras.: *Manuscritos Econômicos e Filosóficos*. Trad. Jesus Ranieri. São Paulo, Boitempo, 2008].

de uma conexão profunda entre essa condição e o "fetichismo de mercadoria", que Marx via como uma parte necessária da produção capitalista, os conservadores vão desejar apresentar sua própria versão da alienação e refutar a acusação de que a propriedade privada é sua causa. Não que os conservadores possam propor um remédio. Nem todos os males humanos têm cura e, nesse caso, não há nenhuma que tenha sido proposta que retenha muita credibilidade depois de um século de progresso material e declínio espiritual. Marx, longe de propor uma cura, confiou em uma predição, à qual ele deu pouca importância, a não ser ter feito um elogio retórico do Estado abstrato "emancipado" do homem e ter recusado vigorosamente todos os ideais concretos que outras pessoas podem confundir com ele.[3] No terceiro volume de O Capital, ele (ou seu editor, Engels) declara que a premissa da emancipação é a diminuição do dia de trabalho, uma premissa que foi alcançada na crescente vacância e (alguns diriam) na crescente alienação das sociedades ocidentais. E se a propriedade privada é, na verdade, uma parte necessária de qualquer concepção positiva da liberdade humana, a busca do Estado "emancipado" de Marx vai implicar uma contradição. Ainda assim, os conservadores devem continuar a procurar um remédio, uma vez que a possibilidade de uma política conservadora depende disso. Uma sociedade alienada não é, pela sua natureza, uma sociedade que pode ser governada de um modo conservador.

FINS, MEIOS E TRABALHO

A alienação manifesta-se primeiramente em uma atitude para com o trabalho (ou "labor"). O trabalho não deve ser pensado como qualquer tipo de atividade que termina em produção: máquinas não trabalham, tampouco cavalos (ou melhor, não no sentido que eu estou

---

[3] Ver, por exemplo, Karl Marx, "Critique of the Gotha Programme" (1875). In: Karl Marx e Friedrich Engels, *Selected Works*. Moscou, 1958.

atribuindo ao termo). O trabalho é uma forma de conduta racional que tem, ou pode ter, tanto fins quanto meios, e que é encarado como uma forma de intenção – mesmo quando o trabalhador não tem "escolha" de ocupação. Marx afirmou que o trabalho é a principal atividade das pessoas, uma vez que é somente por meio da produção que o edifício da sociedade, e o tempo livre que a acompanha, pode ser construído. As pessoas, contudo, estão alienadas no e do seu trabalho quando só conseguem vê-lo como meio e não como fim. A distinção entre fim e meio dificilmente é clara o suficiente para permitir que essa descrição permaneça inequívoca. Ignoremos, por ora, o diagnóstico marxista e tentemos dar a ela uma caracterização direta.

Ao escrever este livro, estou trabalhando. Além disso, meu trabalho é um meio para um fim – na verdade para vários fins –, pois espero ganhar dinheiro por meio dessa publicação. Ele, porém, também é um fim em si mesmo, uma vez que tento escrever este livro para seu próprio fim. A atividade de escrever é algo que eu não apenas desejo, mas também valorizo. Ela *significa* algo para mim. Eu já sugeri que a ideia de um fim ou valor envolve uma referência implícita a um mundo de interesses públicos compartilhados. Dar valor a uma atividade é ter alguma ideia de seu valor objetivo, o que, em contrapartida, envolve a presunção de uma esfera pública (real ou possível) na qual essa atividade tem um lugar de honra. Ao ver minha atividade como um fim, eu me vejo, portanto, como um ser em uma relação potencial com meus colegas. Ao fazer o que eu valorizo, vejo minha identidade como um ser social confirmada. Daí eu não somente sou um com minha atividade, como também continuo sendo um com uma comunidade de companheiros real ou imaginada.

Um caso contrastante é o do escravo, forçado contra sua vontade a fazer alguma tarefa repetitiva pela qual ele não pode ter interesse e cujo lucro fica sempre com outra pessoa. Tal pessoa não deseja fazer o que faz e muito menos valoriza o que faz, a menos que seja do tipo estoico sugerido por Epicteto, no qual a mera consciência da escravidão já é suficiente para constituir um modo refinado de liberdade – um tipo mental que não podemos assumir que seja comum. O escravo pode ver seu trabalho como um meio, mas jamais como um fim. Consequentemente, ele não é vindicado nele: sua própria identidade não está presente naquilo que faz. Ele vê aquilo que faz como retirado dele e vê a si mesmo não como um fim, mas como um meio. Ao ser alienado da sua atividade, ele se torna alienado de si mesmo e do seu "ser genérico", que é sua essência.

O PROCESSO INDUSTRIAL

Por detrás dessas duas breves descrições de dois estados contrastantes da mente está uma ideia importante da pessoa, a ideia de que seres racionais são pessoas porque "sua natureza já os marca como fins em si mesmos – ou seja, como algo que pode não ser usado meramente como meio" (Kant). Foi um avanço distintivo da filosofia hegeliana a sugestão de que só podemos tratar a nós mesmos como fins se tratarmos aos outros como fins, e que em cada caso nossas atividades devem envolver alguma noção concreta do valor do que fazemos.[4] Nós podemos, portanto, possuir a autonomia que Kant valorizava acima de todas as outras coisas somente se vivermos em uma união não alienada com nossos companheiros. Nosso próprio ser, como indivíduos, pressupõe a imersão na sociedade. Na medida em que o homem moderno corre o perigo de perder a sua liberdade, isso não ocorre somente por causa dos despotismos que ameaçam engoli-lo, mas também (e isso é o mais importante) por causa da sua alienação do contexto social, que daria a suas atividades um significado público – porque é o estado de alienação que, ao incitar o despotismo, faz o despotismo possível.

Se apresentarmos o conceito de alienação de tal forma, poderemos ver que é uma condição da consciência moderna e também que

---

[4] Ver a discussão sobre mestre e escravo em *A Fenomenologia do Espírito*.

não tem necessariamente suas raízes na propriedade privada, como Marx supusera. Autores de esquerda, no entanto, aderiram insistentemente à visão de que foi precisamente a propriedade privada, e os modos de produção capitalistas que derivam dela, que reduziram o trabalhador e o funcionário à posição de escravos. Ainda assim, a perda de identidade entre o homem e seu mundo parece distintiva não de modos capitalistas de propriedade, nem da instituição da propriedade privada, mas do processo industrial, da divisão artificial de trabalho[5] e da absorção, em larga escala, da vida pública no *éthos* do trabalho, de modo que realização e valor parecem valores que não são públicos, mas privados, a serem buscados somente em casa. As pessoas não mais interpretam sua identidade junto de seus companheiros, mas trabalham com eles, sem sentir o valor daquilo que fazem. Certamente, a instituição da propriedade privada não foi sempre associada a esse sentimento; tampouco, por exemplo, os modos de produção capitalistas foram introduzidos pelas grandes famílias de banqueiros da Florença medieval e renascentista – ou, ainda que Dante tivesse vivido a vida do homem alienado, não vamos reclamar de ter que fazer o mesmo.

É verdade que, para Marx, "capital industrial é a forma objetiva e concreta da propriedade privada"[6] –; em outras palavras, sem propriedade privada, o processo industrial tal como o conhecemos iria desaparecer. Tal afirmação precisa de prova. E a prova não pode ser trivial. Seria trivial, por exemplo, dizer que a propriedade privada, sendo uma precondição do processo industrial, é, portanto,

---

[5] Com "divisão artificial do trabalho", não tenho em mente a divisão subjacente (de acordo com Adam Smith, *A Riqueza das Nações*, livro I, cap. I-III) a cada instituição de troca, mas o processo peculiar de especialização que foi gerado por todos os modos mecanizados de produção. Ver E. Durkheim, *De la Division du Travail Social*. 2 ed. Paris, 1902 [ed. bras.: *Da Divisão Social do Trabalho*. Trad. Eduardo Brandão. São Paulo, Martins Fontes, 1999]. Os dois tipos de divisão são independentes e cada um pode existir sem o outro.

[6] In: Fromm, op. cit., p. 123.

uma fonte dos males que estão nele – pois o que resta dessa asserção quando se mostra que a propriedade privada é também uma precondição da sociedade? Nenhuma crítica desse tipo pode ser séria a menos que esteja acompanhada por uma completa descrição da alternativa.

A CALÚNIA DA PROPRIEDADE PRIVADA

Alguns (incluindo-se Marx) tentaram revirar o argumento que eu dei em favor da propriedade privada para estabelecer uma conexão direta entre propriedade privada e alienação, ignorando considerações sobre a natureza da produção. Eles argumentaram que, ao ver o propósito do trabalho como propriedade, as pessoas concluem sua atividade com um objeto e, portanto, passam a ver valor somente em objetos e não na atividade humana que ele representa. Para encontrar seu próprio valor, portanto, eles começam a representar a si mesmos como objetos, como coisas que podem ser compradas e vendidas, como meios entre meios. O homem torna-se sua própria propriedade, e é desumanizado, tanto na busca de sua propriedade quanto na sua posse. O ponto foi expresso por Fromm,[7] na ideia de que a propriedade tornou-se um "ídolo" e, ao ser escravizado por um ídolo, o homem é ele próprio reduzido a um objeto, congelado em sua "coisidade" – a origem disso é uma teoria peculiar de Feuerbach sobre a natureza da religião.

O argumento é também mais popular e mais suspeito do que aquele que endossei em parte. Os grandes idólatras que antigamente habitavam o Egeu certamente não iriam se reconhecer no retrato de Fromm, não mais do que o autor da *Divina Comédia* poderia ser reconhecido na descrição de Feuerbach do homem religioso. Porque, para os gregos, a adoração de deuses em rios, árvores e objetos era parte de um processo pelo qual a natureza torna-se humana, e o

---

[7] *Marx's Concept of Man*, op. cit.

homem algo mais dignificado do que qualquer coisa "natural". Por que é que há, na *Ilíada*, resolução, objetivo, atividade e caráter mais do que em qualquer outra obra na literatura do mundo? Certamente, porque o herói grego envolveu o mundo inteiro com sua vontade racional e fez dele uma perfeita imagem de si mesmo. E a propriedade privada teve um papel fundamental na imagem que ele criou.

POSSE E CONSUMO

A calúnia da propriedade privada tornar-se-á mais clara se voltarmos à descrição original e fizermos uma distinção entre posse e consumo e, correspondentemente, entre propriedade durável e bens cambiáveis (ou mercadorias). Há uma diferença entre uma pessoa que busca algo por desejo, para satisfazer o apetite com o consumo de algo, e uma pessoa que busca algo por alguma concepção de seu valor intrínseco, não para trocá-lo nem consumi-lo, mas para possuí-lo. O objeto de um apetite não tem o caráter de um "fim", no sentido especial em que fins são o território do desejo racional. Ele é somente o meio para a satisfação do desejo, e é consumido e aniquilado no ato de gratificação.

Considere-se a distinção (antigamente óbvia, mas cada vez mais mal compreendida) entre luxúria e amor. Aqui, normalmente, não há problema de propriedade legal, mas um contraste de atitudes que podem encontrar seu equivalente em relações de propriedade. A luxúria pode ser satisfeita de muitas formas, e caracteriza-se pelo fato de que seus objetos são meios equivalentes para a satisfação de um único desejo. O amor é satisfeito pelo objeto individual e existe somente enquanto esse objeto é visto como um fim em si e, portanto, intransferível. O amor busca uma forma de "possessão". Consequentemente, o objeto da luxúria tem um valor de mercado, ao passo que o objeto do amor não tem – daí que a alta do mercado como a única medida de valor deva envolver a renegação do amor; *cf.* a primeira cena de *O Ouro do Reno*.

O exemplo mostra a diferença entre o apetite animal e a tentativa humana de "possuir" algo, no sentido de fazer dela uma parte e uma extensão de si. No caso de uma pessoa, essa tentativa pode buscar realização na instituição do casamento; no caso de um objeto, na instituição da propriedade. Daí que a mais elevada forma de propriedade é aquela de um objeto desejado por conta de sua beleza. Esse desejo exclui o consumo do objeto e não o vê como um entre equivalentes. Pensando a partir desses exemplos sobre o conceito de vida humana e do valor que está nela implicado, vai-se reconhecer que há muitos aspectos da relação de propriedade que não podem ser vistos em termos de consumo e que são caracterizados pelo pensamento de um objeto de alguma forma intrinsecamente desejável (embora também seja, de alguma forma, permutável, mesmo se sob a pressão da necessidade). Em particular, deve-se mencionar novamente todos esses aspectos que estão implicados na noção de "lar". Eles são buscados, não com a urgência do apetite de um animal, mas por meio do desejo de construir algo de valor duradouro, em que relações humanas, valores de propriedade e significados estéticos estão inextricavelmente misturados. Bens do lar não podem ser considerados totalmente duráveis, mas eles são fins e não meios, para serem possuídos e não consumidos. Eles tendem a ser vistos em parte como intransferíveis, como uma casa é intransferível pelo preço de seguro que a "representa" – o grau de permanência é menos importante do que a natureza da relação consigo mesmo. Um carro, um rebanho de gado, qualquer coisa que alguém possa ter desejado, pelo menos em parte, pelo que ela é e na qual se colocou sua identidade como ser social, valida para seu dono a relação de propriedade. Embora o destino do gado seja o de ser sacrificado e consumido, alguém teria de ser muito estúpido para não entender o luto de um fazendeiro cujo rebanho valoroso, depois de ter sido atingido por doença, é condenado ao extermínio por autoridades que ainda assim lhe vão devolver o valor de mercado. Uma parte do que estou sugerindo pode ser compreendida pela arte da pintura da vida íntima.

No interior da Holanda, vemos, simultaneamente, uma exploração do ser em sua liberdade e uma representação do valor fundamental das coisas. O retrato vai conter algum arranjo de objetos que, concebidos sob o aspecto da propriedade, representam a vida íntima de um quarto e seu dono. Na natureza-morta, vemos, além disso, a tentativa de ultrapassar, por meio da arte, a atitude do consumo, a tentativa de representar como um fim em si mesmo o que normalmente é visto apenas como meio. O coelho morto é o coelho "reduzido à posse", para usar a expressão legal. As maçãs e o prato de prata estão em uma relação real, mas temporária um com o outro; e essa relação é um reflexo da alma do homem como o espírito da liberdade doméstica o concebe.

O FETICHISMO DA MERCADORIA

O leitor pode questionar a necessidade de tal sofisticada digressão; entretanto, não estamos discutindo fatos elementares da economia, mas propriedades sutis da fenomenologia, propriedades que a arte faz mais diretamente acessíveis para nós de uma maneira que volumes de teoria política não conseguiriam. Como escrevi no capítulo precedente, a atitude do consumo difere daquela de posse, e a ascendência do consumo pertence não à essência da propriedade, mas à sua patologia. Podemos agora ver por que é assim, pois se os esforços de uma pessoa estão direcionados inteiramente para o acúmulo de objetos cujo único interesse é serem consumíveis, então nenhuma de suas atividades produtivas lhe mostram uma imagem coerente dos fins de sua conduta, independentemente de sua mera subsistência como um animal. A propriedade – agora reduzida ao estado de "mercadoria", isto é, à sua forma fluida, consumível – não tem mais um caráter distintamente humano. Em um mundo de consumo, as pessoas se tornam vítimas do "fetichismo da mercadoria", descrito convincentemente em *O Capital*,[8] em que a busca

---

[8] *The Capital*. London, 1970, vol. I, p. 76 ss.

constante do consumível e cambiável preenche a alma com ilusões e provoca um curto-circuito na busca por realização. A mercadoria é o meio para seu próprio consumo, e o consumo não é um fim em si mesmo, uma vez que nada pertencente ao ser é modificado por ele. Sob o domínio das mercadorias, as pessoas passam a viver em um mundo de meios sem significado. A ascendência do tecnocrata já é um sinal dessa forma de "fetichismo" e, ao se ver a vida de alguém sob o aspecto dos meios, com todos os seus desejos transformados em apetites para esta ou aquela mercadoria consumível, então pode-se "viver" um organismo político também somente como um meio e não como um fim. Pareceria que não é o capitalismo, mas uma forma de socialismo tecnocrático e burocrático, que seria a forma natural da política de mercadoria. É precisamente isso o que vemos emergir na União Europeia.

A distinção entre posse e consumo é uma questão de acordo. E o consumo não é um mal, mas uma necessidade. Entretanto, temos de fazer uma distinção entre as várias atividades que têm a propriedade como seu alvo, e então veremos que a mera busca do consumo, sem o desenvolvimento de um nexo de direitos de propriedade, constitui parte da patologia da personalidade. Alguns pensadores negaram a distinção que isso encerra. Seguidores de Veblen diriam que a única diferença aqui é de "conspicuidade". Uma pessoa acumula propriedade apenas para fazer seu consumo mais espetacular, mas, então, por que deveria haver mecenas de arte privados, ou o desenvolvimento daquela sofisticação visual e material conhecida como vida civilizada? O cavalheiro inglês é conhecido e respeitado precisamente por sua habilidade de fazer seu consumo tão discreto e inconspícuo quanto o bom gosto requer.

Por meio dessas reflexões, podemos ver por que os conservadores ficam insatisfeitos com teorias econômicas que advogam – como único remédio contra a recessão – o estímulo ativo da demanda, pois o que é esse estímulo ativo senão a transformação da propriedade em sua forma mais fluida, consumível e sem significado? Deve inevitavelmente envolver a geração ou a extorsão de apetites supérfluos, à custa da realização social e pessoal. A questão apresenta-se: por que devemos trabalhar se tudo que adquirimos é *isso*? Não seria melhor desacelerar a economia, de modo que apenas as necessidades fossem satisfeitas e todo o resto fosse lazer?

As distinções que tentei fazer não podem ser refletidas na teoria econômica, interpretada como uma exploração das leis básicas de acúmulo e troca. Nossa natureza animal nos impõe um valor de troca para tudo, simplesmente ao forçar a troca sob o impacto da necessidade. Quando alguém está faminto e em perigo de vida – a menos que tenha a natureza heroica que a ciência proíbe o *homo economicus* de ter –, todo o arcabouço do ser entra em colapso. Em tais circunstâncias, o valor de troca de tudo se torna subitamente aparente. Há um grau em tudo isso, e esses dois fatos entre eles estabelecem um valor de mercado mesmo em objetos que normalmente não têm preço.

PROPRIEDADE E CONTROLE

Se examinarmos as reclamações feitas tanto pela direita quanto pela esquerda contra o mundo criado pelo mercado, veremos que duas em particular se destacam. A primeira é uma reclamação contra a mecanização da produção e a divisão de trabalho artificial que lhe é associada; a segunda é a reclamação contra o consumismo ou o "fetichismo da mercadoria". A mecanização e o consumismo juntos reduzem o mundo a um lugar de meios sem fins, um lugar onde a realização racional dá lugar ao cálculo consumista. Em um mundo assim, dizem os críticos, somos forçados a nos ver como objetos, movidos por apetites que não compreendemos; vivemos afastados de nossa vida social, raramente conseguindo uma união direta e natural com nossos companheiros. A política, então, corre o risco de ficar oprimida pela economia; a filosofia do utilitarismo governa as engrenagens da inteligência administrativa, e as pessoas, como uma vez disse Arnold, são levadas a pensar de modo "mecanizado e externo".[9]

Mesmo, porém, que as reclamações sejam bem fundadas, nenhuma mudança no controle dos meios de produção será suficiente para alterar as coisas: se um trabalhador é impulsionado a ver sua atividade como meio, então será assim, fique ou não o produto final nas mãos do indivíduo, do coletivo ou do Estado. É a natureza de sua atividade, pois, e não a forma de controle, que lhe impõe esse quadro. Da mesma forma, não é a produção privada que transforma os objetos em mercadorias efêmeras, e sim a cultura de uma produção mecanizada, que não fabrica objetos verdadeiros, mas tão somente réplicas e representações. E réplicas, visto que são, por necessidade, substituíveis por algum outro espécime de sua categoria, podem ser usadas e abandonadas – elas são símbolos da transitoriedade do apetite, e do consumo ilimitado. A atividade humana direcionada a essas coisas cria, ela mesma, o apetite para elas; ainda mais, o hábito de procurar o repetível e cambiável invade todas as outras áreas da experiência humana – mesmo aquelas esferas como amor e sexo, que a religião e a cultura haviam até então resgatado do mercado. Quando mesmo os vínculos eróticos são vistos como mercadoria, uma grande mudança é operada. As pessoas tornam-se alienadas não somente nas suas atividades, mas nas suas relações. O objeto do amor torna-se o objeto sexual; homem e mulher deixam de ter relações um com o outro, e o resultado não é somente um colapso do casamento e da família, mas também a ascensão do feminismo militante como o veículo da vingança da mulher.

Se as pessoas estão alienadas, é precisamente porque elas não pertencem ao mundo em que se encontram. O mundo das mercadorias é um mundo de coisas efêmeras, ao passo que nossa necessidade

---

[9] Ver Matthew Arnold, *Culture and Anarchy*. London, 1876; e também Thorstein Veblen, "Civilization and the Machine Process". In: *The Theory of Business Enterprise*, op. cit.

racional é a de nos vermos como parte de algo permanente, gozando de relações duráveis com os outros e vivendo em harmonia e estima mútua. Em todas as nossas verdadeiras ânsias por propriedade, aquela necessidade é nosso guia. Entretanto, a descrição que dei foi necessariamente sucinta. Eu descrevi um extremo não porque acredito que mostre a realidade presente, mas porque ele nos apresenta os contrastes em cujos termos podemos ver a complexidade do mundo moderno. Somente uma minoria de trabalhadores participa diretamente de formas mecanizadas de trabalho; a regra da mercadoria está somente parcialmente estabelecida; a decadência das relações sexuais e a mercantilização do sexo até agora avançaram apenas na consciência normal. Em geral – e em nenhum lugar mais do que sob o capitalismo moderno –, a relação das pessoas com seu trabalho é variada, complexa e imbuída de insinuações de uma genuína satisfação, mesmo que não seja real. Ainda assim, a realidade, embora esteja em algum lugar entre os extremos de alienação e do ser natural e social, que encontra seu trabalho e lazer como representações igualmente harmoniosas de si mesmo, deve ser encarada por qualquer ponto de vista político. Como argumentei, não há cura na transferência de propriedade. Ao contrário, se, como Marx diz, a verdadeira desgraça do trabalho é que "seu produto [...] está oposto a ele como um ser alheio, como um poder independente de seu produtor", quanto mais não seria se a natureza do trabalho permanecesse mecânica, enquanto seu produto final se tornasse uma mera abstração, vista como pertencente a ninguém em particular, sendo a encarnação concreta de nenhum interesse inteligível? Em tal condição, a degradação da propriedade torna-se absoluta e irremediável e, como no *Admirável Mundo Novo* de Huxley, o mundo de objetos consome benignamente o mundo das pessoas. A história do socialismo narra o mesmo; e ela é o que Marx deveria ter em mente (mas não tinha) quando escreveu que, sob o comunismo, "o governo dos homens dá lugar à administração das coisas". Porque, sob esse sistema, os homens *se tornam* coisas.

Na tentativa de compreender a condição das pessoas sob as organizações econômicas modernas, eu me afastei do caminho da política para regiões difíceis da psicologia humana, e o que eu disse é inevitavelmente controverso e parcial. Antes de seguir, porém, é necessário retornar ao ambiente político e reafirmar um importante fato que a filosofia do "fetichismo" ignora. Essa filosofia enxerga a propriedade não como uma instituição, mas como uma forma despreocupada de vínculo com as coisas. A realidade institucional da propriedade jaz, entretanto, no nexo dos direitos de propriedade. Esse nexo é um artefato humano, mas é um artefato indispensável, que surge inevitavelmente do nosso desejo de pertencer a um mundo e nos realizarmos nele. É parte da propriedade privada possuir um direito de atravessar o jardim de outra pessoa, um direito de se fechar em um lugar privado, um direito de vestir uma série de roupas, de comer em certa mesa, de dispor dos restos do seu cabelo e das suas unhas do pé da maneira que sua necessidade ou fantasia ditar. Não pode haver sociedade sem tais direitos, uma vez que faz parte da natureza social demandá-los – pensar de outra forma é pensar que as pessoas tenham relações *sociais* com sua espécie, ao passo que permaneçam em um mero estado *natural* em face dos objetos.

O ESTADO DE ÓCIO

Tentei descrever uma das doenças da humanidade moderna e separar a descrição do diagnóstico. Seria pouco proveitoso proceder sem encarar a questão da política. Esse estado de coisas é irremediável? E, se não é, há alguma coisa que um conservador possa fazer, de modo a levar à sua resolução? Alguns podem ver a alienação como somente uma das imperfeições inevitáveis, mas toleráveis, que caracterizam todo acordo social, mas isso é pouco plausível. A alienação não é uma condição da sociedade, mas a ausência da sociedade. Pode estar além da esfera da política liberal, mas, para o verdadeiro conservador, sua existência coloca um problema político direto.

A condição de alienação envolve a percepção do eu como objeto, impulsionado para uma satisfação que é somente animal e individual, na qual os outros são vistos como meios. Enquanto certas condições de trabalho podem, porém, gerar esse ponto de vista, o ócio, se propriamente conduzido, não o faz. Qualquer que seja o quadro que uma pessoa possa derivar do seu ócio, terá a tendência de retratá-la em seu trabalho, não necessariamente "tornando a labuta divina", mas o lembrando do fim para o qual a atividade é direcionada. A realidade da vida civil está, portanto, intimamente ligada à qualidade do ócio, e é somente na teoria do ócio que os conservadores vão procurar pela cura da doença moderna. Um construtor, por exemplo, que vive por um ideal de dignidade e responsabilidade, vai tentar imprimir esse caráter em seu trabalho. Ele vai "fazer a coisa certa" porque esse é o tipo de pessoa que ele é. Outro trabalhador pode ver sua atividade apenas como o prelúdio para algum ato de consumo pessoal. Ele trabalhará sem prazer e sem orgulho. A diferença entre os dois não tem nada a ver com propriedade. A recompensa material é a mesma – um punhado de fichas em um jogo de trocas. Há, porém, uma diferença na imagem que cada um deles forma daquilo que está fazendo e também nas imagens que fazem de si mesmos enquanto agentes. Essa diferença reflete duas experiências diferentes da vida social; e essa vida social não existe somente no trabalho, mas mais particularmente no ócio.

A ESTREITA PERSPECTIVA HISTÓRICA

Ao longo deste capítulo, empreguei conceitos que um verdadeiro marxista consideraria de pouca importância. Estive discutindo a aparência social das coisas, acreditando que a política deve se relacionar com essa aparência. E a aparência das coisas é a aparência para *mim, aqui, agora*. Assim, se a tradição é fundamental para a política conservadora, é porque ela representa, não a história por si, mas a história presentificada e percebida (veja o argumento do capítulo dois).

A perspectiva histórica à qual aludi muitas vezes pode não se preocupar com tais coisas. Ela está acima do mundo da atividade e busca um padrão abrangente, afastado da política presente. Os sentimentos que expressei pertencem ao "humanismo burguês" e inevitavelmente refletem a posição social que minha história e formação me auferiram. Elas estão destinadas a desaparecer, junto com qualquer doutrina, política ou projeto que eu possa imaginar agora. Ninguém pode deixar de se impressionar com tal predição. Não é de espantar que essa perspectiva domine o pensamento de nossos tempos, constantemente nos retirando dos assuntos da política e nos levando para o espetáculo da história.

Eu já dei razões para rejeitar a grande predição na qual a teoria marxista culmina – a predição do homem em sua condição "emancipada", sem propriedade privada, sem ganância ou exploração, sem ideologia ou religião, em um estado de completa e duradoura irmandade, baseada em nada mais do que o suposto desejo por ela. Se, contudo, abandonarmos essa predição, o que restará do marxismo? Apenas essa hipótese impressionante, convincente e fútil: que a natureza e o movimento da sociedade podem ser parcialmente explicados (na medida em que qualquer coisa muito complexa pode ser explicada) nos termos das forças produtivas que constituem seu princípio ativo e das estruturas econômicas (as formas de controle) nas quais essas forças encontram expressão. Tal hipótese não tem nenhuma ligação evidente com a atividade política. Sua lição para o conservador não é mais clara do que sua lição para qualquer outro ser político. Se ela se refere aos processos inexoráveis que a atividade política não pode mudar, então não tem maior significância para a política do que a teoria da anatomia para a amizade. Se se refere a processos que podemos governar e controlar, então será inútil até sabermos para onde queremos guiá-la.

A perspectiva histórica estreita nos mostra que, sabendo muito, as pessoas podem ficar incertas de tudo. Diante da complexidade da história, elas veem sua atividade como que absorvida nas forças impessoais que a propelem. Nada é mais tentador, em tais circunstâncias, do que a visão "redutivista", a visão de pessoas reduzidas a seu interesse próprio. E, se não o interesse próprio de indivíduos, então o interesse próprio de uma "classe". É uma verdade necessária, mas trivial, que a classe que se beneficia de algum processo histórico é a classe cujo interesse é servido por ele. É uma verdade necessária, mas trivial, que o exercício do poder está sempre com o poderoso. Resta apenas descrever o processo de mudança em termos do interesse do poderoso e tudo fica em seu lugar. A teoria é quase inútil, mas por essa mesma razão não há fato que ela não pareça explicar. Para os que têm essa visão redutiva, porém, o presente está envolto em mistério. Justificar sua atividade é mostrar que ela prenuncia ou permite a ascendência de algum outro estado futuro. Assumir sua vontade a partir de seu ambiente é simplesmente render-se aos poderes que existem. Se elas veem a si mesmas como agentes, é porque projetaram a si mesmas em outro mundo. Elas não pertencem a *este* mundo; elas estão afastadas de tudo que as nutriu. Para sustentar essa autoimagem, portanto, elas passam a glamurizar a sua postura de distanciamento, para chegarem (por negação) à pureza imaginária do pária social.

CONSIDERAÇÕES FINAIS

A alienação não deriva da propriedade privada, nem sequer da produção capitalista, mas, com toda probabilidade, de propriedades complexas e inescapáveis da prosperidade material. Não há atitude socialista clara diante disso que não se baseie em uma predição desacreditada. Os conservadores, contudo, sentir-se-ão capazes de confrontar a alienação, uma vez que eles viram que ela é uma questão de medida. Sempre haverá questões de política, tanto em pequena quanto em larga escala, nas quais o avanço da alienação pode ser parado ou revertido.

Há, entretanto, uma oposição vigorosa a essa tentativa. A perspectiva histórica, por todos os seus protestos pelo contrário, deseja a destruição da sociedade. Ela ascende à autoconsciência somente ao glamurizar seu distanciamento, tentando destruir a capacidade de respeitar, ou mesmo de perceber a ordem social que a cerca. A "desmistificação" faz das coisas humanas um mistério; deve, portanto, fazer parte da doutrina conservadora não descrever o mundo em termos neutros, mas em termos ideológicos.

Capítulo 7 | A Instituição Autônoma

Faz parte do conservadorismo resistir à perda de ideologia. O mundo sem valores não é um mundo humano: ele não contém sugestões de sociedade. Como a ideologia, contudo, deveria ser gerada e que forma ela deveria tomar? Essa não é uma questão de política, mas de doutrina, uma questão dos pressupostos fundamentais operantes na determinação de uma escolha política particular.

É de suma importância desenvolver um ponto de vista conservador em sua ordem própria, sempre trabalhando por uma conceituação completa de cidadania e nunca admitindo-a tacitamente como uma premissa (como se assume, por exemplo, no objetivo liberal da liberdade, ou na ideia de um "Direito Natural"). Assim, embora seja verdade que o conservadorismo implica a manutenção da hierarquia e a tentativa de representar o fato desagradável da desigualdade como uma forma de ordem natural e mútua, é impossível (e não somente imprudente) começar a partir disso. Há uma ordem de argumentos e conceitos que leva naturalmente a conclusões conservadoras; ela começa pelo que é menor, pelas atividades em que as pessoas primeiramente abrem mão de seu estado selvagem em troca dos confortos da vida civilizada.

A NECESSIDADE DE RAÍZES

Nosso papel é localizar as práticas e as instituições com as quais estamos confortáveis e nas quais nos vemos como fins e não como meios. Tais práticas devem, elas próprias, conter os fins dos atos e gerar, a partir delas, a ideologia pela qual esses fins devem ser valorizados e seguidos.

Talvez não seja uma boa descrição dessa tarefa uma busca por "raízes", porque, conquanto essa palavra capte as ideias de tradição e fidelidade que o conservadorismo requer, ela também sugere uma forma de nostalgia que ele não pode se permitir. Naturalmente, a nostalgia pelo passado é mais razoável do que a nostalgia pelo futuro; mas ainda assim é, como toda forma de sentimentalismo, uma maneira de evitar, de recusar engajar-se na prática da vida racional. Ela entrega seu objeto à inação, e sua condição é a do Limbo de Dante: sem esperança, vivendo em desejo. Enquanto o amor pela pátria e pela tradição é de certa maneira confirmado na nostalgia com que os ingleses veem suas excentricidades, seu campo, sua arquitetura e as presenças fantasmagóricas da Inglaterra, essa nostalgia depende da possibilidade de algo mais concreto – de uma atividade deliberada de cidadania da qual ela fornece apenas um reflexo em tons pastel.[1] Aqui vemos a distinção entre verdadeiro conservadorismo e somente "conservação". Não há política sensata fundada na arqueologia. Não importa se o "antigo tambor" ressoa nos pastos da Inglaterra rural ou nos quintais calorosos das favelas. Você pode segui-lo, mas não pode guiá-lo.

Buscamos, portanto, as formas imediatas de participação, essas formas que apresentam inteligivelmente aos cidadãos o fato de sua vida pública e que, assim, dão origem a seus valores. Conforme sugeri, é para nossa conveniência que devemos olhar para essas formas. Elas contêm a sugestão do valor e, por conseguinte, devem ser "autônomas". Ainda assim, a autonomia delas pode precisar da proteção e da sanção da lei. Para explicar esses pensamentos, considerarei alguns exemplos, começando pelo mais simples deles, o esporte.

---

[1] Ver novamente John Casey, "Tradition and Authority", op. cit.

ESPORTE COMPETITIVO

O esporte competitivo representa uma atividade na qual e pela qual milhões de pessoas constantemente expressam sua filiação à equipe, à cidade, à região e ao país e seu senso de "proximidade" com relação a essas coisas. O objetivo de uma equipe é, evidentemente, vencer, mas a vitória é determinada pelas regras do jogo e não pode ser alcançada exceto dentro da instituição que a define. Assim, o objetivo do futebol é ao mesmo tempo interno e extremamente complexo, não apenas definindo, mas permeando totalmente as ações que conduzem a ele. Nenhum jogador de futebol pode ver sua atividade "unicamente como meio" ou a si mesmo como "alienado", nessa atividade, da sua identidade própria ou do seu "ser específico". Aqui existe um fim tangível e racional, que permeia e redime os meios para sua realização. Além disso, porque tem esse caráter, o jogador pode ser um objeto de imediato envolvimento imaginativo. Sentimentos sociais de um tipo elaborado podem ser projetados na sua atividade. Sua força, coragem, lealdade e perseverança aquecem os corações daqueles que o seguem como se se tratasse de algo pertencente a eles. Os espectadores são definidos como seres sociais no ato de assistir, assim como o time o é no ato de jogar.

Referi-me a "instituições autônomas", e autonomia pode significar muitas coisas. Pode significar autonomia financeira; pode significar governo próprio. No sentido que pretendo abordar, entretanto, uma instituição é autônoma se seus propósitos lhe são particulares. Quaisquer objetivos que a instituição tenha, esses só podem ser alcançados exclusivamente por meio da própria instituição – não se pode ganhar um jogo de futebol jogando críquete. É claro que também pode haver um propósito externo: um time de futebol pode ganhar dinheiro, mas é autônomo enquanto seu significado real repousa em si mesmo. Membros de um time podem às vezes ganhar dinheiro; mas o interesse do futebol para aqueles que estão imersos nele está no jogo e no seu resultado.

Uma instituição autônoma não é somente um acordo com um propósito interno. Também é uma instituição. É um acordo que pode ultrapassar seus membros individuais e que lhes oferece um vínculo de associação transcendental. E é em tais arranjos que a atividade mais facilmente gera e confirma uma ideologia. O caso do esporte de espectadores demonstra isso. Tanto o jogador que ativamente busca o objetivo quanto o espectador que o busca apenas indiretamente ensaiam uma forma de identidade compartilhada. A busca simboliza os valores sociais que são inspirados por ela: lealdade, coragem, competição, resistência. Aqui, então, há uma instituição simples e espontânea, que, ao perseguir seus propósitos internos, gera uma consciência de seus fins sociais.

A FAMÍLIA

O argumento torna-se mais óbvio se nos voltamos para o segundo exemplo, que é o da família. Não é preciso dizer, à luz de tudo o que já se passou, que o apoio e a proteção dessa instituição devem ser centrais para o ponto de vista conservador; tampouco que mudanças na lei – projetadas para afrouxar ou abolir as obrigações da vida familiar ou que, de outras formas, facilitam a canalização do impulso libidinoso para fora dessa forma particular de união – só serão aceitas pelos conservadores sob a pressão da necessidade. Também não é necessário dizer que a família está se debilitando e que "parcerias" instáveis estão se tornando a norma. Daí a experiência básica de lar e a lealdade ao lugar e ao povo que advém dessa experiência estarem muito mais fracas do que os conservadores gostariam que estivessem. De fato, se há uma dificuldade para a política conservadora nestes dias, ei-la: a família está sendo destruída e nada de valoroso veio ocupar o seu lugar.

A família é a origem do respeito próprio, sendo a primeira instituição pela qual o mundo social é percebido. Também é autônoma: uma forma de vida que não tem objetivo fora de si. O que é alcançado pela família não pode ser alcançado de outra forma. A família é, assim, insuflada com valores concretos, provendo a cada um de seus participantes de uma fonte sem-fim de objetivos racionais, que não podem ser especificados previamente, mas que nascem das realidades da vida em família. A criança que guarda seu dinheiro para dar um presente à mãe atua sob o impulso de uma conduta racional, agindo para um fim cuja realidade é mais viva do que qualquer coisa que ela possa conceber abstratamente. Assim, ela imprime sua marca na família, aprende os "caminhos da liberdade", descobrindo a si mesma e ao outro pelo ato de amor. Dizer que essa criança está aprendendo o hábito da alienação (porque é o dinheiro que serve de mediador e realiza seu objetivo) é como fazer uma espécie de piada mórbida.

Eu havia tomado a família como o exemplo mais claro de uma instituição baseada em um laço transcendental. É um exemplo claro porque extremo. Quase nada numa união familiar está sob contrato ou acordo, e nenhum dos valores que dela nascem pode ser concebido exceto nos termos da permanência que lhe é própria. Embora uma equipe de futebol tenha uma identidade que pode ultrapassar as contribuições de seus membros particulares, não é por essa durabilidade que ela é valorizada – apesar de que ela valeria menos, se fosse constantemente formada e reformada sem as amarras da continuidade. No caso da família, entretanto, a experiência de continuidade é imediata e dominante. Os pais brincam com os filhos e assim recriam a infância. Eles também os educam preocupados com o caráter e a felicidade futura de seus filhos. Esse motivo se dirige para bem além da morte e também para aquém dela, para um sentido de dependência passada e lembrança dos pais que os protegeram. Na relação entre pai e filho, passado e futuro se tornam presentes, e aí jaz a realidade imediata e perceptível do laço transcendente que os une.

Importa enormemente aos pais que seus filhos sejam alguma coisa, e não somente qualquer coisa. É natural procurar privilégios e segurança para eles e ficar feliz quando eles os adquirem. Também é natural desejar legar-lhes todos os atributos que possam sobreviver à morte paterna. O princípio do legado – por meio do qual um lar ultrapassa seus membros – é, desse modo, uma consequência do amor familiar. Assim também é o princípio do privilégio hereditário. Isso não está confinado a uma classe particular. É um desejo tanto do trabalhador quanto do aristocrata empenhar-se para o benefício de seu filho (mais do que de qualquer outro). Uma enorme interferência legal no legado e no direito hereditário constitui uma afronta direta ao mais seguro dos sentimentos sociais. É, portanto, impossível que aqueles afetados por ela sejam persuadidos de sua legitimidade. Nesse ponto, a política conservadora apoia diretamente uma experiência social fundamental, e deriva dela. Ela busca conservar a continuidade social, de modo que as pessoas possam contemplar gerações que lhes são anteriores e posteriores. Sem essa visão, muito do motivo para a procriação é perdido, e crianças tornam-se um acidente, uma ansiedade, a lembrança do isolamento de alguém – e, em seu devido tempo, uma responsabilidade não para os pais, mas para o Estado, que tira o poder dos pais. Pais tranquilos com os filhos têm um desejo dominante, que é este: o que somos e o que valorizamos, isso nós passamos adiante. A complexidade e o poder consolador desse pensamento nunca haviam sido mais bem capturados do que na passagem do *Ulisses*, às vezes chamada de "Ítaca", em que Bloom projeta em Stephen a imagem de si mesmo como pai. Reflita sobre essas coisas e você verá que, embora as pessoas possam declarar enfaticamente sua ligação a outras ideologias, em seu âmago elas são naturalmente conservadoras.

AUTONOMIA E LEI

As duas instituições que mencionei até agora são exemplos básicos de instituições de ócio. São manifestações inevitáveis da vida civil, e ninguém pode duvidar tanto da sua autonomia essencial quanto do valor associado a elas. Além disso, cada uma gera uma ideologia e assim ratifica os impulsos que acham expressão nelas. No primeiro caso, o conteúdo ideológico é preciso: é a afirmação do espírito de equipe, de competição, de coragem, de resistência, todos ligados a fidelidades particulares a lugar e a pessoas. No segundo caso, o conteúdo ideológico é mais geral, abarcando tudo o que tenha valor, tudo o que possa ser "passado adiante".

Ora, mas que atitude a lei pode tomar diante dessas instituições e diante de sua reivindicação por autonomia? A questão é interessante e nos dá uma clara demonstração dos princípios que defendi no capítulo quatro.

As instituições esportivas requerem pouca proteção, uma vez que sua espontaneidade as torna imunes à decadência interna. Ainda assim, elas têm um tipo especial de existência na lei. Essa existência é extremamente difícil de definir, precisamente por causa da necessidade tanto de garantir *status* legal quanto de conservar autonomia. A forma natural de tais instituições espontâneas é a da associação – entidade que, não sendo uma pessoa jurídica, coloca problemas complicados para a lei.

Se há um propósito externo, é usual constituir uma organização, a fim de proteger ativos e passivos em caso de fracasso; porém, já que as associações surgem espontaneamente apenas para fazer aquilo que lhes é peculiar e muitas vezes indefinível, é impossível estabelecer arbitrariamente que elas devem ser constituídas tão logo sejam formadas. A lei é forçada, ainda assim, a reconhecê-las. Portanto, isso garante proteção e atribui obrigações a instituições que não possuem personalidade legal. O grande problema jurisprudencial da associação deriva precisamente do fato de que a única relação legal que pode existir entre seus membros é contratual, ao passo que a realidade da instituição transcende a de qualquer acordo contratual.[2] É um exem-

---

[2] Ver, por exemplo, *Salmond on Jurisprudence*, 12ª ed. Ed. P. J. Fitzgerald. London, 1966, p. 325 ss.

plo vívido, pois, da lei se acomodando à sociedade civil. Também é um exemplo antigo, responsável por alguns dos conceitos intelectuais mais refinados do direito romano, tal qual o de *universitas*, adaptado nos tempos medievais para seu uso atual.

A família ilustra isso de forma mais aguda. Todo sistema legal inclui um ramo chamado "direito familiar", que se ocupa especificamente com as obrigações geradas por essa forma peculiar de associação. O laço matrimonial não é contratual. O casamento é escolhido, mas suas obrigações são em grande parte indeterminadas, sendo geradas pela própria instituição e descobertas pelos participantes na medida em que eles se envolvem nela (seria absurdo para um homem, diante da doença mortal de sua esposa, dizer "isso não estava no acordo" e imaginar que ele assim estaria no direito de abandoná-la). O direito de família mudou em resposta não a fatos individuais, mas a variações no arranjo social. A lei oferece sua proteção para o arranjo concebido como um todo, não para esse ou outro problema individual que pode advir dele (considere por que a lei, por exemplo, procurou tornar o divórcio difícil, e não fácil). Novamente, percebemos a cumplicidade entre os valores sociais e as normas legais. E já que não há nenhum propósito externo ao casamento, não há nenhum momento definitivo em que a lei vai dizer que as obrigações do casamento cessaram. As obrigações permanecem até os dois lados poderem persuadir a lei a separá-los.

EDUCAÇÃO

Os dois exemplos que mostrei ilustram alguns conceitos fundamentais aos quais os conservadores se referem em sua busca por ideologia. Essas duas instituições naturais e simples, porém, não existem sozinhas em uma sociedade desenvolvida. Existem tantas formas de instituições autônomas quanto existem formas de desenvolvimento social, e nem todas elas têm significância política. Considerarei, como meu exemplo principal, as instituições da educação, por meio das quais os políticos perceberam corretamente que se deve travar uma batalha pela alma da sociedade, alguns movidos pela noção de que a educação tem certos "padrões" inerentes, sem os quais não adiciona nada de novo ao valor da vida humana; outros, movidos pelo conhecimento de que isso também dá privilégios que eles querem que sejam mais amplamente distribuídos. Em meio à fumaça dessa disputa, nós percebemos a distinção vital entre educação como meio e educação como fim. Se há ou não "privilégios" envolvidos na educação, esse não é um assunto que provavelmente haverá de perturbar os conservadores. Está na natureza de todas as instituições criar privilégios e determinar sua distribuição. A redistribuição forçada de um privilégio que surge internamente costuma destruir a instituição. Imaginemos, por exemplo, a tentativa de distribuir os privilégios do reinado para mais de uma pessoa: ser bem-sucedido é abolir tanto a instituição quanto os privilégios. Os igualitários dividem-se quanto à questão da educação (na prática, se não na sua retórica). Alguns procuram um "ajuste"; outros, a subversão direta de todo o acordo. Suspeito de que apenas os segundos estejam pensando de forma razoável.

Educação é um processo peculiar e pressupõe que seu sujeito seja um ser racional (ou potencialmente racional). Quaisquer que sejam os graus e a natureza da disciplina ministrada, as crianças recebem educação somente se sua natureza racional estiver participando do processo. Elas estão aprendendo, pensando, refletindo e, não importa o que as façam a manter os olhos grudados nos livros, suas mentes estarão focadas ali somente pelo exercício de seu próprio entendimento. Esse processo é tão diferente do tipo de "treinamento" que é dado a um cavalo, onde não há questão de entendimento, mas somente de desempenho preciso, que parece absurdo que alguém possa ter confundido os dois. É um fato, porém, que já confundiram e que a palavra "condicionamento" tenha sido usada para se referir a todas as formas de educação disciplinada, como se o processo e o produto diferissem apenas no material particular do treinamento de um cavalo. O objetivo aqui é "desmistificar" ou "desmitologizar". É o propósito de recusar toda validade para a face vivida dos assuntos humanos e para conceitos (como o da "autoridade" de uma instituição) que estão contidos nela, permitindo apenas um quadro alheio das "profundidades" do poder estabelecido. E é claro que não é a autoridade, mas a força, que treina um cavalo, e que trata o cavalo apenas como um meio para sua encarnação futura e mais útil. A educação também envolve o exercício de poder – um poder entronizado na escola ou no professor. A escola é concebida, porém, como uma arena de poder legitimado e não apenas estabelecido. É claro que há um problema quanto às verdadeiras origens da autoridade do professor no Estado moderno. Uma das consequências indesejáveis de se fazer a educação (ou o comparecimento à escola) compulsória por lei é que se torna impossível construir a autoridade do professor como se fosse adquirida por delegação paterna, de modo que as duas instituições, lar e escola, não se referem tão prontamente ao mesmo fundo de respeito natural. Considera-se que a autoridade do professor tenha surgido independentemente e, se ela não pode contar com nenhuma ficção consentida para ter validade, a não ser com o direito inerente do Estado de exigir obediência, então a instituição da escola corre o risco de perder sua autonomia e de se tornar suscetível (como na França e na Itália) a quaisquer descontentamentos que possam ser direcionadas ao Estado.

Ainda assim, a absorção da escola na engrenagem do Estado não foi completa, e a ideia de uma autonomia educacional ainda é interessante na vida pública. Isso porque os fins da educação são novamente internos. Pela educação, crianças aprendem a buscar coisas que devem ser buscadas por seus próprios fins. O valor dessas coisas não é (via de regra) serem vistas em nenhum fim para o qual elas levam, mas está em sua capacidade de corporificar significado social – pensemos no estudo da história, da língua e da literatura e mesmo da ciência natural e da matemática, na maneira como eles prendem pela primeira vez a atenção da criança. Numa sociedade de burocratas, é natural que pessoas tentem ver a educação como um meio (por exemplo, meio de progressão social, ou de "crescimento econômico", ou de redução do desemprego). Essa visão aniquila os valores educacionais em favor de outros, normalmente interesses mais materiais. O valor da educação, contudo, jaz precisamente no imediatismo dos objetivos nela envolvidos. As razões para aprender um assunto que é verdadeiramente educativo estão no próprio assunto. A educação, e o acúmulo de tradição que a circunda, fornece seu próprio quadro de um objetivo humano.

Naturalmente, nem todos desejariam gastar seu tempo livre na educação; tampouco ganhariam por fazê-lo. Fora da família, encontramos uma divisão entre instituições autônomas, algumas adaptadas para a satisfação de uma pessoa, outras para a satisfação de outra. E a própria ideia de "autonomia" sugere que deve ser assim. Valores podem ser diversos e ainda assim não estarem em conflito e, enquanto houver um ambiente apropriado, a ponto de mediar as atividades das pessoas em cada campo autônomo, estes podem existir com relativa independência, sem risco para a ordem social. Devo retornar a esse ponto no próximo capítulo, mas vou primeiramente concentrar-me em um ponto complexo da teoria da educação para revelar somente o que significa autonomia educacional e por que ela é desejável politicamente.

RELEVÂNCIA

A questão é de "relevância" e da confusão que ela introduziu no estudo das humanidades na educação superior. Um dos méritos da educação universitária na Grã-Bretanha é que ela se construiu em torno de certas disciplinas acadêmicas reconhecidas, com "diplomas combinados" tendo um lugar subordinado, governado pelos padrões intelectuais dos assuntos que os constituem (e isso foi possível principalmente pelos padrões de educação alcançados na escola, o que às vezes permite a um professor universitário adquirir um conhecimento de gramática inglesa, de latim, de literatura, de história e de cálculo). As humanidades, porém, opõem-se a algumas disciplinas artificiais, normalmente montadas com peças que não possuem conexão óbvia entre si, para continuar a ilusão de um processo educacional que poderia ter terminado na idade de dez anos. O princípio que orienta essas disciplinas é o princípio de "relevância", segundo o qual a educação não é um fim, mas um meio, mesmo naquelas disciplinas não técnicas em que tal construção poderia ser vista, anteriormente, como impossível.

O primeiro movimento em direção à "relevância" é a criação de uma matéria de "segundo escalão", ou "metadisciplina". Pense novamente na arte do futebol. Ela requer grande habilidade e resistência física, mas pouco aprendizado teórico. "Futebol" pode aparecer como uma "disciplina acadêmica" nos Estados Unidos, mas não é um assunto possível para um diploma acadêmico. Não se deve fazer nenhuma comparação deletéria entre um futebolista amador e o pós-graduado em Sociologia, mas somente repetir o argumento já mencionado, o de que instituições autônomas são por natureza muitas e variadas, de modo que os fins de uma não podem ser transportados para a prática de outra sem detrimento para o valor de ambos.

Então, alguém, com uma enorme paixão por futebol e nenhuma habilidade para jogá-lo, pode desejar transmitir seu entusiasmo, de preferência em circunstâncias confortáveis e ociosas. E outros, igualmente deficientes em aptidão e habilidade, podem acolher a oportunidade de viver por três anos com gastos pagos pelo Estado, pensando em mais nada senão futebol. Um assunto é então inventado, chamado "estudos futebolísticos". E ele contém uma variedade de artigos (ou "módulos" como agora são chamados). Por exemplo, existe a sociologia do futebol (envolvendo o estudo da estrutura de multidões e o "carisma" dos jogadores); a filosofia do futebol (começando com a catarse de Aristóteles e focando no papel do trabalho alienado em esportes de público); a psicologia do futebol (contendo reflexões áridas sobre como o movimento da bola é percebido pelo olho humano, ao lado de reflexões bem mais fluidas sobre "futebol e o inconsciente"); a ética do futebol (incluindo estudos sobre "responsabilidade social" e a verdadeira origem dos *hooligans* na sociedade capitalista); a história do futebol e sua relação com as estruturas de classe, e assim por diante. O assunto é acolhido por muitos sociólogos – por ser "relevante" para o estudante da classe trabalhadora e diretamente aplicável para os problemas sociais e políticos que o mundo de hoje enfrenta. É mais útil, sugerem os sociólogos, para um estudante "que se depara com os problemas da vida em uma sociedade pós-industrial", estudar para esse diploma do que para um diploma de estudos clássicos ou teologia. O diploma é adotado prontamente por uma das novas universidades (onde, por razões sociológicas, estudos clássicos e teologia já foram banidos). Times de futebol famosos, ansiosos por publicidade, patrocinam cátedras e bolsas de estudo nas politécnicas locais. Logo o mundo acadêmico estará saturado com professores de estudos futebolísticos, e as filas da seguridade social estarão repletas de seus diplomados.

O DIPLOMA ARTIFICIAL

O exemplo é paralelo à história dos "estudos negros", "estudos feministas" e "estudos gays" (agora conhecidos como estudos de "diversidade sexual") nas universidades norte-americanas. Quando a primeira edição deste livro foi publicada, em 1979, a história dos estudos futebolísticos foi considerada somente uma "falácia de espantalho". Desde então, entretanto, os "estudos do esporte" tornaram-se um assunto padrão nas antigas politécnicas (elas mesmas elevadas a universidades por John Major, o primeiro primeiro-ministro genuinamente apedeuta que nosso país conheceu). Tais assuntos surgem quando se unem disciplinas rivais e se criam ligações artificiais com áreas de "relevância" e "preocupação social". Elas ilustram a falta de percepção da educação que surge quando essa é concebida como meio e não como um fim em si mesmo. O primeiro desses assuntos a entrar na educação superior no Reino Unido foi, de fato, "Educação", concebida como uma matéria preliminar necessária para a carreira magisterial.³ Esse assunto fraudulento provavelmente fez mais estrago a nosso sistema educacional do que qualquer outro. Ele levou de uma vez à formação de "Schools of Education"⁴ e à invenção do "Graduate Certificate in Education",⁵ que não transmite nem o conhecimento do assunto, nem a capacidade de ensiná-lo, mas que por muito tempo foi necessário para todos os que trabalhariam em uma escola do Estado e que não tinham a vantagem de não ter estudo universitário. Isso também produziu uma nova classe de burocratas, os "educacionistas", que ditaram a prática da sala de aula fundamentados em teorias utópicas que mostram pouca consciência do que ignorância realmente significa. Foi assim que o "aprendizado focado na criança" tornou-se a ortodoxia da escola primária, simultaneamente à revolução da relevância, que insistiu que o aprendizado fosse feito relevante aos interesses das crianças que ainda tinham de adquiri-lo.

Essas ideias tornaram-se oficiais pelo Relatório Plowden, um relatório aceito com entusiasmo por professores desencantados com sua recém-imposta tarefa de babás da nação, produzido para o então governo trabalhista em 1967. Ao mudar a atenção do professor para a criança, ao sugerir que, se as crianças não aprendem, não é por causa de falta de disciplina, mas por causa de um excesso dela, e ao advogar um processo "individualizado" de ensino, no qual a relação entre professor e pupilo é reescrita como uma forma de "parceria" na qual "aprendizado ativo" e "aprendizado por familiaridade" substituem a abordagem tradicional de "aprendizado por descrição", o

---

³ No Brasil, chamamos tais disciplinas de "licenciaturas". (N. T.)

⁴ Algo próximo à Faculdade de Pedagogia. (N. T.)

⁵ Diploma de Pedagogo. (N. T.)

relatório parecia tirar dos ombros dos professores o fardo de responsabilidade que poderia não mais ser facilmente suportado. E isso é verdadeiro com relação a quase toda teoria educacional desenvolvida nas nossas escolas de "educação" – a teoria é aceita não por causa da sua veracidade, e menos ainda por causa de argumentos racionais que foram oferecidos a seu favor, mas porque ela produz "especialistas" sem conhecimento: pessoas que têm os benefícios sociais da educação sem o custo real de tê-la adquirido.

Desde que a primeira edição deste livro foi publicada, as ortodoxias dos anos 1960 foram questionadas. De lá para cá, tanto estrago foi feito em nossas escolas, porém, que em muitas partes do país é impossível obter uma educação por meio do sistema estatal, e a antiga mobilidade social, que permitia ascender pela escola de ensino médio e pela universidade até os postos profissionais, está rapidamente desaparecendo. Por essa razão, se não por nenhuma outra, os conservadores deveriam lutar para preservar as escolas privadas. Porque elas deram exemplos do que a educação realmente é, e é seguindo tais exemplos que as escolas estatais podem escapar do ralo da mediocridade.

Esse exemplo da educação é uma lembrança vívida do estrago que pode ser feito quando disciplinas falsas usurpam o lugar de disciplinas reais. É evidentemente difícil identificar a qualidade que faz uma disciplina ser genuinamente educacional. Pode-se pensar que a natureza artificial de um diploma de "segunda ordem" deriva de uma unidade artificial de um assunto de "primeira ordem". Dizer que existe um assunto chamado "estudos da comunicação", por exemplo – que se centra no discurso, no gesto, na pintura, na música, na televisão, na política e na fotografia –, é como dizer que há uma "teoria de buracos", que aborda buracos em camisas, sapatos e na terra; buracos negros, buracos de fechadura e buracos em um argumento (talvez o assunto possa ousar verificar a verdade da asserção de Laurence Sterne de que "mais pecado e maldade entraram no mundo pelos buracos da fechadura do que por todos os outros buracos juntos"). O absurdo de "estudos de buracos", porém, é de um grau diferente do absurdo de "estudos de futebol", "estudos de comunicação" ou "estudos midiáticos", sendo mais parecido com o absurdo do rival continental recente – "semiologia" –, que por certo tempo dominou as humanidades na Itália e na França. Deriva de adotar uma classificação de primeira ordem sem uma base teórica, na qual nenhuma outra base é possível. Mesmo, contudo, quando o assunto de primeira ordem não tem unidade teórica, ele pode ainda ter uma unidade prática. E no caso da maioria das humanidades – inglês, estudos clássicos, história –, não precisa haver nem teoria nem prática em seu estudo, mas algo mais elusivo e, do ponto de vista educacional, mais válido do que ambos.

O verdadeiro problema de um diploma artificial como "educação" ou "estudos midiáticos" está na sua natureza de segunda ordem e em sua consequente tentativa de obter uma "relevância" desmerecida. É precisamente isso que mantém a disciplina a um passo de uma séria compreensão do seu assunto. Pois consideremos um assunto hipotético como "estudos matemáticos", uma opção para aqueles que não gostam dos rigores infrutíferos da matemática antiquada e que desejam vê-la em seu contexto "mais amplo", como uma disciplina potencialmente relevante para os problemas que a sociedade pós-industrial encara. Esse diploma oferece cursos de sociologia da matemática (que estuda os efeitos de uma "origem desprivilegiada" na relevância matemática e na competência matemática em sua situação social); de psicologia da matemática (que, novamente, é muito árida, exceto pela unidade devotada ao inconsciente); de filosofia da matemática (que, sendo incapaz de pressupor qualquer competência em lógica, fica no jargão do pensamento "dialético"); e de história da matemática; com optativas em "arte matemática", "cosmologia pitagórica", "simbolismo numérico" e "história universal do número 2". Ninguém vai imaginar que tal assunto produz conhecimento, nem de matemática, nem de qualquer outra coisa. É impossível aferir quais qualidades mentais seriam adaptadas a ela, ou qual valor ou disciplina iria resultar do seu estudo. O assunto é pura fantasia, e mesmo os pedagogos podem considerar injusto obrigar os alunos a estudá-lo – pelo menos, não antes de um "estudo aprofundado".

O que está errado com esse assunto não é que ele não leve a uma carreira (porque isso é verdade para quase todo assunto acadêmico), nem que ele não seja científico (porque esse também é o caso de inglês e filosofia; ambos foram representados pelos pensadores mais sérios e considerados como o melhor na disciplina acadêmica). O que está errado com o assunto é simplesmente que ele não envolve nenhuma reflexão crítica em um campo de estudo identificável e, por essa razão, não tem nenhum valor educacional. A verdadeira avaliação crítica da matemática está reservada para aqueles com um conhecimento matemático. Não é possível sair do curso de "estudos matemáticos" com a capacidade de verificar ou refutar uma prova matemática ou com qualquer outro feito intelectual que se mostraria em uma reflexão crítica razoável, aplicável além do rol de exemplos usados para ensiná-lo. O assunto de segunda ordem não tem nem o método científico necessário para um corpo estabelecido de resultados, nem a disciplina mais elusiva das humanidades, aquela que leva a uma genuína inteligência crítica.

INTELIGÊNCIA CRÍTICA

É difícil definir inteligência crítica, porque é difícil deixar claro, em termos que não fazem parte das formas específicas de educação, exatamente qual é o valor da educação. Consideremos, pois, outro exemplo: o da história. A história não é uma ciência verdadeira – tem poucos conceitos teóricos e nenhum método experimental. Os fatos que ela estuda não são investigados dentro do aspecto da lei científica, mas sob o da percepção e da memória cotidiana. Ainda assim, o estudo da história envolve a aplicação direta da inteligência a esses fatos, mais do que reflexão autoconsciente sobre sua própria "metodologia". Falamos de conhecimento histórico, que é algo distinto tanto do conhecimento factual quanto da reflexão filosófica e que envolve uma capacidade para pensar sobre a história, entender os processos históricos e utilizar um treinamento intelectual para avaliar fatos familiares e não familiares. Às vezes, os historiadores explicam, às vezes eles somente descrevem; em todo caso, eles relacionam assuntos que iluminam um ao outro e mostram alguma percepção da essência humana. Voltaire, Hume e Mommsen foram grandes historiadores simplesmente por causa da sua compreensão articulada das coisas humanas; e, como uma precondição da análise histórica, a precisão não possui um valor independente. Ninguém pode ver a liberdade de Tucídides como uma falha em seu conhecimento histórico. Pelo contrário, seu procedimento brilhante de "dramatização" foi bem-sucedido ao representar um episódio humano inteiro como inteligível, de um modo que nenhuma "ciência" de fatos históricos pode rivalizar. É por meio de tais exemplos que a ideia de uma "inteligência crítica" deve ser compreendida.

O que eu disse sobre a história também é válido com relação a estudos clássicos, filosofia e inglês, pelo menos como esses são normalmente percebidos. Nada, contudo, é similar em uma disciplina de segunda ordem. Deveria ser óbvio, portanto, que um diploma "relevante" ou é associado a uma disciplina séria de primeira ordem (que irá naturalmente ter precedência sobre ele, como a matemática tem precedência sobre os "estudos matemáticos"), ou é totalmente independente dela. E, no último caso, pode não envolver nenhuma disciplina. Então, ele não terá nenhum corpo coerente de fatos para estudar e nenhum método crítico para aplicar-lhes.

Afirmo que tudo isso deveria ser evidente, mas aparentemente não é assim. Não apenas as crianças têm que sofrer diariamente com a fraude da "educação" (cuja influência garantiu que aqueles que mais amam e compreendem determinada disciplina são agora os que têm menos chances de ensiná-la em uma escola estatal), mas também há sinais de que os governos vão ouvir aqueles para quem a educação é o meio para um fim, e, no máximo, um ramo da tecnologia. Eles podem, portanto, vir a considerar esses assuntos de segunda ordem como uma fonte de conhecimento genuíno e uma especialização útil. Por exemplo, um membro proeminente do Comitê de Democracia Industrial de Lorde Bullock foi um professor de Relações Industriais (um curso não muito diferente dos "estudos futebolísticos" vistos anteriormente) na University of Warwick.[6] Isso talvez nos reporte à característica mais ameaçadora do relatório, que foi a adoção acrítica do ponto de vista (ecoando o Relatório Plowden) segundo o qual a "autoexpressão" é essencialmente "criativa" e a "educação" teve avanços jamais vistos a partir do momento em que crianças foram encorajadas não a "aceitar a autoridade", mas a "fazer as suas mentes" nos assuntos mostrados a elas. De fato, em toda parte do relatório em que é possível inserir uma ideia (e essas são bem poucas; tanto as premissas como as conclusões foram pré-ordenadas pelo partido do governo), encontramos fragmentos similares dessa liturgia sociológica.

O que há de errado com essa liturgia não é o fato de ela assumir falsidades palpáveis ou preconceitos indesejáveis. O que está errado é que ela é a expressão de uma mente trabalhando distante seu assunto. A liturgia sociológica é somente a fácil ladainha da "mente de segunda ordem", que usa conceitos prontos no lugar de conhecimento crítico. Uma tal mente não tem capacidade para testar suas ideias contra a realidade, ou para entender a realidade por meio de seu conjunto de ideias. As ideias são essencialmente artificiais, frequentemente derivando de assuntos que não têm nem método, nem teoria; e os fatos – sendo do tipo complexo, que deve ser compreendido em termos não de teoria científica, mas de inteligência crítica – são essencialmente

---

[6] A invenção desse assunto pode ser atribuída à University of Cornell, cuja faculdade de relações industriais estabeleceu o padrão para as demais.

elusivos, estando mascarados por nada mais que estatísticas cegas, que são o recurso comum de uma mente desprovida de conceitos. Para a mente de segunda ordem as realidades sociais não são somente incompreensíveis, mas também imperceptíveis. Aqui, de fato, temos a verdadeira "mente" de um homem alienado, de um homem para quem a busca por meios engoliu e obliterou o conhecimento dos fins.

A AUTONOMIA DA EDUCAÇÃO

Insisti um pouco neste exemplo, porque ele ilustra as questões mais importantes do princípio que pretendo generalizar.

Em primeiro lugar, ele mostra que a educação, como é tradicionalmente concebida, contém em si seu fim, de modo que seus objetivos são inseparáveis dos meios pelos quais o alcançamos. É nesse sentido, e em nenhum outro, que as instituições da educação são autônomas. Sua autonomia não é necessariamente (embora possa ser, de fato) afetada pela dependência de financiamento estatal, por parte das instituições educacionais. Tudo aqui depende da atitude do Estado, como uma vez já dependeu da atitude da Igreja. Naturalmente, se o governo está nas mãos de um povo que persegue ativamente os "objetivos sociais" e que não reconhece a validade de nenhuma razão independente, então toda instituição autônoma está em perigo. Isso, porém, é um acidente de políticas. E o acidente não é peculiar ao objetivo de "justiça social": ele também é implicado pela busca por crescimento econômico, por poder internacional, ou ainda por pureza racial (embora não por tradição, uma vez que é um objetivo interno à instituição).

Em segundo lugar, o exemplo mostra que, precisamente porque seus objetivos são internos, a educação pode ser um ponto no qual os valores do povo são formados ou para o qual eles são trazidos e sustentados. A educação é essencialmente uma "busca comum", formada por tradições e direcionada para fins reconhecíveis. Engajar-se nela é perceber uma forma de comunidade, e desejá-la é desejar essa comunidade. É nesse tipo de busca que a alienação perde a força e a comunidade surge. Naturalmente, é muito difícil descrever essa comunidade, mas ela se mostra na capacidade das instituições educacionais de sobreviver, exatamente como ocorre nas instituições de entretenimento e esporte. Há algo nos fins da educação que nos prepara para essa interação social – algo sobre a sua proximidade da vida humana que se percebe na busca desses fins, mas que se perde em sua descrição.

VALORES E INSTITUIÇÕES

Um terceiro ponto deve ser notado: os valores implícitos na busca da educação (ou na participação em qualquer arranjo autônomo) não podem necessariamente ser reduzidos a um código de conduta, a um sistema de regras ou a um ideal do "bom para o homem". Eles consistem, antes, em uma indicação para um mundo humano, e para o acesso a esse mundo por meio do conhecimento. Daí a ideia de educação coexistir com a de cultura. Na linguagem provida por uma cultura, todo o ideal e toda a moralidade podem ser expressos de forma mais refinada e precisa. Tampouco isso é peculiar à educação. Todo arranjo que permite às pessoas valorizarem uma atividade por seu próprio fim vai também fornecer-lhes um paradigma pelo qual os fins da vida podem ser compreendidos. O clube do trabalhador, a marina do empresário, os institutos e as sociedades da vida urbana e rural – por mais remotos que eles possam parecer na perspectiva de algum ideal esnobe de comunidade – são, de fato, a matéria da sociedade humana. Por eles, homens e mulheres são capazes de se definir e descobrir a linguagem pela qual exprimir sua essência comum. Tais instituições contêm um *pressentimento*, e em termos desse pressentimento outros fins podem ser localizados e, às vezes, descritos. Uma instituição autônoma provê linguagem, hábito, tradição, comunidade: um membro pode transportar esse quadro mental para o resto da vida e dar-se a entender como um ser político. De fato, pode-se dizer que a instituição autônoma é a alternativa para a cerimônia de iniciação que os antropólogos apresentaram como a entrada para a tribo.

Tais reflexões permitem-nos ver que uma instituição que tem um fim interno pode também ter um valor externo. Pensemos na amizade. O fim interno da amizade é o bem-estar de alguém amado, mas seu benefício é maior do que isso. O que os amigos desejam é somente uma parte daquilo que eles conseguem. Eles conseguem, por exemplo, uma afeição recíproca e sua própria segurança, mas eles não buscam aquilo que eles conseguem, porque isso seria tratar o outro como um meio, e assim negar o espírito da amizade. Da mesma forma, as pessoas vão obter educação somente se elas a desejarem por seu próprio fim, mas conseguirão bem mais do que isso. Elas vão adquirir a habilidade de se comunicar, de persuadir, de atrair e de dominar. Em qualquer arranjo social, tais capacidades serão vantagens, mas a educação nunca pode ser buscada somente como meios para elas, mesmo se são sua consequência natural.

Porque a natureza da educação é determinada por seu objetivo interno, essas vantagens podem lhe ser retiradas somente pela destruição desse objetivo. E é precisamente contra esse objetivo que o *éthos* da "relevância" é direcionado. Igualmente, quando conservadores sustentam o ideal de "padrões" na educação, também apelam para um fim que pode fazer sentido apenas se as instituições de aprendizado forem consultadas, como eu fiz, e não referenciando-se às vantagens que essas instituições possam incidentalmente conferir. De fato, a autonomia da instituição *deve* requerer essa ênfase em padrões; uma instituição não tem um propósito definido, a menos que seu propósito seja fazer a coisa direito. E isso significa que pode ser seletiva, não somente em vista daqueles que escolhe para administrá-la, mas também em vista daqueles que ela escolhe admitir. Não mais do que uma equipe de futebol, uma universidade não pode admitir qualquer um; e se virmos essa demanda por educação estendida da maturidade até o nascimento, teremos de conceder que sempre haverá um ponto – o ponto em que a busca por valores educacionais se torna mais importante – no qual alguma forma de seleção acontece.

Ademais, enquanto é evidente que isso não faz nada para defender uma forma de seleção em detrimento da outra, imediatamente garante privilégios àqueles que entram nessas instituições de educação mais bem preparados – por exemplo, àqueles cujos pais os estimulam a ler e a escrever, àqueles que são mais bem providos de inteligência natural, àqueles com recursos para dispor de acompanhamento privado. Mesmo se abstrairmos todo arranjo educacional específico, incluindo aqueles que sacrificaram seu objetivo em nome da igualdade social, somos forçados a reconhecer algo inevitável: uma aliança entre a instituição da família e as outras instituições que preparam a criança para o mundo adulto. A menos que tomemos as crianças de suas mães e cuidemos delas em granjas, a "desigualdade de oportunidade" não poderia ser erradicada. E mesmo assim sua total erradicação dependeria da remoção de uma parte do conhecimento natural da criança, digamos, sujeitando seu crânio a uma série de golpes repetitivos de martelo ou removendo porções de seu cérebro.

AUTONOMIA E VANTAGEM

As vantagens sociais conferidas por instituições autônomas não são todas do mesmo tipo. Algumas podem prover somente o companheirismo de seus membros; outras (como a educação) provêm possibilidades indefinidas de se relacionar com pessoas que não necessariamente fazem parte da instituição. E isso é natural: algumas pessoas não querem que seu universo seja indefinidamente expandido – expandido, digamos, além do clube de iate ou do *pub*. Outras querem. Assim, enquanto toda instituição pode retornar privilégios que não estão envolvidos em seu fim, esses privilégios podem não ter o mesmo valor. Alguns permitem às pessoas formarem laços de um novo tipo; outros, apenas laços do mesmo tipo. No último caso – o da educação –, alcançar o fim também traz o prêmio da mobilidade social (mesmo se isso não é óbvio *a priori*, será, penso, provado como uma verdade histórica).

A persistência das instituições autônomas já aponta na direção de uma sociedade estratificada. As vantagens conferidas pela educação são, de alguma maneira, transmissíveis através das gerações, e mesmo as não tão transmissíveis assim estão inevitavelmente fadadas a separar aqueles que podem obtê-las daqueles que não podem. O exemplo mostra, incidentalmente, o absurdo do objetivo de "igualdade de oportunidades". Tal objetivo não é nem possível, nem desejável. Pois qual oportunidade uma criança pouco inteligente pode ter de participar das vantagens conferidas por uma instituição que requer inteligência? Seu caso não é diferente daquele em que uma menina sem atrativos compete com uma menina bonita pela posição de modelo. A tentativa de proporcionar igualdade de oportunidades, a menos que envolva uma cirurgia compulsória tremenda e inimaginável, é simplesmente um tropeço confuso no escuro.

De uma vez, entretanto, vemos surgir uma imensa questão política. Não é possível prover educação universal. Tampouco é desejável. Porque o apetite por conhecimento conduz as pessoas somente em uma direção – ele as tira dos lugares nos quais elas poderiam estar satisfeitas. Há muitas ocupações, do controle do fluxo ferroviário à gestão de bancos, que exigem grande inteligência natural e que, ainda assim, podem não atrair uma pessoa que foi agraciada com o prêmio da educação. É importante para uma sociedade que ela contenha tantos "caminhos de vida" quanto a satisfação de seus membros pode requerer, e que ela dê a cada uma dessas posições sua própria dignidade e recompensa. E a sociedade deve se resguardar de alguma forma da perda de moralidade no comércio, na profissão e na indústria, ao sustentar instituições que não são educacionais e que somente sugam pessoas talentosas para um ponto onde elas não mais queiram fazer o que poderiam estar fazendo voluntariamente de outro modo e bem. É difícil exprimir esse ponto sem parecer condescendente ou totalitário.

Porque pode parecer que se está comprometido com o ponto de vista de que as pessoas devam ser "confinadas" ou "alocadas" em seus postos. Não é preciso acreditar, no entanto, que a autoridade do Estado deva ser invocada para proibir ou encorajar a adoção de qualquer modo de vida por qualquer cidadão, desde que, é claro, a forma de vida faça parte da ordem civil.

A SOCIEDADE ESTRATIFICADA

É difícil imaginar uma sociedade satisfeita em que cada posto ferroviário seja operado por um pós-graduado em Sociologia, cada loja gerenciada por um filósofo e cada campo cultivado por um advogado. É necessário que o Estado contenha instituições que façam contato com essas ocupações, nas quais o tempo livre possa ser exercido e recompensado sem a adoção de algum objetivo educacional específico. Que atitude, porém, o Estado pode tomar para um problema tão vasto e complexo?

Recentemente, de fato, foi tomada uma atitude que se mostrou destrutiva com relação aos valores sociais. A ditadura do Tesouro garantiu que as crianças com nenhuma aptidão para a educação permanecessem na escola bem depois que sua falta de desejo tivesse se tornado clara para elas. As instituições de educação, em outras palavras, foram usadas principalmente como meios de reduzir o desemprego. Existem duas razões para isso. Primeiro, as instituições educacionais têm objetivos internos definidos e sólidos, que as permitem sobreviver a casos consideráveis de uso inapropriado. Em segundo lugar, elas se tornaram dependentes do apoio governamental e, portanto, sujeitas às políticas governamentais. E aqui vemos que, quando interessa, a autonomia pode ser subvertida a partir do momento em que há dependência financeira do Estado.

Essa atitude do Estado agravou o problema do tempo livre. Não apenas as instituições educacionais foram sujeitas a pressões e variações com relação aos seus objetivos internos, mas também, e mais importante, as instituições rivais, nas quais a inatividade podia ser transformada em lazer, foram negligenciadas. Sem essas instituições rivais, as crianças são forçadas ou a se engajar na busca por educação, ou a permanecer inutilmente na escola até o momento súbito em que são tiradas dali, no limiar da idade adulta, para ingressarem em um mundo que espera que elas trabalhem e provejam seu próprio passatempo. E basta que falte trabalho para que a falta de entretenimento se torne crônica e insuportável.

O problema aqui não deve ser subestimado. Instituições autônomas podem ser criadas, patrocinadas e protegidas por decreto. Elas têm *status* legal e autoridade inerente. Ainda assim, não são instituições de governo. São parte da sociedade civil e dependem da sociedade para perdurar. O Estado pode controlá-las e elas podem sobreviver se não forem forçadas a um objetivo externo. Nisso, porém, sempre existe o risco de confinar as instituições a um molde predeterminado. Ao emprestar seu poder a uma instituição, retira-se a autoridade sobre aquelas que lhe são rivais. Os rivais enfraquecem, enquanto a favorecida fica sob o perigo de ser absorvida pelo Estado burocrático.

O que acontece, então, com as pessoas que não desejam, ou não podem, obter os benefícios da educação? Seria sem dúvida um sinal de profundo desrespeito forçá-las, apesar disso, a passar os anos de sua infância na busca vã por instrução. É preciso haver instituições rivais, e elas devem ter autoridade comparável. E se daí resulta a estratificação social, então esta deve ser aceita. Pois, como a argumentação mostra, ela resultaria de qualquer maneira. Mesmo que todas as pessoas sejam forçadas a passar pela peneira da educação, algumas saem formadas, enquanto outras, não.

Que instituições rivais podemos imaginar? O costume da aprendizagem – o qual, sendo parte do trabalho, também mostra a continuidade entre trabalho e lazer – foi eclipsado pelas forças de produção industrial. O mesmo aconteceu com o exercício de um ofício e com os clubes e as organizações que cercaram e legitimaram as atividades de recreação popular. Há, todavia, uma gradação em tudo isso. Pense na sociedade rural norte-americana. Ela não é nem bárbara, nem civilizada, nem decadente. Não é de grande interesse para o mundo de fora, mas parece, apesar disso, estar feliz consigo mesma. E nós encontramos nessa sociedade uma proliferação de clubes e organizações, mesmo antigos hábitos de trabalho artesanal que desapareceram da Europa. Isso se deve em parte à falta de interferência governamental. O Estado norte-americano não é dado a regulamentar seus cidadãos de formas que são estranhas a eles, e enquanto o caos resultante de excentricidades infantis pode ter pouco apelo para alguém de fora, é claro que não deixa de reconfortar consideravelmente aqueles que participam delas. O resultado desse surgimento de instituições autônomas é um caso extremo, ainda que sem contornos definidos, de estratificação social.

O relaxamento do vínculo entre Estado e educação pode, portanto, se mostrar benéfico para os britânicos. Outras instituições podem surgir para apoiá-los e assim passar a ser permitidas e protegidas pela lei. Pensemos no seguinte exemplo: um garoto é fascinado por eletricidade. Ele se dedica a ela como um *hobby*, projetando circuitos e brincando com as luzes. Isso passa a ser interessante por seu próprio fim. Não temos que acreditar, como Schiller, que é no lúdico que o espírito do homem encontra a si mesmo;[7] mas podemos pelo menos concordar que essa brincadeira tem um valor peculiar e imediato.

A criança também aprende, por meio da sua diversão, os rudimentos de um emprego. Quando, na vida futura, ela se tornar um eletricista, seu lazer terá se tornado, sem tanto sacrifício, um trabalho. Naturalmente, por dedicar-se a seu *hobby* com tanta intensidade, é provável que ela não se torne uma companhia fascinante, mas vai encontrar conforto social associando-se com pessoas de mentalidade semelhante,

---

[7] F. Schiller, *Letters on the Aesthetic Education of Man*. Trad. e ed. M. Wilinson e C. A. Willoughby. Oxford, 1967.

aprendendo por meio delas e moldando seu caráter de acordo com o espírito comum que elas compartilham. O resultado desse processo é uma guilda de eletricistas. Essa instituição terá um valor peculiar para seus participantes – ela se embelezará com hábitos e cerimônias da vida social e se tornará o foco tanto do trabalho quanto do lazer.

O exemplo não dista muito da realidade contemporânea e nos mostra duas coisas. Primeira: que, deixadas livres, as instituições de lazer se diversificam como a sociedade requer. Segunda: que algumas instituições, como essa que imaginei, vão ser empobrecidas ideologicamente. Não vão conferir a mobilidade social nem o poder social conferido pela educação. Isso pode ser importante se a estratificação for perigosa, mas, como veremos, não interessa, porque não é.

Não é fácil traduzir essas reflexões em políticas, a não ser prevenir a dispersão de instituições fraudulentas pretensamente educacionais e encorajar, sempre que possível, as atividades que competem com elas. Essa dificuldade de se passar da doutrina para as políticas, porém, é precisamente a dificuldade de superar a alienação da sociedade civil. Não é surpreendente que ela exista, uma vez que o problema não pode ser controlado com uma panaceia. A alienação é superada pouco a pouco, não de uma vez.

CONSIDERAÇÕES FINAIS

Neste capítulo, passei em revista algumas das instituições que propiciam os fins para a vida social. Defendi que essas instituições devem ser autônomas, focadas em objetivos internos. Também tentei mostrar como a tentativa de sujeitá-las a objetivos externos é perigosa e imprudente. O papel do Estado aqui é o de guardião e pai adotivo. Não pode invadir as instituições de lazer sem pervertê-las para seus próprios usos, e perdendo a perspectiva, no processo, de quais esses usos são.

Como vimos, alguns instintos conservadores importantes fundamentam-se nos objetivos do lazer. O desejo de continuidade, o vínculo de fidelidade, a busca de excelência e mesmo a própria estratificação da sociedade, tudo parece ser o resultado natural e até mesmo inevitável da autonomia institucional. Agora, porém, estamos diante de um problema. Se a inveja e o ressentimento não são os resultados disso, vamos querer saber por que e como. Isso nos leva ao ponto culminante da perspectiva conservadora: o ideal de uma ordem estabelecida.

Capítulo 8 | *Establishment*

Algumas das questões do último capítulo começarão a parecer-nos menos espinhosas quando considerarmos a ideia de *establishment*, um conceito que causou certa dificuldade aos conservadores, em parte porque o flerte com o liberalismo levou-os a entender o assunto pelo lado errado, do ponto de vista do indivíduo. Nós, agora, avançaremos para além desse ponto e tentaremos formular nossa visão em termos mais políticos.

PODER E AUTORIDADE

O *establishment* compreende tanto poder quanto autoridade. É plausível a suposição (defendida no capítulo dois) de que poder e autoridade requerem-se mutuamente. O poder sem autoridade é um poder "infeliz". Existe "à larga" no mundo, distribuindo violência sem, contudo, ganhar respeito. A transformação do poder em autoridade outorga-lhe reconhecimento e, assim, elimina o princípio da força arbitrária. Poder e autoridade buscam um ao outro. Sua busca é o processo da política, ao passo que o *establishment* é a condição que o encontro entre eles cria.

Esse processo pode ser notado – e sua importância política pode ser determinada – mesmo na vida do indivíduo. Consideremos o amor erótico. O amor faz uma tremenda reivindicação e requer satisfação. Seus gestos iniciais apontam em direção a algo quiçá tão temido quanto desejado, pois o poder do amor pode ser maior do que o poder do indivíduo que o experimenta. O que é surpreendente, porém, é que, mesmo em uma sociedade como a nossa, na qual o amor romântico é levado mais a sério do que as formas legais que o endossam, essas formas são, todavia, consideradas necessárias. Marido e mulher encaram-se com a autoridade de um laço legal. Desse modo, uma força social elementar constitui-se em termos de autoridade. A lei resultante tem de atender não ao gesto inicial de consentimento, mas à realidade sensível do vínculo que resulta daí. Há e sempre haverá amor fora do casamento, mas é fato que é o amor, e não algum outro poder, que requer as formas do casamento. Nessas formas, a violência do amor é encerrada, ao passo que seu vigor permanece. A autoridade de uma instituição estabelecida protege e torna inteligível o poder que aspira para si. A demanda diária de amor torna-se um ritual indolor, mas de modo algum renuncia a seu poder essencial; o sentimento confuso e triste de quem ama e é traído, por sua vez, torna-se inteligível como um direito violado.

O exemplo sugere um sentido político. O *establishment* requer três coisas: poder, autoridade e o processo que os une. Além disso, a virtude do *establishment* consiste, até certo grau, no abrandamento do poder e na criação dos direitos por meio dos quais o poder se faz inteligível.

GOVERNO LOCAL

Alguns conservadores, ao se questionarem como o estabelecimento do poder se justifica, buscaram não o *establishment,* mas a fragmentação do poder, por meio de algum processo de devolução que não tem por objetivo o governo nacional, senão o local. É importante compreender o erro que há nisso – e com isso a natureza fraudulenta do "governo local" como vem sendo realizado na Grã-Bretanha – se quisermos apresentar uma visão precisa do que o *establishment* de fato significa.

O governo local foi a realidade a partir da qual os Estados Unidos se formaram. Cada vez menos, no entanto, os estados mantêm sua autoridade individual. À medida que o aparelho constitucional evolui, ele se torna apto a formar e reformar a sociedade civil, não só em Nova York e Washington, mas também em Oregon e Alabama. A autonomia, tal como é mantida pelos estados, começa a ser vista como delegada pelo governo central, por cujos decretos os Estados estão definitivamente ligados. Faz relativamente pouco tempo – e sob a pressão da política internacional – que a imagem dos Estados Unidos emergiu da confusa ideia de União. E o que tornou essa imagem possível foi a progressiva capitulação de privilégio local ao poder constituído como central. Conservadores tendem a lamentar esse fato, visto que o poder federal e a Suprema Corte, que é sua inquisição, estão nas mãos dos liberais e impõem implacavelmente a visão de mundo liberal às sociedades conservadoras dos Estados Unidos rurais. Duvido, porém, que a reafirmação dos "direitos dos Estados" mudaria essa situação. É exatamente por causa de seu distanciamento das fidelidades locais e de sua pretensão de falar a uma natureza humana universal que o liberalismo é um credo intolerante; é também o credo das elites modernas, o subproduto da livre-concorrência para o sucesso social e econômico. O problema dos conservadores norte-americanos é que eles estão destinados a ser educados, afrontados e governados por pessoas cuja principal preocupação é fazer deles, nas notórias palavras de Rousseau, "forçados a ser livres".

As fidelidades locais na Grã-Bretanha estão sepultadas tão fundo na história que não têm senão uma força lendária. Quem advoga a "devolução" não pode de fato pensar que está devolvendo para o povo algo a que ele outrora renunciou – nem mesmo quando houve um decisivo Tratado de União cuja principal causa era a ascensão de um rei escocês. O governo local não pode ser concebido como um direito natural ou prévio do cidadão, mas tão somente como uma delegação de poder. É por essa razão que, enquanto nos Estados Unidos muito da força do país deriva de seus Estados constituídos separadamente, na Inglaterra o alcance do governo local indica não uma força, mas uma debilidade do organismo político. Não podemos proceder assim para deduzir ou justificar nossa ideia do que está estabelecido.

Se porventura viesse a estabelecer-se um genuíno governo local na Grã-Bretanha, então a constituição nacional poderia levar-nos a esperar que ele fosse um exercício de poder delegado. Isso é de fato o que vemos. É correto afirmar, porém, que deveria haver lugar para alguma outra coisa – e alguma outra coisa mais saudável – no quadro da constituição britânica. Esse sistema mais saudável conceberia o governo local simplesmente como um órgão administrativo, financiado pela população local e com o objetivo de realizar o provimento e a manutenção daqueles serviços que o consenso e a tradição puseram em suas mãos. Esses serviços seriam mantidos tanto para o benefício da comunidade que pagaria por eles quanto em conformidade com certos princípios estabelecidos de ordem e caridade. Poderia até mesmo existir, como atualmente, um procedimento de representação que permitisse àqueles que entregam seu dinheiro à administração local verem que esse dinheiro não está sendo nem desperdiçado nem desviado. Talvez a proposta pudesse ser ornamentada com a proposição de eventos locais, competições e cerimônias pelos quais a assembleia se responsabilizaria, assim outorgando à comunidade todos os adereços da vida civil, à maneira do pequeno parlamento de Mestres Cantores tão brilhantemente representados por Wagner.[1] Os membros da assembleia seriam escolhidos de uma maneira qualquer (não necessariamente de modo democrático) dentre aqueles com um interesse pela identidade e continuidade da comunidade local. A formulação de estatutos não seria nada além de uma ratificação do costume, revogável por uma instância superior. O resultado seria a cidade, como veio a ser na Idade Média, autônoma não na lei, mas somente na forma de tratá-la, gerada a partir do ócio de seus membros, uma representação dos

---

[1] Referência à ópera *Os Mestres Cantores de Nuremberg*, de Richard Wagner, ambientada na Nuremberg do século XVI. (N. T.)

valores da vida civil. Uma organização desse tipo não usa de nenhum poder além do poder de associação e submete-se ao Estado, tendo-o como o poder soberano. Sua autoridade é a autoridade do costume, uma autoridade que não deveria ser menosprezada, mas que tem necessidade (como Hans Sachs[2] admitiu) de alguma outra proteção.

Tal seria o ideal de governo local almejado não como uma delegação de poder, mas como uma instituição de cidadania. Imaginemos, então, uma comunidade que se estabelece desse modo, instituindo um fundo comum para sustentar escolas, polícia e serviços, com um poder de abrigar e socorrer os necessitados. Aqueles que administram o fundo podem arrecadar taxas de acordo com a necessidade e exercer restritos poderes de coerção. Já estamos nos afastando da ideia de administração e aproximando-nos daquela de poder constituído. Imaginemos agora uma assembleia local que tenta obter por desapropriação uma série de ruas com casas habitadas a fim de substituir estas últimas por habitações novas e caras para pessoas que não são nem membros ilustres da comunidade nem indigentes. E suponhamos que a assembleia proponha esse projeto como sua principal despesa e pretenda aumentar o imposto local para levá-lo a cabo. Dada a condição que imaginei para a administração local, esse organismo estaria provocando uma quebra de confiança, e os membros da comunidade se veriam desobrigados de pagar os impostos locais.

A situação que acabo de descrever é fácil de imaginar; e na verdade algumas vezes ela calha de ocorrer, sob as atuais configurações do governo local. Como isso é possível? Primeiramente, a legislação tornou a sonegação da *council tax*[3] uma infração penal,

---

[2] Hans Sachs é um dos personagens principais de *Os Mestres Cantores de Nuremberg*, baseado em uma figura histórica homônima, um dos mais famosos mestres cantores da história. (N. T.)

[3] *Council tax* é um sistema de taxação local empregado pela Inglaterra, pela Escócia e pelo País de Gales. Foi introduzido em 1993 e tem como base a propriedade de imóveis residenciais. (N. T.)

e, com esse ato executivo de soberania,[4] o governo local veio a ser o recipiente de enormes poderes delegados. Ele não pode mais ser governado por alguma variante (por sofisticada que seja) da lei do truste, mas apenas pela mais condescendente e complicada lei da administração – uma lei esvaziada daqueles princípios equitativos que controlam não só a forma das decisões administrativas como também o conteúdo de decisões administrativas. Além disso, a máquina administrativa não visa – como no meu exemplo – simplesmente a restituir, de forma simbólica ou transmudada, os recursos para a comunidade que os forneceu; ela tem objetivos exteriores como, por exemplo, objetivos de "justiça social" ou de política pública, os quais exigem que ela recorra a recursos providos não só pela população local, mas também pelo governo central. Não há qualquer fundo de uso local que possa legitimar tal máquina, uma vez que sujeitou aos propósitos do Estado um tipo de serviço civil vasto e desultório. Por causa dessa massiva delegação de poder central, a assembleia local tornou-se ela mesma uma parte da política nacional: é formada de acordo com a estrutura partidária do parlamento e usada como campo de treinamento para políticos aspirantes. É assim que um cartel pode – como em Newcastle nos anos 1960 – tirar proveito do poder e da autoridade de um partido nacional para conquistar a simpatia local daqueles que, de outro modo, se oporiam a ele. O resultado disso naturalmente faz da lei de planejamento um contrassenso, bem como transforma a ideia de escola "local" numa ficção constitucional.

Avançar na direção do poder delegado é claramente provocar um aumento na fragmentação do Estado e na vulnerabilidade à corrupção. Como mostra o exemplo, o *establishment* na Inglaterra não

---

[4] O original traz *act of state*, que pode ser compreendido como um ato executivo de exercício do poder soberano de um país e que não pode ser objetado pelos tribunais. (N. T.)

surge em nível local, mas é transferido de cima, pela filtragem do poder soberano. E frequentemente o que se transfere é poder sem responsabilidade. A atenção e o interesse dos cidadãos são sempre desviados em direção à fonte de poder – em direção ao governo nacional e aos partidos que competem por sua administração. Consequentemente, os representantes "locais" nunca precisam se preocupar em responder perante a comunidade local, mas respondem antes perante o partido nacional em nome do qual eles ocupam cargos. Se porventura viesse a dar-se um genuíno governo local na Grã-Bretanha, o primeiro requisito haveria de ser proibir os partidos políticos nacionais de tomar parte nele.

DELEGAÇÃO E RATIFICAÇÃO

Eu advoguei a existência de instituições autônomas não subordinadas aos objetivos do governo. A questão a considerar não é como elas podem se tornar instrumentos de governo delegado, mas sim como elas podem ser ratificadas pelo poder estabelecido. Essa é uma questão vital, pois me parece que é somente em alguns processos de ratificação que as tensões criadas pela multiplicidade de instituições subordinadas e pelas divisões de classe por elas geradas serão resolvidas.

Como o exemplo mostra, a delegação de poder não é em si mesma a delegação de autoridade. A distribuição dos poderes do Estado a organismos que deveriam dar diretamente satisfações ao cidadão reduz a autoridade do Estado, sem contudo aumentar aquela das instituições subordinadas. A autoridade torna-se um poder vulnerável, mas um poder reduzido, sem qualquer obediência a não ser aquela proveniente da coerção. Por conseguinte, toda delegação que separa o poder da dignidade do governo enfraquece tanto o poder quanto a autoridade do Estado. É por essa razão, e não por uma convicção econômica, que os conservadores resistem à nacionalização do setor privado, à expansão dos serviços públicos, às intermináveis e infrutíferas atividades das "comissões de inquérito" e ao massivo exército de burocratas e *quangos*[5] que hoje oneram o governo.

Poder e autoridade necessitam um do outro, reciprocamente. Delegar tão somente o poder é enfraquecer o centro da autoridade. Se, ao contrário, poder e autoridade existem juntos, é possível fazer com que novos poderes sirvam ao poder do Estado. Assim, eles conquistam um halo da autoridade que cabe ao Estado sozinho prover. Chamarei esse processo de ratificação, significando a reunião dos poderes supostamente autônomos como sujeitos a uma única e soberana autoridade. Agora está claro que a ratificação precisa acontecer. Se há um amplo poder no Estado, então não se deve permitir que gere sua própria autoridade, como a Máfia faz. Ele deve ser destruído pelo Estado, ou derivar sua autoridade do Estado.

Ao investigar o conceito de ratificação levarei em conta alguns exemplos. Começarei por uma das instituições do Estado na qual poder e autoridade estão inevitavelmente associados. Tendo tirado algumas conclusões sobre os ingredientes necessários para a ratificação, julgarei dois outros casos. O primeiro deles – a Igreja – é o de um poder que está perdendo autoridade; o segundo – o movimento sindical – é o de um poder que está tentando ganhá-la. Pelo estudo desses poderes – ambos nas extremidades do *establishment* – teremos uma ideia daquilo que está – e daquilo que deveria estar – no centro.

INSTITUIÇÕES ESTATAIS

Muito do que eu disse com relação às instituições autônomas poderia ser aplicado, de maneira diferente, a instituições cujos principais objetivos não são particularmente internos às instituições subordinadas ao Estado. Refletirei brevemente sobre uma dessas instituições, a fim de mostrar que o objetivo externo pode estar ao mesmo tempo

---

[5] As *quangos* (*quasi autonomous non-governmental organizations*) são organizações financiadas pelo governo, mas que atuam de forma autônoma. (N. T.)

distante dos verdadeiros motivos dos participantes e, ainda assim, intimamente ligado à autoridade da instituição. A instituição que escolherei é militar; para ser mais preciso, o exército. Ele não só representa a autoridade do Estado, como também o seu poder.

O principal objetivo do exército é buscar, por meios violentos, todos os propósitos do Estado que não podem ser buscados de outra forma, bem como a defesa contra os inimigos, a supressão de rebeliões e a conquista dos recursos convenientes (ignoremos a questão de saber se todos esses objetivos são agora exequíveis ou políticos: a questão da "defesa" não tem a ver com uma doutrina fundamental, mas com saber quem são os inimigos). Pois bem, os principais objetivos do exército podem muitas vezes estar temporariamente inativos – há tempos de paz e ordem civil em que o exército não tem nada a fazer. Entretanto, ele sustenta sua vida social durante esses períodos; e essa vida não pode ser compreendida nos termos dos objetivos externos que lhe são atribuídos. O exército tem costumes, modalidades de participação, práticas sociais e privadas que compõem a natureza da vida do soldado. Implicados nessas práticas estão muitos objetivos e valores internos: objetivos de honra, camaradagem e obediência ao regimento. E esses valores, enquanto servem claramente ao fim da disciplina militar, têm um efeito na vida de um soldado que transcende as exigências de seu ofício. Um soldado leva para o mundo civil o retrato de si mesmo que ele ganhou no exército, e esse retrato, porque reflete o objetivo externo dos militares, está também imbuído de um *éthos* particular que se autojustifica. Esse *éthos* presta-se ao respeito pelo poder estabelecido.

PESSOA, POSTO E CERIMÔNIA

Certas características da organização têm obviamente uma importância mais do que comum para a obtenção desse respeito. A primeira e mais significante delas é a separação entre indivíduo e posto. Ela existe em sua forma mais clara no exército, mas é uma característica essencial de qualquer verdadeiro *establishment* e faz parte do apelo do *establishment* a todos os que não participam diretamente dele. Essa separação proporciona um sentido de quem a pessoa é, do que seu poder e sua posição acarretam e da natureza e amplitude de sua responsabilidade, independentemente de suas qualidades pessoais. O soldado deve respeito a seu superior não por causa da personalidade dele, mas por causa do posto que ele ocupa. Ao compreender a distinção, ele consegue conceber uma ordem comum à qual tanto ele quanto seu superior pertencem. Naturalmente, personalidade e posto afetam um ao outro, de forma que uma pessoa indigna pode rebaixar a dignidade de um posto, assim como um posto digno pode elevar a dignidade de seu ocupante. É, porém, o reconhecimento da distinção entre as duas coisas que concede ao posto e a suas funções uma espécie de necessidade objetiva para aqueles sob sua jurisdição. Qualquer *establishment* genuíno deve consistir em tais postos, sucessivamente preenchidos por indivíduos cujas personalidades sejam até certo ponto absorvidas por eles. Do contrário, ele só alcançará assumir o aspecto de poder arbitrário.

O exército tem ainda, contudo, outra característica interessante: a assimilação do ritual e da cerimônia. Enquanto o respeito pelo posto é indispensável para a disciplina e, consequentemente, para o objetivo externo militar, o ritual e a cerimônia mostram o exército não em busca de seu propósito central, mas simplesmente à vontade. Como todos sabem e notam, porém, as paradas e os desfiles militares têm um tremendo poder simbólico, glorificando participantes e espectadores igualmente e tornando-se um foco de fidelidades comuns. Todos os Estados fundados recentemente – desde as repúblicas da América do Sul, passando pelo império soviético, até os pequenos despotismos da África – exploraram por completo esse encanto natural da cerimônia militar, na qual o poder, por sua transformação em símbolo, adquire o aspecto de autoridade. Uma das deficiências das democracias ocidentais é que há certo acanhamento diante dessas coisas, o que supera a vontade de participar delas. Por um lado, as memórias persistentes da Grande Guerra e de suas indescritíveis barbaridades levam a uma relutância em expressar o mais mínimo respeito pela pompa de um desfile militar; por outro lado, o desejo por ela se vê sublimado numa espécie de impotente nostalgia, nutrida por Elgar e Lutyens em vez de por um verdadeiro devotamento político. Para superar essas suscetibilidades excessivamente delicadas, provou-se necessário desviar todas as cerimônias do Estado na direção de um sentido civil.

É interessante notar como, em matéria civil, a quebra da cerimônia coincidiu com a ausência da distinção entre indivíduo e posto, de modo que os presidentes modernos e os estadistas, em seus esforços por reivindicar para si, como atributos pessoais, o que na realidade são as distinções de seus postos, tentam, tanto quanto lhes é possível, dispensar as cerimônias de Estado, fazendo-se "informais" apenas no intuito de parecerem mais notáveis. Desse modo, os presidentes norte-americanos mais recentes cultivaram uma espécie de informalidade fácil, que não só vulgarizou os gestos do governo, mas também transformou os próprios presidentes em objetos de um sentimento puramente pessoal. Não é o Presidente, mas o Sr. Nixon, ou o Sr. Clinton, ou o Sr. Carter que se torna o foco de atenção. E não seria nenhuma surpresa se o Sr. Clinton ou o Sr. Carter fossem responsabilizados pessoalmente por ações que se fizeram necessárias devido a seus postos; ou se eles fossem pessoalmente repreendidos, ofendidos, eleitos e depois descartados, simplesmente em virtude de algum receio (por errôneo ou provinciano que fosse) de suas qualidades como indivíduos. É importante ver quão perigoso para o Estado é cultivar essa identidade entre o posto e aquele que o ocupa, pois como pode um presidente ordenar o bombardeio de uma cidade se a culpa é sua individualmente? Os atos agressivos do Estado são, para o indivíduo, moralmente intoleráveis. Eu preferiria morrer a ser incumbido de matar tantas pessoas, mas, ao agir como Presidente, a responsabilidade é minha somente se ajo de modo ilegítimo. E há razões de Estado que requerem que uma cidade seja bombardeada. O que não quer dizer que se deve sempre dar ouvidos às "razões de Estado". Há atos justos e injustos, mesmo na guerra, seja a guerra justa ou não.[6]

Ao refletir sobre esses assuntos, pode-se chegar à conclusão de que, entre as instituições estatais, a monarquia constitucional é uma das mais sensatas. Na figura do monarca, estão condensadas toda a cerimônia do posto e toda a majestade do Estado. A personalidade do monarca, separando-se de um envolvimento direto no governo, se vê livre da opressão da responsabilidade. E, por meio do construto intelectual da "Coroa", o monarca ainda assim representa toda a autoridade do Estado. Se as honras e a autoridade resultam da "Coroa", então são consideradas como fluindo objetivamente não de um capricho pessoal, mas da vida do Estado. O processo de ratificação que surge dessa vontade produzirá, ao mesmo tempo, dignidade cerimonial e a autoridade do posto soberano.

IDEOLOGIA E MITO

Agora, por fim, conseguimos ver como as instituições do Estado têm seu próprio modo de gerar ideologia. Consideremos novamente, porém, o exemplo do exército. A organização interna da vida militar gera um código comum de conduta, a "honra". E, embora haja inevitavelmente certa rigidez nesse código – pois ele tem de permanecer em harmonia com o propósito militar vigente –, ele reconhece e aprova implicitamente as distinções entre as pessoas.

Ora, esse código interno da vida militar encontra paralelo em toda instituição resoluta. Ele corresponde à "ética" profissional, à "solidariedade" nas fábricas – na verdade, corresponde aos precedentes, às

---

[6] Aqui, passo por cima do vasto e espinhoso problema da "guerra justa", sobre o qual filósofos medievais e juristas debateram extensamente. A questão é simples: há atos que seriam crimes quando cometidos por um indivíduo, mas justos quando levados a cabo pelo Estado.

obrigações e às responsabilidades que procedem de qualquer organização social, independentemente de promoverem ou entravarem seu principal objetivo. Naturalmente, é normal que esses códigos sejam pensados como estando a serviço do propósito vigente, mas esse não é necessariamente o caso. No campo empresarial, por exemplo, a ética profissional da probidade pode colocar uma companhia em uma desvantagem intolerável no comércio internacional. Esse "código" ou "ética" interna, por sua vez, está relacionado a distintivos referidos e é reforçado por eles: pelos postos, pelos papéis e pelas cerimônias (em parte alguma mais evidentes do que nas atividades organizadas dos sindicatos, que certa vez tentaram recriar, numa escala pequena, a glória das guildas).

Ao considerarmos novamente o verdadeiro significado da cerimônia, encontramos a mais poderosa e mais intransigente das características do *establishment*, o mito. Toda cerimônia requer uma profundidade simbólica – no sentido de que ultrapassa a superfície das coisas e tange realidades que não conseguiriam ser traduzidas em palavras. Nisso, expressa algo mais do que a união fortuita desses participantes em particular. Parece indicar-lhes algo "transcendente", que eles só são capazes de compreender parcialmente. As emoções que estão ligadas às cerimônias do Estado constantemente excedem os propósitos que as ocasionam. Participantes e espectadores encontram-se tomados por algo maior, do qual a realidade do poder militar ou político não é senão uma pálida reflexão. Daí emerge o mito da "glória" da nação, o mito de seu direito absoluto e incondicional à lealdade de seus filhos. Esse mito pertence a qualquer cultura nacional, determinando a forma de sua religião, assim como de sua arte e literatura, e sendo reforçado por toda manifestação de poder civil ou militar. É desses mitos que a guerra é feita; e igualmente a paz.

Ao me referir ao "mito", não quero de maneira alguma menosprezar essas crenças. Pelo contrário, elas constituem o grande artefato por meio do qual instituições entram na vida do Estado e absorvem a vida do cidadão. Em certo sentido, os marxistas estão certos em dizer que os burgueses despojam o mundo da história quando criam mitos que representam como natural e inevitável o que na verdade é histórico e sujeito à mudança. Eles estão, porém, profundamente enganados ao supor que são apenas os burgueses que fazem isso, e que há outro tipo de homem para quem a necessidade não teria aparecido – é evidente que meu esboço rudimentar das instituições militares (um esboço que sublinha o significado delas na vida de qualquer Estado) devia ser aplicado a todas as instituições estatais, sob qualquer forma de ordem econômica (mesmo quando o Estado está fundado, como a União Soviética, no excêntrico mito de sua própria "extinção").

RELIGIÃO

Essa constatação, porém, nos leva à ideia corrente de *establishment* tal como prosperou, fez-se tolerável e incorporou as várias formas de vida das pessoas da Europa: a ideia de uma sociedade cristã. Em *The Case for Conservatism*, Lorde Hailsham foi franco o bastante para colocar a ligação entre o conservadorismo inglês e o costume cristão no coração de sua convicção política, argumentando que "não pode haver um conservadorismo genuíno que não esteja fundado sobre uma perspectiva religiosa da base da obrigação civil, e tampouco pode haver uma religião verdadeira na qual o fundamento da obrigação civil seja tratado como algo puramente secular".[7] Para reforçá-lo, Hailsham citou observações de Burke e Disraeli, nenhum dos quais acreditava ingenuamente na religião que ambos apoiavam. Eles acreditavam, quando muito, na conduta autoconsciente do romântico, em seu anseio por uma inocência que se perdeu no processo de reflexão sobre ela. Há, naturalmente, sérias e complexas atitudes envolvidas em tal crença. O anglicanismo de T. S. Eliot, por exemplo,

---

[7] *The Conservative Case*. London, 1959 (uma versão revisada de *The Case of Conservatism*. London, 1947), p. 19.

era altamente autoconsciente, mas não hipócrita. É, porém, implausível sugerir que Burke, Disraeli ou Eliot fossem espécies normais de pessoas religiosas.

Ademais, embora haja uma conexão entre conservadorismo e sentimento religioso, é difícil argumentar a favor de sua identificação. E isso não só é suficiente para excluir da perspectiva conservadora justamente aquelas pessoas que mais buscam recuperá-la – aquelas para quem a passagem de Deus para além deste mundo é sentida como uma realidade –, como também basta para deixar a crença do conservadorismo impotente diante da crescente tendência de a Igreja (ao menos em suas partes mais sonoras) rejeitá-la.

Antes, no entanto, de discutir a questão de Igreja e Estado, precisamos olhar um pouco mais de perto a motivação da religião, quanto mais não seja porque há quem pense que religião é uma coisa e política, outra e que, portanto, uma orientação política pode ser buscada sem que se levem em conta os credos do cidadão comum. É claro que a atividade política pode ser independente da existência de Deus e independente da vontade de Deus, mas ela não pode ser independente da crença em Deus. É o fato de possuírem essa crença o que permite às pessoas desviarem seus mais poderosos descontentamentos da perniciosa esperança de mudar as coisas para uma esperança mais pacífica de serem um dia redimidas da necessidade de fazê-lo. Disso decorre que a situação da crença religiosa ver-se-á refletida na situação da sociedade civil e buscará sua expressão na lei. Pensar que políticos possam atuar ignorando as atuais crenças religiosas daqueles a quem eles se propõem governar é enxergar a política como um mecanismo de administração indiferente. Tal visão é ou impraticável (ver caso do Irã) ou tirânica (ver caso da Rússia), e, em qualquer dos casos, dificilmente seria conservadora.

Os reflexos do último parágrafo poderiam levar alguém a supor que a religião é uma força essencialmente conservadora. E de fato é verdade que tanto Burke quanto Disraeli acreditavam que assim fosse. Embora as profissões de fé de ambos não fossem necessariamente uma consequência daquela crença (mais do que eram as de Lorde Hailsham), é perfeitamente legítimo supor a presença de uma profunda e complexa conexão intelectual subjacente ao compromisso deles. A natureza dessa conexão pode ser percebida de imediato, tão logo voltemos a contemplar o caráter do laço social. Esse laço, como argumentei, é transcendente: ele contém obrigações e lealdades que não podem ser vistas como resultados de uma escolha contratual. E entre a crença em um laço transcendente e a crença no Ser transcendente que o sustém há apenas um pequeno passo. A visão de outro e mais vasto mundo de cujas leis brotam todas as obrigações vigentes dá uma sustentação incomparável a laços que nunca foram contraídos. Ao ver esses laços como a expressão da Providência, as pessoas estarão mais dispostas a aceitá-los. Elas aceitarão como uma ordem divina aquilo que rejeitariam como empenho pessoal. É uma mensagem como essa, o cínico poderia dizer, que está contida na observação de Hailsham citada anteriormente.

A aceitação de laços transcendentes, no entanto, não requer a crença em seres transcendentes. Os japoneses, famosos (aliás, notórios) por sua prontidão em aceitar os primeiros, são igualmente conhecidos por sua relutância em acreditar nos últimos. Já os romanos, aos quais devemos o conceito de piedade, eram irregulares e mesmo descomprometidos em termos de religião – uma característica que eles compartilharam com os mais hábeis representantes do Papado. Assim, parece-nos que a visão conservadora da sociedade poderia sobreviver na ausência de uma crença religiosa clara, apesar do fato de que ela sempre se irá beneficiar com sua presença. Não há, porém, nada mais perigoso para o Estado do que a transferência de um sentimento religioso frustrado para pequenas causas seculares. Se o sentimento religioso existe, é melhor canalizá-lo para o objeto que lhe é próprio. E, se sua existência sustenta a ordem social, então há mais uma razão para propagá-lo e até para incentivá-lo.

IGREJA E ESTADO

Não podemos discutir o assunto, todavia, antes de termos refletido sobre a natureza das instituições religiosas. Qualquer que seja o papel desempenhado pelo sentimento religioso no provimento dos sentimentos de fundo do *establishment*, é com os ofícios da religião que os políticos precisam lidar. Portanto, numa sociedade cristã ou pós-cristã, eles primeiro terão de se preocupar com a Igreja. O poder da Igreja, embora em última análise dependa do poder do sentimento religioso, tem o apoio da precedência histórica, do privilégio hereditário e da confiança do povo. Independentemente da situação jurídica da Igreja, ela continua provendo as instituições que mais reforçam a adesão dos cidadãos às formas da vida civil e que mais desviam a atenção deles de si mesmos como indivíduos para focá-la neles como seres sociais. Ela confere a cada tipo de tempo livre uma beleza cerimonial; separa os dias de trabalho dos dias de descanso; busca dignificar as ocupações dos leigos e sustentar e satisfazer todo esforço no qual a diligência ultrapassa o objetivo. Sejam suas doutrinas fundamentais verdadeiras ou falsas, ela é, sem dúvida, a mais importante de todas as instituições cuja autoridade não coincide com a autoridade do Estado. Por conseguinte, ela se estabeleceu plenamente na vida da Europa, a tal ponto que todas as instituições às quais me referi recorrem a ela como único princípio vinculativo que as une. Pensemos na família, na educação e até mesmo nas forças armadas.

É, contudo, nas relações entre Igreja e Estado que encontramos um dos mais complicados problemas para a doutrina conservadora e uma das características do *establishment* mais difíceis de compreender. É escusado dizer que muito da política europeia era até recentemente determinado pela condição dessas relações. Toda tentativa de se desvencilhar de Roma levou à incorporação de uma igreja cristã rival no *establishment* político. A influência da Igreja de Roma mostra, contudo, que é possível haver "*establishment*" sem poder militar, e que pode haver valores associados ao *establishment* mesmo quando uma instituição não é especificamente sancionada pelo poder soberano.

Precisamos, portanto, reconhecer que o fato do *establishment*, como estou tentando descrevê-lo, não é um mero conceito legal ou constitucional. O *establishment* no nível estatal pode não ser exigido, enquanto o *establishment* no nível da sociedade civil já está enraizado o bastante. A Igreja Católica, por sua fantástica constituição, conferiu a si mesma a qualidade de *establishment* por toda a Itália, Irlanda, Espanha, França e até – o que agora é de grande significação política – por toda a Polônia. Em comparação com a influência do poder de Roma, a Igreja da Inglaterra, estabelecida legalmente, parece até mais débil do que a da Rússia sob os comunistas, quando a maioria dos bispos ortodoxos eram agentes da KGB. Do mesmo modo, o movimento sindicalista organizado na Inglaterra adquiriu, sob os governos trabalhistas do pós-guerra, algumas das características do *establishment*, embora não esteja – e, como pretendo defender, não pode estar – legalmente estabelecido na constituição vigente. O *establishment*, uma vez que designa algo mais do que um poder, pode exigir algo menos do que a incorporação direta no aparelho do Estado. A autoridade que ele exige pode surgir diretamente de sua habilidade de gerar mitos consoladores, desde que esses mitos preparem as pessoas para aceitar dada ordem civil.

De acordo com o antigo sistema de precedência, nossos Lordes Temporais[8] e Lordes Espirituais[9] estão muito próximos do Soberano. O poder dos segundos, porém, representa muito pouco quando cessa de transmitir a autoridade que sua vocação lhes confere. Quer seja isso uma moda passageira, quer seja o sinal de uma insegurança mais profunda, é inegável que a liderança da Igreja – e não só a da Igreja Anglicana – começou a rejeitar a antiga ordem da

---

[8] Membros seculares da Câmara dos Lordes. (N. T.)

[9] Bispos da Igreja da Inglaterra membros da Câmara dos Lordes. (N. T.)

sociedade europeia. Alguns não veem nisso nada além do esforço da Igreja em permanecer estabelecida a qualquer custo, por mais que as forças políticas prevalecentes possam mudar. E a Igreja, desde o início, certamente teve essa atitude, como se pode ver na afirmação de Tertuliano em nome dela, menos de dois séculos depois da morte de Cristo: "Estamos sempre intercedendo pelos imperadores. Nós rezamos para que possam gozar de uma vida longa, ter um governo estável, um lar seguro, bravos exércitos, um senado fiel, um povo honesto, um mundo tranquilo e tudo aquilo por que um homem e um César possam rezar...".

Seria, no entanto, extremamente improvável que a Igreja conseguisse conservar o poder político enquanto perdesse sua autoridade espiritual. O instinto ao qual ela apela é, na verdade, um instinto conservador, manifestado principalmente na ocasião crucial da morte, quando as pessoas sentem suas fragilidades, a necessidade de proteção e da proximidade das coisas transcendentes. O verdadeiro significado da Igreja para a vida civil afasta-se das questões políticas que perturbaram seus líderes, para quem o "terceiro-mundismo" substituiu o espírito de missão. A consequente fraqueza numa instituição que, embora seja necessariamente política, perdeu o verdadeiro fundamento de sua política e, com isso, a lealdade de seus fieis, é, portanto, fonte de um incômodo quase universal, de modo que o sentido religioso já vem buscando satisfação em lugares muito distantes de qualquer tipo de ortodoxia. O *establishment* meramente legal não é um substituto para a centralidade política: o lugar da Igreja ou é no centro das coisas ou em lugar nenhum. De todo modo, a Igreja só terá significância se tratar dos mitos consoladores que levaram as pessoas até ela. Se a Igreja tornar-se tão somente o depósito impotente das causas seculares – uma espécie de apêndice santarrão do Movimento Gay –, então a dimensão objetiva de sua autoridade irá desaparecer.

Consideremos, por exemplo, o que se tornam a morte e o funeral quando a Igreja se afasta de seus preceitos hereditários.

Os antigos rituais e dogmas da Igreja servem para dar à morte o senso de continuidade; eles cobrem o morto com uma espécie de abraço, como se sua alma estivesse sendo recebida em sua terra natal. Quando não há um costume, um dogma comum, um ato solene, então morte e funeral tornam-se misteriosos. Lançadas de volta ao trauma das derradeiras escolhas pessoais, as pessoas não sabem como proceder. Uma incompreendida necromancia é convocada, experimentam-se religiões estranhas; até mesmo o mundo da arte é chamado para dar sentido a essa coisa incompreensível (como no incomensurável triunfo da confusão humana no cemitério Forest Lawn). A unidade entre os vivos e os mortos é destruída, e os mortos, tendo perdido sua individualidade num mundo onde apenas os indivíduos têm significado, são, por assim dizer, lançados ao mar, para vagar em ondas sem valor num regresso através dos mares da história, estorvados ainda pelos despojos de uma miríade de credos impertinentes.

Com o eclipse do sentimento religioso vem a perda da consciência do acaso, do destino. As pessoas necessitam do conceito de acaso: elas precisam acreditar que as questões que as inquietam mais profundamente podem não ter reparação ou culpa. A crença na Providência alivia a crueldade dessa perspectiva. Diferenças de beleza, saúde, inteligência e capacidade são naturais; elas são também essenciais aos nossos ideais de perfeição humana. Não vê-las sob o aspecto do destino é perder a percepção das coisas humanas, é se deixar fascinar por fantasias de interferência, é caminhar em direção àquele admirável mundo novo no qual interferir naquilo que é "dote natural" destrói simultaneamente natureza e valor. Ao recusar ver seu nascimento como parte do destino, uma pessoa pode chegar a processar os próprios pais por sua falta de controle genético, ou colocar a culpa por sua deformidade no médico que se recusou a abortá-la. Não devemos pensar que esses casos são absurdos – neste exato momento, eles estão sendo julgados pelos tribunais norte-americanos.

A confusão que a ideia de destino se presta a controlar é tão grande que, na falta dessa ideia, as pessoas acham difícil de aceitar – e até mesmo de cogitar – uma das ideias fundamentais das quais depende a civilização, a ideia de que há uma profunda, misteriosa e benéfica diferença entre homens e mulheres. A ideia de que eu existo como indivíduo independentemente do meu sexo funde-se com a ideia de que meu sexo pode ser escolhido. Desse modo, sendo apenas acidentalmente homem, eu experimento minha sexualidade como algo estranho. Ela não faz parte da minha essência. Ela se tornou um atributo que posso trocar como troco de roupa. Muito desaparece do mundo quando a sexualidade passa a ser vista dessa maneira. Em particular, desaparece a clareza nas relações entre homem e mulher – vista como um acidente, a sexualidade cessa de ser fator determinante no relacionamento. Ela se torna uma performance confusa, cujo significado emocional não é maior do que o de um aperto de mão. É o que Henry James anunciou como "a decadência do sentimento de sexo".[10]

A "desmistificação" de nossa perspectiva religiosa trouxe consigo a completa mistificação de coisas fundamentais: *grosso modo*, do nascimento, da copulação e da morte. Ao mesmo tempo, a teoria de que não há, não pode haver, ou não deve haver diferenças importantes ou inalteráveis entre sexos, raças e mesmo entre indivíduos é sustentada com um fanatismo que tem todo o fervor da religião, embora não tenha nada do poder consolador da religião. As absurdidades da ideologia secularista – o "politicamente correto", como é agora chamada – são tamanhas, que é difícil acreditar que sejam a expressão de um progresso educacional ou de um crescente esclarecimento. Seu apelo pela clareza nas ideias esconde o fato de que ela mesma engendra uma falta de clareza nos sentimentos. As pessoas "evitam sentir": toda oportunidade de apelar à emoção é considerada sem

---

[10] Ver anotação de Henry James em 8 de abril de 1883 em seu *Caderno de Notas*, esclarecendo a origem de sua novela *As mulheres de Boston*. (N. T.)

sentido, passageira ou grotesca. Parece, pois, que a retirada da doutrina religiosa, afinal, traz consigo um definhamento nos laços sociais transcendentes. A religião – e em particular o Cristianismo – estava profundamente ligada ao modo comum de ver as coisas. A destruição de seus dogmas, de sua liturgia, de seus rituais e de sua presença cerimonial deixou um vácuo.

A altamente insatisfatória pintura secular da condição humana leva à suspeita de que, na verdade, ela não irá durar. Haverá renascimentos religiosos; e daí a necessidade de uma religião estabelecida e, se possível, de uma Igreja estabelecida. Em tempos de separação entre Igreja e Estado (*disestablishment*), a religião fragmenta-se em gestos furiosos e confusos – como entre os Levellers, os Ranters, os Muggletonianos e os Seekers durante o *Interregnum*. É sem surpresa que se observaria a propagação de seitas maniqueístas e da bruxaria nos Estados Unidos. Além disso, não é possível considerar "apolíticas" crenças que explodem com tanta violência. Uma Igreja firmemente estabelecida, com uma tradição de não conformismo que se fia nos mesmos textos e práticas sagrados, está apta a recompensar a busca pela religião tanto imediatamente quanto inteligentemente. Talvez o sentimento popular ainda esteja em busca de uma tal Igreja.[11] Se assim for, então a perda de autoridade nos cargos eclesiásticos tem de ser atribuída não aos cargos, mas a seus atuais encarregados.

OS SINDICATOS

Retornarei à questão da política eclesiástica – pois os últimos comentários claramente levantam problemas que não são meras questões de orientação política. Assumi que os sentimentos religiosos de

---

[11] Como foi mostrado na resposta do povo às *Reith Lectures* do Reverendo E. R. Norman, de 1978-89. Nos vinte anos que se passaram desde a primeira publicação desse livro, ficou bastante óbvio que, embora a Inglaterra precise da religião mais do que nunca, cada vez mais o ceticismo exclui a possibilidade de satisfazer essa necessidade.

nossa nação não estão extintos, mas apenas eclipsados, e que esse eclipse é basicamente o resultado de um "iluminismo" de orientação liberal. E o enorme poder social da religião procura a aprovação do Estado – se não explicitamente, como no Reino Unido, ao menos implicitamente, como nos domínios de Roma. Fica claro como isso é feito quando pensamos em outra instituição que está, por assim dizer, às margens do *establishment*, a instituição do Congresso Sindical Britânico (Trades Union Congress – TUC).[12]

Seria uma tolice argumentar que, já que é somente *de facto* que os Lordes Temporais são em parte oriundos dos postos sindicais e já que os privilégios dos sindicatos previstos na lei – como os privilégios das obrigações contratuais e extracontratuais concedidos pelo liberal Ato de Litígios Comerciais (Trade Disputes Act) de 1906 e reforçado pelo conservador Ato das Relações de Trabalho e dos Sindicatos (Trade Union and Labour Relations Act) – são apenas privilégios e não parte da constituição pública do Estado, então, o movimento laboral e tudo o que ele representa não faz parte do *establishment* da política britânica. O processo por meio do qual os sindicatos avançaram para uma situação de *establishment* é recente, e o resultado tanto de acidentes não premeditados como de uma real escolha política. Essa medida, porém, serviu para ancorar na consciência nacional um novo tipo de mito e uma impressão indelével da realidade tanto das distinções de classe quanto da mobilidade social que sempre as mitigou.

O *establishment* do movimento laboral, contudo, está completo, mesmo no nível civil? Ninguém parece ter uma resposta clara ou coerente. Os conservadores costumavam tentar impedir a conclusão do processo, assustados com a irresponsabilidade do poder sindical e com a ameaça à democracia envolvida na estreita e exclusiva relação existente entre esse organismo poderoso e autônomo e um partido

---

[12] Confederação de Sindicatos do Reino Unido. (N. T.)

político ao qual "prometera" apoio exclusivo. Paira sobre essa "promessa", no entanto, um ar de mito, e o mito é aquele que deriva diretamente de um valor que anima a ordem civil – o valor da "solidariedade", indispensável para o sentimento de classe. Seria difícil confrontá-lo diretamente; é muito mais fácil incorporar os sindicatos ao aparelho do Estado. Além disso, se, como eu sugeri, a constituição da Grã-Bretanha tem de fato uma pequena parte que é governada por representação democrática e se o principal interesse dos conservadores está na continuidade daquela parte maior em que as instituições da vida civil estão consagradas, então parece difícil rejeitar o *éthos* antidemocrático do Congresso Sindical Britânico, a menos que se creia que ele é genuinamente subversivo.

Aqui jaz a principal fonte de confusão. Se um poder não pode ser sancionado (digamos, porque seus propósitos não são compatíveis com aqueles do governo), então ele é subversivo. Ora, qualidades extraordinárias de liderança seriam requeridas para lutar contra o movimento sindical com as armas do Estado; pois isso só poderia ser feito se a lealdade da classe trabalhadora tivesse antes se separado daquele movimento. Portanto, se houver sinais de que o movimento sindical é realmente subversivo – de que ele busca poder sem responsabilidade e ainda se opõe à ratificação nas instituições do governo –, será necessário criar e encorajar o incremento de organizações rivais que atraiam a lealdade dos atuais membros dessa associação. Seria particularmente necessário fomentar e apoiar greves "oficiosas", associações "oficiosas", regressos ao trabalho "oficiosos", uma vez que esses atos seriam usurpações do poder sindical e uma censura à sua autoridade autoconstituída. Essa foi a bem-sucedida tática de Margaret Thatcher ao confrontar o National Union of Mineworkers [Sindicato Nacional dos Mineiros], sob o comando de Arthur Scargill. Ademais, poderíamos conjecturar princípios conservadores sólidos que apontariam para a proliferação de ações "oficiosas". Conflitos laborais voltariam a ser contratuais. O que quer dizer que eles consistiriam em uma confrontação não entre "classes", mas entre um empregador em particular e seus funcionários – uma confrontação que não se disseminaria por todo o local de trabalho e seria resolvida ou com a destituição dos litigantes, ou com uma revisão do contrato de trabalho. Essa "ação industrial" serviria para retirar as relações de trabalho do centro da política e restringi-las ao campo da vida civil. A natureza contratual das relações de trabalho ficariam, por conseguinte, completamente protegidas, como também sua segurança. Dentro de pouco tempo, o movimento sindical – como um poder independente – se enfraqueceria até morrer. Com efeito, hoje nós vemos isso acontecer, como resultado de uma recente legislação Tory que torna impossível que os trabalhadores sejam convocados à greve sem um plebiscito local; e o resultado disso foi um enfraquecimento do TUC e um declínio do sentimento de classe que o inspirou – a tal ponto que as relações entre o TUC e o Novo Partido Trabalhista, cuja base de poder está entre as classes médias, estão quase tão prejudicadas quanto costumavam ser as relações entre a TUC e os Tories.

A NOVA CORRUPÇÃO

Pode parecer que o movimento sindical relutaria em tornar-se parte do *establishment*, pois, embora haja alguma verdade na visão de que "em questões decisivas as pessoas têm um senso muito mais profundo de sua pertença a uma classe do que de sua pertença a uma sociedade",[13] por que isso não impossibilita os sindicatos de se afiliar a qualquer tipo de classe dominante? Sua reivindicação por autoridade não parte da concepção de que a classe que representam não é a classe dos governantes, mas a dos governados? Se o objetivo é

---

[13] Trotsky. In: Irving Howe (Ed.), *Basic Writings*, vol. 1. London, 1964, p. 378. Trotsky prossegue dizendo, a partir de um pensamento de Hume, que "a norma moral torna-se tanto mais categórica quanto menos é 'obrigatória' para todos". A história de perseguições religiosas e políticas mostra que essa é uma ideia falsa.

simplesmente abolir a diferença, então esse é um objetivo que não pode se cumprir. Mais além, tal objetivo é incompatível com os mitos que deram aos sindicatos sua imagem primitiva de autoridade.

Os sindicatos defrontam-se com uma escolha. E a natureza dessa escolha se faz mais clara quando reconhecemos que é interesse do Estado garantir, se possível, um *establishment* legal a todos os poderes estabelecidos *de facto*. O poder, por conseguinte, torna-se diretamente responsável pelos interesses do Estado, e sua autonomia é restringida em todas as questões em que poderia representar um obstáculo para a política. Comparemos as relações tranquilas entre Igreja e Estado na Inglaterra desde a ascensão de Guilherme de Orange com as difíceis relações entre Roma e os governantes e rebeldes da França, resolvidas apenas no gesto grandioso de Napoleão em sua coroação. E comparemos a desordem provocada pelo poder sindical na Inglaterra com sua plácida aplicação na Rússia comunista. Essa responsabilidade pode ter efeitos de maior alcance. Foi a Câmara dos Comuns que, em 1929, combateu as propostas para a reforma do Livro de Oração Comum. E, quando a Medida de Culto e Doutrina de 1974 foi sem sucesso obstada no parlamento, isso causou grande prejuízo ao poder e à autoridade da Igreja – foi essa medida que possibilitou o gradual desestabelecimento da Igreja, de forma que "serviços alternativos" podem ser apresentados para as congregações como se fosse a liberdade e não a infalibilidade o que eles almejavam. É ainda uma ocupação do governo ratificar a escolha de bispos. Enquanto a Igreja – ressentindo essas intrusões – vem tentando afastar-se do centro de poder, também está claro que ainda pode haver uma política eclesiástica bem-sucedida que iria compeli-la a perder-se na mediocridade e no partidarismo ou a retornar para sua centralidade social. É por isso que o atual sentimento popular contra a fragmentação da autoridade eclesiástica ainda pode encontrar sua expressão política. Geralmente, é por meio do processo de ratificação que o Estado sujeita as instituições. E nisso ele permanece indiferente aos interesses que fazem parte dele.

Segue-se que há certa autodestrutividade num movimento sindical que está plenamente estabelecido. Um tal movimento reivindica a autoridade de uma classe; ele não pode pretender destruir os sentimentos de classe sem destruir sua própria autoridade. Se for esperto, ele paira pelas margens do *establishment,* já que perde mais do que ganha ao forçar a entrada no centro de poder. Acima de tudo, ao perder sua identidade de classe, ele perde sua relação estreita com a classe trabalhadora. Foi, pois, no interesse do Estado que os líderes sindicais foram capazes de aceitar pariatos e desfrutar deles. Foi no interesse do Estado que se lhes foram concedidos poderes e privilégios que excedem completamente o poder que se ergue de forma autônoma. Sob os governos do Antigo Partido Trabalhista (Old Labour), os cargos sindicais tornaram-se recipientes de um amplo clientelismo político. Em 1977, de acordo com uma estimativa,[14] 39 membros do Conselho Geral do TUC tinham não menos que 180 cargos oficiais no Estado divididos entre eles – a maioria assalariados. Essa "Nova Corrupção" foi de grande amplitude – ainda maior do que o clientelismo exercido pelos Whigs ou pela monarquia Stuart. Para um conservador, porém, teria sido um erro opor-se a isso, pois o súbito aparecimento de um poder dentro dos cargos do governo significa a eventual diminuição daquele poder e de sua incorporação ao Estado. De início, foi oneroso, mas a longo prazo foi seguramente benéfico. A influência dos sindicatos sobre seus membros tornou-se menos uma questão de vontade que de cargo. E a natureza oligárquica do poder sindical permitiu que o Estado lidasse diretamente com um pequeno número de funcionários obstinados, mas muitas vezes subornáveis. É verdade que aquilo que foi estabelecido por meio disso não foi o movimento laboral em si (que começou a buscar expressão "não oficial" e consequentemente

---

[14] Ver Paul Johnson, *Britain's Own Road to Serfdom.* London, Conservative Political Centre Pamphlet, 1978.

menos danosa), mas um conjunto de interesses que usaram o movimento laboral como um mecanismo para alcançar o poder. Uma vez obtido o poder, eles então se retiraram com os lucros.

CLASSE

Os exemplos que escolhi mostram que a ratificação é fundamental para um governo conservador, dado que ela proporciona o processo pelo qual o poder do Estado se vincula ao poder da sociedade e faz-se um com ela. Como vimos, porém, houve um afã por separar os dois, bem como tentativas de ganhar ratificação por meio de poderes inapropriados para fazê-lo. Em tudo isso, encontramos a principal realidade social da Grã-Bretanha: sua nítida, embora flexível, estratificação social.

Não faz parte do meu propósito seguir especulando a origem e a estrutura das classes sociais: é suficiente saber que elas existem e que tudo o que descrevi até agora como indispensável para a doutrina conservadora parece sugerir sua existência como uma necessidade. Os conservadores precisam acreditar que as distinções de classe podem ser representadas ou como um mal necessário ou como um bem social. E a questão girará em torno de em que medida o poder deles reflete, ou pode-se fazer com que reflita, uma aceitação genuína da parte dos que não partilham dos privilégios – quem quer que sejam – que separam os que estão mais alto dos que estão mais baixo na escala social. O conservador está propenso a pensar que essa aceitação pode ser induzida e até mesmo que não poderia haver nenhum senso de legitimidade duradouro sem ela.

Em uma das mais profundas reflexões sobre a relação entre a vida pública e a privada, Shakespeare escreveu o seguinte:

> Tire um só grau, desafine aquela corda,
> e, ouça, que discórdia! As coisas se opõem
> em pura opugnação: as águas confinadas

> ergueriam seus seios mais alto que as costas
> e fariam sopa deste sólido globo;
> a força bruta se assenhorearia
> e o filho rude mataria o pai.
> Força seria direito; ou, antes, certo e errado –
> entre cuja contenda jaz a justiça –
> perderiam seus nomes, como também calharia à justiça.
> E então tudo no poder se encerraria,
> o poder na vontade, a vontade no apetite.
>
> Troilo e Créssida, 1, iii

Falamos agora não de grau, mas de classe: as organizações sociais do mundo moderno não compreendem as complexas estruturas de precedência que Shakespeare viu como moralmente indispensáveis. Todavia, o que ele escreveu contém um *insight*. A desintegração da autoridade significa o colapso da justiça. O poder está mais uma vez à larga no mundo, rebaixando-se de inclinação racional a apetite: é, então, que a fragmentação social tem início. O propósito do *establishment* é prevenir a fragmentação. É por isso que devemos ascender de volta do poder à autoridade. E como isso pode ser feito, a menos que as pessoas estejam preparadas para reconhecer – neste ou naquele indivíduo, neste ou naquele cargo – uma autoridade investida pela qual elas são constrangidas? E não é plausível sugerir que, se esse hábito de deferência surge, por mais que seja qualificado ou conduzido de maneira desigual, não seria melhor ele encontrar o mundo já adequadamente provido de sinais objetivos de autoridade, na forma de um cargo, posição ou direito estabelecido? E, se isso é verdade, como podemos impedir ou lamentar a formação de classes sociais, em que a distribuição desigual de poder é ratificada por uma distribuição desigual de autoridade? Sem dúvida seríamos tentados pela perspectiva do Ulisses de Shakespeare a pensar que o artefato da autoridade e o artefato da classe são um e o mesmo.

Isso é motivo para queixa? O simples fato de uma pessoa ter o que outra não tem não é em si mesmo a causa da inveja; tampouco isso dá crédito àquele que tem ou tira daquele que não tem, e de maneira alguma arruína-lhes imediatamente o senso de pertença a uma sociedade civil comum. Se fosse verdade que as distinções de classe são meramente econômicas – reflexos da relação com os meios de produção e da medida em que essa relação pode se traduzir em riqueza privada –, então talvez pudesse ser verdade que numa sociedade completamente materialista (uma sociedade sem outros mitos além daqueles engendrados pelo dinheiro) as distinções de classe poderiam a um só tempo traduzir-se em guerra aberta. O Reino Unido, porém, desfrutou de um tipo de trégua permanente (ainda que, por vezes, inquietante). As eclosões ocasionais de guerras tenderam a tomar uma forma religiosa. Se quisermos aceitar a definição econômica de classe, então teremos de dizer que o atual conflito na Irlanda do Norte é interno a uma única classe: uma ideia que parece muito estranha quando posta ao lado das teorias socialistas de "conflito de classe". E é igualmente estranho usar essas teorias para descrever a Guerra Civil Inglesa, pois não há uma só categoria econômica a que possam ser atribuídas as facções contendentes naquela guerra. A explicação histórica torna-se imediatamente clara e plausível quando estudamos não o controle econômico, mas a ideologia – em particular, quando estudamos as rivalidades religiosas e culturais que tão repentinamente floresceram naquela época. Se quisermos falar de "guerra de classes", haverá de ser de uma guerra que é lutada, se possível, no nível do mito e que aí firma um compromisso inconstante, mas em sua maior parte pacífico. As distinções econômicas, então, cessam de ser importantes na determinação dos sentimentos de classe, e nenhuma mudança na ordem econômica está apta a erradicá-los.

Se assim for, certamente será mais fácil compreender a classe social em termos de um quadro ideológico do que em termos de riqueza relativa ou controle econômico. A classe média, por exemplo, que consagra seus recursos à educação, à compra de bens duráveis, à orientação e ao aperfeiçoamento do "eu", como um resultado desses interesses dispendiosos, raramente é tida como objeto de inveja por uma classe que não compartilha desses interesses. Apenas uma minoria da classe "média" está, na verdade, em posição de dispor de uma riqueza maior do que a acessível ao trabalhador comum. E é pouco provável que essa minoria, por sua vez, seja vista pela classe alta – cujo domínio das relações sociais não corresponde de maneira alguma a qualquer domínio real de recursos materiais – como qualificada para ser admitida em seu círculo. Aqui, todas as complexidades, e quase todas as realidades, têm de ser vistas em termos outros que não econômicos.[15] Por isso, os mitos que permitem às pessoas ver uma dada posição social como natural podem se desenvolver independentemente da transferência de riqueza. É essa percepção da qualidade "natural" das divisões sociais que é criada pelas instituições autônomas levadas em consideração no último capítulo. A educação, por exemplo, "naturaliza" a propriedade ao fazer dela o instrumento para o sucesso social. Em períodos da mais alta cultura, portanto, a riqueza tende a tomar uma forma simbólica, a forma do luxo, do esplendor e da *glorie*. Se tem havido algum problema de classe, é porque a classe trabalhadora, durante seus anos de formação, careceu de instituições por meio das quais pudesse "naturalizar" sua categoria. Se isso foi assim (e muitas pessoas argumentaram dessa forma), não

---

[15] A fascinação da visão determinista da história é perene. Um autor devotado a fornecer uma versão modificada das hipóteses marxistas pode chegar a perceber os fatos que lançam dúvidas com relação a ela e ainda assim transmiti-los. Assim, Perry Anderson, em *Lineages of the Absolute State*, p. 270-98 [ed. bras.: *Linhagens do Estado Absolutista*. Trad. João Roberto Martins Filho. São Paulo, Brasiliense, 1995], é capaz de notar que o ramo da nobreza polonesa conhecido como *szlachta* teve por muitos anos uma posição econômica que mal se podia distinguir daquela da classe camponesa, sem, contudo, perder seu senso de distinção social. E mesmo assim esse fato não é explicado pela teoria em favor da qual ele é citado. Confrontar também grande parte da história dos samurais no Japão.

foi porque o trabalhador inevitavelmente se ressentiu de sua posição, mas antes porque ele não dispunha das instituições locais que dessem interioridade e consolo a seu modo de viver.

O aumento de esportes e entretenimentos populares em nossa época, bem como a criação de uma cultura popular baseada em TV, futebol e música eletrônica, permitiu, em algum grau, que as pessoas vivessem sem essas instituições locais. Eles também aboliram eficazmente a classe trabalhadora como uma ideia moral, deram a todos o retrato de uma sociedade humana sem classes e, ao fazê-lo, produziram um novo tipo de estratificação social – um que reflete a "divisão do ócio" em vez de refletir a "divisão do trabalho". Sociedades tradicionais dividem-se em classe alta, média e trabalhadora. Nas sociedades modernas, essa divisão é sobreposta por outra, que também contém três classes. As novas classes são, em ordem ascendente, os cretinos, os *yuppies* e as estrelas. Os primeiros assistem à TV, os segundos fazem os programas e os últimos aparecem neles. E, uma vez que os que aparecem nas telas cultivam os mesmos costumes que aqueles que lhes assistem, dando a entender que só estão lá por acidente e que amanhã poderia perfeitamente ser a vez do telespectador, toda a possibilidade de ressentimento é evitada. Ao mesmo tempo, o torpor emocional e intelectual induzido pela TV neutraliza a mobilidade social, que, de outra forma, poderia permitir aos cretinos alterar sua sina. Isso é tão óbvio que chega a ser perigoso dizê-lo. As distinções de classe não desapareceram da vida moderna; elas apenas se tornaram impronunciáveis.

Poderíamos concordar com o historiador socialista que alegou que "a classe é definida pelos homens enquanto vivem sua própria história e, ao fim e ao cabo, essa é sua única definição",[16]

---

[16] E. P. Thompson, *The Making of the English Working Class*. London, 1963 (ed. rev., 1968), p. 11 [ed. bras.: *A Formação da Classe Operária Inglesa*. São Paulo, Paz e Terra, 2001].

mas então afastaríamo-nos da ideia de que as classes resultam das variadas relações com os meios de produção, e da ideia de que as classes precisam necessariamente estar em guerra. As classes são formadas e tornadas suportáveis por suas próprias autoimagens. Desse modo, parece não haver qualquer razão para pensarmos as distinções de classe como más ou injustas. Elas provêm dos princípios básicos da ordem social; por essa razão, será uma parte importante da política conservadora preservar a imagem pela qual elas adquirem sua validade.

O ESTADO DO BEM-ESTAR SOCIAL

No passado, as relações entre as classes eram frequentemente mediadas não pelo Estado, mas pela Igreja, que era o principal agente da caridade, a provedora da educação àqueles que, de outro modo, não poderiam ter acesso a esse luxo, e a geradora de uma estrutura de carreiras em que talento e diligência eram recompensados com poder social e político. A ideia de uma educação universal não é uma invenção moderna; tampouco podemos ter certeza de que o nível da educação das classes mais baixas da sociedade subiu visivelmente (exceto localmente) desde as decretais do Papa Gregório IX. Todas as restrições legais proibindo a educação de servos feudais foram abolidas até o final do século XIV, tendo sido mais ou menos ignoradas ao longo dos duzentos anos precedentes. E até 1400, os *scholasticus* de Paris eram capazes de ordenar que cada paróquia providenciasse a educação do *trivium* tanto para os estudantes ricos quanto para os pobres – uma educação que requeria um esforço mental muito maior do que qualquer coisa exigida por uma escola primária moderna. Essa supervisão geral do exercício da caridade naturalmente sustentou as instituições de propriedade privada e legitimou desigualdades de riqueza. O destinatário da caridade não estava recebendo um presente pessoal, mas um privilégio objetivo associado a sua verdadeira debilidade. A Igreja legitimou a busca de autoconhecimento do rico, assim como consolou o pobre em sua miséria, fazendo-se serva das necessidades espirituais de cada um, sob a condição de que um aliviasse, enquanto o outro aceitasse, a sina da pobreza.

Pessoas sensatas, ao notarem o gradual afastamento da Igreja dos postos da vida civil, têm procurado complementar ou substituir seus ministérios por meio de uma assistência aos pobres organizada e de instalações públicas voltadas para a educação e os cuidados médicos. Por esses mesmos fins, conservadores e radicais sempre lutaram do mesmo lado, mas foi só no último século que se experimentou todo o rigor da obrigação política para prover (seja por seguro obrigatório, seja por provisão direta) um sistema completo de bem-estar para aqueles que não podiam custeá-lo. Assim, ao criar o Estado prussiano, Bismarck incorporou a sua constituição um princípio estável de bem-estar social. Dessa maneira, foi possível às classes profissionais desempenhar os serviços que fazem delas indispensáveis e ainda juntar uma retribuição material adequada por fazê-lo (uma retribuição adequada para manter a autoimagem sem a qual as profissões se extinguiriam). Ao mesmo tempo, as fatias mais pobres da comunidade eram assistidas nas necessidades que não conseguiam satisfazer sozinhas e eram, então, sustentadas pela venda de seu trabalho. O resultado foi o Estado do bem-estar social, como uma forma distintiva de sociedade capitalista.

O Estado do bem-estar social tornou-se uma necessidade social e política. Contudo, ele requer o auxílio de uma classe profissional altamente qualificada, que buscará suas recompensas ou em casa ou (uma vez que a mobilidade é seu aspecto mais evidente) onde quer que lhe possam ser fornecidas. É, portanto, importante sustentar todas as formas de vantagem "privada", a despeito da dispensação universal de remédio, educação, abrigo e pão. Médicos, advogados e professores – que, porque prestam os serviços, são os principais beneficiários do Estado do bem-estar social – precisam ser mantidos na autoimagem de suas profissões. Essa autoimagem só se eleva se houver instituições autônomas – *inns of court*,[17] associações médicas, escolas privadas – voltadas para os propósitos intrínsecos da lei, da medicina e da educação. Por conseguinte, o sucesso do Estado de bem-estar social sempre dependerá da existência de instituições prósperas e autônomas até certo ponto. O Estado pode se beneficiar com essas instituições, mas ele não tem como absorvê-las completamente sem correr o risco da hostilidade ou da desmoralização da classe profissional. Se ele se beneficia dessas instituições, é porque elas têm vida própria, e destruir essa vida não pode fazer parte da busca pelo bem-estar.

Em toda instituição do *establishment*, os interesses e a identidade de classes distintas precisam ser levados em consideração e conciliados. Isso é apenas o trabalho do governo e o inevitável corolário do poder. Está claro, portanto, qual tem de ser a visão conservadora do Estado do bem-estar social. Os conservadores ingleses não hão de – como os norte-americanos[18] – considerar isso uma abominação, tampouco buscarão estender isso para além do que a simples humanidade exige. Eles relutarão em ver o Estado fazer fracos ou dependentes seus cidadãos, mas ao mesmo tempo eles não revogarão o que se tornou um direito hereditário. O mais importante tem sido manter, em meio a toda essa caridade compulsória, o autorrespeito profissional que torna possível a verdadeira caridade.

O que está em questão é novamente a ratificação. Pobreza e indigência são poderes que estão à larga no Estado. Não mitigá-los é fomentar a indignação; é encorajar um sentido permanente e universal de instabilidade moral da ordem social. É preciso ressaltar, contudo, que mitigar é uma coisa, enquanto tornar todas as pessoas iguais em

---

[17] Associação profissional de *barristers*, advogados que atuam nos tribunais superiores. (N. T.)

[18] Certamente, há conservadores americanos mais ligados à ideia europeia do que à ideia americana de legitimidade. Ver, por exemplo, o conservadorismo humanístico de Irving Babbit e Paul Elmer More (especialmente o livro de More, *Aristocracy and Justice*. New York, 1915).

virtude disso é outra, bastante diferente. E impor às classes profissionais uma forma compulsória de caridade sem considerar a especificidade moral da razão da caridade é destruir a capacidade daquela classe seja de se beneficiar com seus esforços, seja de se fazer aceitável àqueles que não pertencem à classe. Juntar todas essas forças em um sistema estabelecido de direitos e deveres é um assunto da maior delicadeza política. E o primeiro passo na direção desse fim implica separar a ideia de bem-estar público das cruzadas igualitárias com as quais essa ideia se enredou. O propósito do Estado do bem-estar social não é abolir a distinção entre ricos e pobres, mas sim encorajar as pessoas a aceitá-la.

O perigo, contudo, é que, ao mitigar a indigência, também se está a recompensá-la. E eis que surge uma nova forma de exploração – a exploração que vem de baixo –, na qual uma classe que jamais proveu a própria subsistência começa a se multiplicar sob a bandeira do bem-estar social, tornando-se um custo permanente para o Estado. E o custo não é só econômico. O bem-estar social indiscriminado favorece o crime, a desagregação familiar, a ilegitimidade e o abuso das drogas.[19] A resposta dos conservadores norte-americanos foi recomendar programas de *workfare* (trabalho) em vez de programas de *welfare* (bem-estar), oferecendo auxílio somente àqueles que estivessem preparados para reingressar na comunidade como cidadãos produtivos. Esse retorno ao *éthos* do *workhouse*[20] tem muito a seu favor, mas ele não resolve o verdadeiro problema: que é a questão da ilegitimidade e da ruptura social que se segue quando a ilegitimidade é tornada normal. A cura para isso não está em recompensar as ações que conduzem a uma classe baixa impossível de gerir, mas em puni-las. E é nesse campo que toda a reflexão ainda precisa ser feita.

---

[19] Ver Charles Murray, *Losing Ground: American Social Policy 1950-1980*. New York, 1984.

[20] O sistema de *workhouses* remonta à Inglaterra do século XVII e consistia no fornecimento de abrigo pelo Estado àqueles que não pudessem arcar sozinhos com o custeio de casa própria. (N. T.)

CONSIDERAÇÕES FINAIS

Tentei mostrar, com uma série de exemplos, como os poderes que passam pela vida civil conseguem buscar e alcançar o *establishment* em um Estado constituído. O *establishment* é o grande objetivo interno da política: o objetivo de governo. É por meio dele que as forças da sociedade se sujeitam ao poder do Estado, encontrando autoridade pela autoridade do Estado. Os conservadores acreditam que a ordem do Estado precisa ser objetiva, inclusiva, e ser considerada legítima, de modo que as diversas condições sociais possam chegar a sua realização ideológica ao se sujeitarem a um poder soberano comum. Se não culmina no *establishment*, a sociedade civil permanecerá sempre à beira da fragmentação.

Manter o *establishment* é necessário para sustentar os postos do Estado como distintos e honoríficos. É igualmente importante combater a tentativa do poder de se constituir por si mesmo, de maneira independente. Por essa razão, há um motivo importante para tentar representar a autoridade de certas instituições periféricas como originária do governo. Quando, porém, essas instituições geram um sentido interno de oposição (ou seja, quando elas se representam como sendo não governadas, mas oprimidas), então o processo de *establishment*, embora desejável, enfrentará uma série de dificuldades. São esses casos que requerem a maior perspicácia política e que geram os principais problemas políticos de nossa época.

Resta agora dizer algo mais geral sobre a relação entre indivíduo e Estado e sobre a distinção – brevemente mencionada neste capítulo – entre vida pública e privada.

Capítulo 9 | O Mundo Público

Os últimos dois capítulos examinaram aquelas áreas da política nacional em que a coesão social está perdida. É nessas áreas – em nome da "liberdade", da "igualdade" ou do que quer que o entusiasmo possa ditar – que ocorre a fissura entre Estado e sociedade. Minha descrição voltou-se para dentro, preocupada com os motivos da coesão e com sua ratificação no *status quo*. A sociedade tem, contudo, tanto uma vida pública quanto uma vida privada. Ela se manifesta por meio de gestos de autoridade, que abarcam cidadão e estrangeiro da mesma maneira. O Estado é a concretização, como também o defensor, da sociedade. É somente pela formação do Estado que uma sociedade pode entrar em uma relação direta, segura e nítida com seus vizinhos.

O ESTADO-NAÇÃO

O Estado não é uma invenção moderna. Toda sociedade contém as sementes de uma constituição em forma de costume, tradição, precedente e lei. Ela pode, porém, precisar lutar para preservá-los e, a cada luta bem-sucedida, um novo estágio de "nacionalidade" surge. Para a maioria de nós, o Estado significa não só governo, mas também território, linguagem, administração, instituições estabelecidas, tudo isso crescendo a partir da interação do costume inconsciente com a escolha refletida. O Estado-nação é o Estado em sua máxima autoconsciência. Ele tem seu território, seu povo, sua língua, às vezes até mesmo sua igreja. E ele apresenta essas coisas para o mundo não como presentes da natureza, mas como direitos de propriedade pelos quais está disposto a entregar seus cidadãos à morte.

Do espírito do Estado-nação, muitos bens brotaram e também muitos danos. Sem esse espírito, a própria ideia de um "equilíbrio de poder" seria impossível, e a paz seria mais precária. Esse equilíbrio de poder, contudo, depende de uma invenção sinistra – a do serviço militar obrigatório. As nações agora lutam totalmente, absolutamente e até a morte. Todos os homens, as mulheres e as crianças participam dessa luta, e pressupõe-se que isso seja uma guerra. A Itália renascentista produziu a mais alta cultura, instituições magníficas, uma contínua irrupção de vida política – tudo isso de um estado de guerra. A guerra, porém, era semiprivada, conduzida por mercenários que mudavam de lado quando uma pilhagem ou remuneração os seduzia. Mercenários não teriam planejado a Batalha do Somme, o cerco de Estalingrado ou os bombardeios de Dresden e Hiroshima. Agora, essas coisas são o andamento normal da guerra.

Bem ou mal, o Estado-nação é a condição da Europa, bem como o modo mais seguro de representar para o povo a complexa noção de fidelidade política. Dado esse fato, apenas uma sociedade desventurada não pode reivindicar sua identidade nacional. Apesar disso, a ferocidade de nossa ligação com aquilo que temos como nosso é tal que sociedades podem resistir durante conquistas, ocupações e reformas. Consideremos o destino da Polônia, dominada várias vezes por potências rivais e, não obstante, firme na defesa de sua identidade, ajudada e estimulada pela Igreja de Roma. Pensemos também na Alsácia e nos muitos Estados desventurados que, mal haviam sido libertados da benigna autoridade do Império Austro-Húngaro, quase imediatamente foram incorporados ao império bárbaro dos soviéticos.

Se tentei argumentar contra o espírito reformista na política britânica, isso se deveu em parte ao fato de que ele representa uma ameaça, não só para o Estado, mas também para a sociedade. O espírito da reforma preocupou-se demasiadamente com "direitos" privados e não se preocupou o suficiente com a ordem pública e com as funções privadas que a tornam possível. Uma vez que a ordem pública é agora a ordem de um Estado-nação, a política externa e a identidade nacional são seus pré-requisitos inalteráveis. Talvez seja verdade que a identidade nacional só se tornou necessária recentemente. Quando um dote real era capaz de conter um domínio, bem como suas leis e costumes (assim Flandres pôde, por um acordo doméstico, passar da Espanha para a França), dificilmente se poderia pensar que essa circunstância da propriedade tenha quaisquer grandes efeitos sobre a continuidade da vida social. Hoje, porém, nós precisamos lutar por aquela continuidade e estamos privados das ideias reconfortantes (como a ideia de "Cristandade") por meio das quais poderíamos ver tanto o soberano como dado à sociedade quanto a sociedade como entregue ao poder soberano. O Estado-nação tornou-se, pois, uma necessidade. Ao mesmo tempo, seus cidadãos precisam ser protegidos das invasões do Estado; e já se disse que a principal motivação conservadora neste mundo de nações é "recuar as fronteiras do Estado".

Se esse *slogan* tem algum significado, é este: para manter e afirmar seu poder, o Estado precisa se preocupar primeiramente com aquelas questões que não podem ser resolvidas pela iniciativa privada. Ele precisa manter a lei e a ordem, a defesa do território e uma organização que permita que os indivíduos busquem suas aspirações de maneira a contribuir para a harmonia social. Isso sem dúvida implica que o Estado precisa também evitar a participação direta no empreendimento e na manufatura, em que seu papel é regulamentar e não começar. Nos últimos anos temos visto, contudo, um aumento espantoso na regulamentação. É quase como se a conversão universal dos partidos políticos em empresas privadas tivesse acontecido unicamente porque o Estado se viu capaz de controlar nossas vidas de maneira mais efetiva pela regulamentação do que pela propriedade.

O excesso de regulamentação resulta em parte do declínio do senso de identidade nacional. O Estado-nação é um Estado no qual a lei surge de dentro, expressando a reciprocidade e a fidelidade que compartilha com o povo. Num tal Estado, há uma clara percepção dos limites da lei e um cioso apego à liberdade. A União Europeia passou da hostilidade entre as elites do pós-guerra à ideia de identidade nacional. Nações – eles creem – causam guerras, ao passo que as uniões as resolvem. Ora, a guerra civil norte-americana parece não ter sido considerada por eles. Surgiu daí um sistema de regulamentação transnacional, que não recorreu a nenhuma fidelidade nacional para endossá-lo e que foi imposto como lei sem, contudo, ter a força moral da lei. A burocracia resultante estabeleceu para si própria a tarefa de dissolver as fidelidades nacionais, dividindo o continente em regiões em vez de dividi-lo em nações. Desse modo, as fidelidades locais serão separadas da soberania legal e as leis serão impostas às comunidades de fora para dentro. Deveria ser evidente que não há esperança para a política conservadora em tal situação. A tarefa do conservadorismo não é "recuar as fronteiras do Estado", mas restabelecer as fronteiras do Estado-nação e reanimar a hostilidade natural que alimentamos diante de leis que nos são impostas por pessoas que não têm absolutamente nada que ver com elas.

O ESTADISTA

O mundo público deve ser uma realidade, dotado do poder, da dignidade e da centralidade que farão com que isso aconteça. A política cria a imagem da vida pública e a do estadista como líder do povo. Conceber a liderança não é algo fácil. É decerto muito mais fácil para um estadista posar como uma pessoa comum e despretensiosa, com um trabalho penoso do qual ele antes preferiria se afastar. Assim ele ganha as simpatias, abranda as animosidades e vive tanto quanto possível sem carregar o peso do cargo. Ele, porém, não serve ao povo. Há uma exigência profunda, e que não se pode erradicar, de que as decisões, a um só tempo, derivem do estadista e representem os interesses de poderes subordinados. Um estadista deve ser uma "figura do Estado" – alguém cuja identidade carregue a marca do Estado e que pareça agir e falar em nome de interesses que sejam simultaneamente do Estado e seus. Suas decisões devem ser compreensíveis ao cidadão como decisões que têm influência sobre o bem-estar geral, mas que, sem a vontade e o engenho do estadista, não poderiam ter sido concebidas nem tomadas. Escusado será dizer que muito da dignidade da arte de governar se perde na deferência para com a "opinião dos especialistas", o "órgão consultivo", a "comissão de inquérito", com o complexo de funcionários públicos oficiais cujos conhecimentos especializados não podem ser equiparados à sabedoria e que precisam de uma orientação que um mero acervo de fatos ou estatísticas não pode fornecer.

Há várias maneiras pelas quais um estadista pode se tornar a voz pública da nação. Domesticamente, isso pode ser alcançado com a cerimônia de investidura. Numa república, a cerimônia é diretamente vinculada ao presidente, dando uma ideia imediata da realidade do poder presidencial. Numa monarquia, entretanto, ela é vinculada ao monarca: não representa o poder e a importância de um posto em particular, mas a dignidade do Estado. É difícil questionar a sabedoria disso. Desde que abandonaram a monarquia, a França e a Itália se sujeitaram a constantes agitações, uma vez que, naqueles países, a oposição tem necessariamente de parecer desleal. Os altos cargos do Estado são sucessivamente emprestados a presidentes temporários, que não representam o Estado senão alguma de suas facções dominantes. Uma facção rival, ao se posicionar contra a que está no poder, precisa, portanto, confrontar primeiro o Estado, como o manto do presidente em exercício.

Na Grã-Bretanha, os altos cargos do Estado, em geral, não têm pertencido a políticos, mas ao soberano. A oposição, portanto, está contida nas instituições do governo. Não é mais uma piada falar da

"Oposição à Sua Majestade": isso é uma realidade. Até recentemente, a única dignidade especial de que gozava o primeiro-ministro era a dignidade do cargo; todas as outras eram distribuídas – não equanimemente nem imparcialmente, mas, no mínimo, de modo abrangente – entre as facções que tinham poder suficiente para desejá-las e lutar por elas. Isso hoje está mudando como resultado das acrobacias populistas de Tony Blair e de seus *spin doctors* (consultores de imagem); e o propósito disso é apresentar o primeiro-ministro como um monarca eleito, com poderes absolutos outorgados pelo voto popular. Ao que indica a duração do regime do Partido Trabalhista, os cargos serão expropriados por seus locatários, e a autoridade objetiva será substituída pelo carisma pessoal. Apenas em algum parlamento do futuro o país será novamente liderado por um genuíno servidor da Coroa.

POLÍTICA EXTERNA

Na criação do mundo público da política, porém, é mais importante a negociação entre os Estados. O estadista é visto como aquele que protege os privilégios do país – promovendo suas vantagens, empregando a força, a astúcia ou o poder de negociação que são *nossos* – e que representam nossa reivindicação inviolável de existirmos como um povo livre e independente. Um efeito infeliz da atitude reformista é que ela desvia a atividade política dos assuntos internacionais, voltando-a para questões internas e exagerando-a de forma desproporcional a seu real significado. É, contudo, nos assuntos internacionais que a realidade do governo fica mais clara. A política externa, sob a regra da reforma, torna-se cautelosa, descompromissada e vaga. Incapazes de avaliarmos os poderes que nos rodeiam, suspendemos o costume de negociar com eles e exibimos publicamente nossa "consciência" da glória passada e do poder colonial.

O resultado foi uma estranha mistura de impetuosidade e hesitação. Em lugar do "concerto da Europa", da Liga das Nações e de um hesitante tratado de defesa, nós nos sujeitamos entusiasticamente a uma lei que não é nossa. Em lugar do poder colonial, distribuímos grandes somas de dinheiro para países que são ou hostis ou indiferentes aos nossos interesses e cujas populações jamais se beneficiarão com esse gesto.[1] Ou nós somos uma potência internacional ou não somos. E, se não somos, precisamos salvaguardar nosso lugar com um tratado. Nós preferimos esquecer as ideias de guerra, defesa e ordem civil; transformar a Europa Ocidental de uma aliança de nações em uma burocracia anônima; permitir que a guerra civil continue, não declarada, dentro de nossas fronteiras; consentir na devolução de poder a parlamentos que não têm qualquer soberania verdadeira – tudo isso constitui um retrocesso na realidade pública da identidade nacional. Não seria de espantar se o povo da Grã-Bretanha começasse a duvidar de sua identidade nacional.

Para uma democracia, porém, a política internacional é difícil e canhestra. Uma ditadura funciona com uma vontade imutável e executa ações estratégicas duradouras. Bismarck tinha perspicácia e gênio, mas sem a ditadura ele não poderia ter criado o Estado-nação alemão. Os titulares do Kremlin eram anônimos, inescrutáveis e talvez não propriamente inteligentes, mas também eles, ao manterem uma única porém obstinada política durante anos, fizeram constantes avanços na direção do império que desejavam, apesar da fragmentação social e da catástrofe econômica que, com isso, eles projetaram para o povo russo. Um governo eleito – a menos que exerça seu poder com estilo – só executa ações para o presente momento.

Adotar algum propósito interno perseverante – o propósito da igualdade, dizem, ou o da livre-iniciativa – é uma atitude familiar em face da ameaça internacional. Nenhum propósito, contudo, faz sentido sem a continuidade da ordem civil. O autêntico estadista

---

[1] Ver os argumentos dados por P. T. Bauer em *Dissent on Development*. London, 1971.

precisa tomar decisões não a partir de um plano de ação ou de uma ideia prioritária, mas considerando as necessidades políticas do dia a dia e partindo do desejo de apresentar no fórum público um símbolo da continuidade nacional. A grandeza de De Gaulle consiste no fato de que, com duas ou três ações de chefia em questões externas, ele subitamente se tornou capaz de transformar a confusão da vida civil na França do pós-guerra em uma harmonia coletiva, de inspirar um renovado respeito para com as instituições do Estado e de estabelecer um governo estável onde antes reinava o caos. O estadista conservador, uma vez que não é desencaminhado pelos ideais dominantes ou por filosofias internacionalistas, é capaz de perceber a necessidade dessas ações e de executá-las quando a oportunidade exigir.

O MUNDO PRIVADO

Neste livro, defendi uma visão de legitimidade que põe o público antes do privado, a sociedade antes do indivíduo, o dever antes do direito. Todavia, as satisfações da vida social e o motivo para engajar-se nela permanecem somente com o indivíduo. E indivíduos tornaram-se seres sofisticados, ansiosos por uma esfera de privacidade na qual isolar as excentricidades que os satisfaçam. Sua satisfação, eles pensam, é impossível sem o "direito à privacidade" que os ingleses tomam como imprescritível.

Mas de que vale esse direito quando não é protegido pelo Estado? Nada. O que é a satisfação sem os valores da ordem social? Nada. E o que é a excentricidade sem a norma em função da qual se pode avaliá-la? Nada. Essa privacidade anglo-saxônica que nós estimamos, na verdade, não é nada mais do que a ordem pública, vista de dentro. Não é a liberdade vazia do liberalismo, mas algo substancial e duradouro, cujo conteúdo se faz claro somente dentro dos limites. São os princípios determinadores desses limites que eu tentei definir.

SILÊNCIO E PRÁTICA

Devemos nos perguntar como essa tomada de posição pode ser reconciliada ao temperamento cético do qual foi gerada. Como pode alguém, de bom grado, fechar sua mente de tantos modos ao mesmo tempo? A resposta, obviamente, é que ninguém pode, mas talvez não haja nenhuma alternativa persuasiva – parece-me – para a atitude que eu esbocei. Ao menos, as alternativas usuais são tão radicalmente mal narradas que não conseguem ser convincentes nem ter uma autoridade que vá prevalecer sobre aquilo que já é incipiente na ordem civil. Não é por algum ato de fé que alguém fecha os olhos perante o espectro de um experimento político interminável. A única necessidade aqui é viver e respeitar a realidade que torna a vida possível.

Há, porém, um problema. Ninguém pode desistir de buscar a verdade depois de ter adquirido o hábito da análise autoconsciente. A busca da verdade leva a duvidar dos mitos que reforçam a sociedade. Alguns adotaram como ideal uma sociedade em que mitos não são mais necessários. Como Marx, eles procuraram ficar livres de "ideologia", procuraram um mundo no qual não houvesse obscurecimento de escolha pelos conceitos peculiares a uma ordem estabelecida. A incapacidade de Marx em fornecer a descrição concreta desse Estado esclarecido pode não causar surpresa alguma, pois, o que resta de liberdade quando não há autoimagem? E como pode haver autoimagem num mundo que só é visto em termos abstratos? Sem ideologia, o mundo não é mais que a totalidade de fatos, a ser visto (se possível) somente pelo olho clínico de um cientista impassível. Felizmente, porém, nos falta essa visão e o conhecimento que nos permitiria vivê-la até o fim.

A natureza abomina o vácuo. Para o mundo livre de valores, voou um bando de ideologias etéreas e nenhuma menos substancial do que os mitos seculares que eu analisei no último capítulo. E também na política esses mitos apareceram, trazendo consigo a linguagem idiota do "progresso". Os políticos agora podem falar como se as questões do Estado estivessem "avançando" ou "regredindo". Do conservador, diz-se que "embarga o progresso", ao passo que do liberal acredita-se que promoveria o "avanço". Um conservador é "reacionário". "Revolução" não significa girar a roda, mas derrubar as forças "regressivas". Em toda essa compulsiva linguagem nova, que ornamentou os discursos "do milênio" de Tony Blair, encontramos o mesmo mito frívolo. As coisas "avançam", uma vez que essa é sua natureza. A única verdade aqui é que o tempo avança, a saber, do passado para o futuro. Nenhuma política pode, porém, representar-se como anunciadora de uma verdade tão trivial. O movimento do tempo, portanto, é misturado por livre associação ao movimento do conhecimento. As coisas progridem à medida que o conhecimento aumenta. Por isso, elas vão ficando melhores a cada dia, a menos que algum conservador interfira no progresso.

Esse é o tipo de disparate que abunda nos discursos de Tony Blair. Não são só os políticos, todavia, que o proferem. Até mesmo historiadores respeitáveis são capazes de descrever conservadores como tendo "protelado", por muitos anos, um inevitável movimento de "avanço", enquanto outros "avançavam" com a causa liberal ou socialista.[2] Franco não teve sucesso na Espanha: ele apenas apoiou o iluminismo liberal. Metternich não criou nem sustentou uma ordem duradoura: ele simplesmente "esmagou", por um tempo, o espírito da história. E assim por diante. Um Estado socialista que subsiste por dez anos é um prelúdio da eternidade; um Estado conservador que subsiste por trinta é apenas um sinal de sobrevivência. Uma vez,

---

[2] A tendência é natural entre os marxistas. É, porém, surpreendentemente frequente também entre os historiadores "imparciais". Ver, por exemplo, David Thompson, *Europe since Napoleon*. London, 1957. Em nenhuma parte do *Siècle de Louis XIV*, de Voltaire, ou em Tucídides, há a mais ligeira alusão a que a história tenha um movimento. A marca dos grandes historiadores é que, para eles, não é a história que vive, mas antes o povo e as sociedades que a constituem.

contudo, que virmos quão tolos são os mitos do "progresso", deixaremos de ver as coisas sob essa ótica. E então poderemos voltar nossa atenção para as instituições do presente, em particular aquelas que sustentam a ideologia por meio da qual as pessoas vivem e encontram a felicidade.

Os conservadores que se elevaram acima dos fragmentos de suas heranças e refletiram sobre a desolação que fora forjada nela, contudo, não podem retornar a uma inocência que seu próprio pensamento destruiu. Eles não estão na posição do anti-herói de Sartre, forçado a se responsabilizar por uma escolha cujos conceitos para descrever lhes faltam. Eles sabem o que querem e conhecem a ordem social que corresponderia a esse desejo. Ao se tornarem autoconscientes, porém, eles se separaram das coisas. A razão que eles encontraram para sustentar os mitos da sociedade são razões que eles não podem propagar; propagar suas razões é encher o mundo de dúvida. Eles, que lutaram por articulação, precisam recomendar silêncio.

Esse problema é insolúvel. Ele se põe no caminho de todo credo político. O "direito natural" e a "liberdade" dos liberais; a "sociedade sem classes" e a "emancipação" dos radicais; a "justiça social" e a "igualdade" dos socialistas – tudo isso são mitos. Eles têm um apelo imediato. Quando analisamos o que realmente significam, porém, vemos que eles também podem ser defensáveis perante a elite que os reconhece, mas apenas em termos que possam ser ocultados do eleitor ordinário. Ao discutir as bases deles, emergimos do mar da política e passamos a uma estranha praia deserta de pura opinião, um lugar de dúvida, dissimulação e subterfúgios. O caminho mais sábio é voltar atrás e tornar a mergulhar.

Apêndice Filosófico: Liberalismo versus Conservadorismo

"Liberalismo" é um termo com muitos sentidos sobrepostos. Em um sentido, ele denota uma atitude com relação ao (e também uma teoria do) Estado e suas funções; em outro, denota uma perspectiva moral, que às vezes se alça ao nível de teoria, mas que, em grande parte, permanece escondida nas fendas da vida cotidiana. Seu princípio diretor é a tolerância – embora, como seus críticos não cessam de dizer, sua tolerância para com os não liberais se esgote rapidamente. Em todas as suas formas, o liberalismo incorpora uma atitude de respeito para com a vida individual – uma tentativa de deixar tanto espaço moral e político em torno de cada pessoa quanto seja compatível com as demandas da vida social. Como tal, ele sempre foi pensado como implicando um tipo de igualitarismo, pois, em razão de sua própria natureza, o respeito que o liberalismo manifesta para o indivíduo, ele o manifesta para cada indivíduo igualmente. Em parte, é uma forma de intolerância – ao expandir o espaço em torno de uma pessoa, ele diminui o espaço desfrutado por sua vizinhança. No subúrbio liberal perfeito, os jardins são de tamanho igual, embora adornados com a maior variedade possível de gnomos de plástico.

É claro que tal panorama – que poderia razoavelmente ser descrito como a ideologia oficial do mundo ocidental – não é isento de suposições de grande alcance quanto à natureza humana e à satisfação humana. Em particular, a liberdade do indivíduo é proposta como inquestionavelmente preciosa e como o único ou principal critério à luz do qual a legitimidade da norma social e das instituições políticas deve ser testada. Como bem se sabe, o critério revela-se complexo e talvez até mesmo contraditório em sua aplicação. O mesmo instinto que nos conduz a respeitar a liberdade de um indivíduo também nos conduz a restringi-la, por causa da liberdade de seu próximo. Além disso, a reivindicação por um "tratamento igualitário" muitas vezes parece ser uma exigência tão urgente da perspectiva liberal que justificaria a interferência mais massiva nos projetos espontâneos do típico homem capitalista – o "individualista possessivo" cuja ideologia é supostamente essa. Não deve passar despercebido que a mesma ênfase no indivíduo livre e autossuficiente está na base tanto da visão de Milton Friedman de uma ordem espontânea de propriedade privada quanto na do espectro do "comunismo total" de Karl Marx, em que a liberdade de todos é garantida pelo simultâneo desaparecimento da propriedade privada e das instituições do Estado "burguês" (ou seja, liberal). Defenderei que essa tensão no liberalismo – que pode ser facilmente observada entre os dois princípios de justiça propostos por Rawls – é inevitável e deriva de uma antropologia filosófica imperfeita; os defeitos dessa antropologia não podem ser remediados sem que se abandone alguns dos princípios essenciais da perspectiva liberal.[1]

Então, o que se entende por "liberdade do indivíduo"? Distinguirei dois tipos de resposta liberal a essa questão, os quais chamarei, respectivamente, de liberalismo "alicerçado no desejo" e liberalismo "alicerçado na autonomia". O primeiro sustenta que as pessoas são livres na medida em que elas podem satisfazer seus desejos.

---

[1] Os dois princípios de justiça dados por Rawls podem ser encontrados em sua *Theory of Justice*, op. cit. Em suma, são eles: que cada indivíduo tem um direito igual à mais abrangente liberdade fundamental; e que as desigualdades sociais e econômicas só podem existir se sensatamente se espera que superem a posição do menos favorecido. A citação de Dworkin foi extraída de *Taking Rights Seriously*, op. cit.

A modalidade desse "podem" é certamente um problema grave. É mais importante lembrar, contudo, que uma tal resposta não sugere nada sobre o valor da liberdade e que tomá-la como a base para uma teoria política é arriscar-se a chegar às mais absurdas conclusões. Por esse critério, os cidadãos do *Admirável Mundo Novo* de Huxley oferecem um paradigma de liberdade: pois eles vivem num mundo projetado expressamente para a satisfação de todos os seus desejos. Um liberalismo alicerçado no desejo pode justificar a mais abjeta escravidão – basta que os escravos sejam induzidos, por qualquer método, a desejar sua própria condição. O defeito do liberalismo alicerçado no desejo jaz em sua caricatura da natureza humana – uma caricatura que pode ter recorrido a Hobbes, mas que só seria aceita por um filósofo pós-kantiano com grande relutância. Está claro que, se se pretende que a liberdade seja um valor autoevidente, algo mais precisa ser dito sobre o tipo de agente de que necessita. Esse "algo mais" é o que irei resumir com a palavra "autonomia". O liberalismo alicerçado na autonomia sustenta que nós não somos as criaturas simples de Hobbes, movidas por desejos como se por impulsos elétricos, mas as criaturas mais complexas de Kant, cujas motivações são moldadas e remoldadas pela ubíqua operação da razão prática. Nós temos escolhas e intenções, assim como desejos. Agimos movidos por um sentido de valor – e, ao buscarmos o que valorizamos, encontramos uma razão que incita e justifica, simultaneamente, nossa conduta. Tal conduta parece brotar não da compulsão arbitrária de um desejo transitório, mas do *eu*, como derradeira fonte e beneficiário final da conduta racional.

Ao dizermos que os liberais desejam que cada indivíduo, nas palavras de Dworkin, "entenda e viva de acordo com sua própria concepção de bem" (a ideia que, na verdade, é comum aos liberalismos de Rawls e de Dworkin), nós estamos dizendo que não é o desejo, mas a autonomia – a estrutura peculiar da motivação que caracteriza o agente racional kantiano – que o liberal quer consumar.

O liberalismo alicerçado na autonomia sustenta, pois, que nós somos agentes ou seres racionais, e que essa particularidade define nossa categoria. A satisfação do indivíduo é uma satisfação na (e por meio da) conduta autônoma. A fim de respeitar o indivíduo nós precisamos, portanto, deixar espaço para o exercício da autonomia. Não fazê-lo é simplesmente negar sua existência – pois seria impedir o florescimento do centro racional no qual reside seu eu ou essência.

Fica imediatamente claro que o liberalismo alicerçado na autonomia não tem dificuldade em explicar o valor da liberdade ou em achar a razão para elevar a liberdade individual ao teste definitivo da ordem política. Não respeitar a liberdade, na verdade, é ameaçar a existência daqueles indivíduos em função dos quais a ordem política existe e para os quais ela deve aparecer sob as cores amenas da legitimidade.

Nós também podemos ver como o conceito de um direito torna-se central para a teoria do liberalismo. Direitos definem a esfera da privacidade dentro da qual o indivíduo habita – a esfera que tem de ser salvaguardada se se quer que sua autonomia seja preservada. Sua liberdade poderá ser restringida em todos os pormenores, com exceção deste: pois restringir seus direitos é diminuir sua existência. Isso é o que se quer dizer com a ideia (para usar as palavras de Dworkin) de que "direitos são trunfos"; ao reclamar seus direitos, um indivíduo reclama sua autonomia e coloca, na balança da deliberação, o valor absoluto de sua própria existência.

Se se deseja que a teoria do liberalismo alicerçado na autonomia seja convincente, será preciso uma ampla glosa. Para o presente propósito, tenho de assumir que suas linhas gerais são inteligíveis e que sua visão fundamental do agente humano – como uma criatura motivada pela escolha racional – está subentendida.

Agora, porém, eu gostaria de fazer, com minhas próprias palavras, um contraste familiar: entre a visão em primeira pessoa e a visão em terceira pessoa das ações humanas – entre a visão que tenho de minhas atividades voluntárias e a visão que outra pessoa poderia também ter delas. A cada ponto de vista está ligada uma forma de justificação: algumas justificações da minha ação podem ser razões para fazê-la; outras podem simplesmente ser razões pelas quais isso deveria ser feito. Para dar um exemplo: um membro de uma tribo pode estar dançando para venerar o deus da guerra. Aos olhos do antropólogo que o observa (alguém persuadido pelos princípios do funcionalismo), a dança tem um significado completamente diferente: ela existe para invocar os espíritos e fortalecer a união da tribo em tempos de perigo.

Nesse exemplo, a justificação da terceira pessoa pode não fazer parte do raciocínio em primeira pessoa do dançarino. Pensar em sua dança dessa forma é estar alienado, à parte dela, é perder de vista a qualidade imediata e imperativa da motivação. Portanto, é perder de vista o espírito da dança. A razão em primeira pessoa ("porque deus o exige") é aqui opaca para a perspectiva em terceira pessoa: ao confinar o dançarino em sua dança, ela anula a distância entre agente e ação. Em geral, poder-se-ia dizer que muitas de nossas ações têm justificações completamente diferentes quando vistas dos pontos de vista da primeira e da terceira pessoa; e o que pode parecer racional de uma das perspectivas pode parecer totalmente incompreensível da outra.

Acredito que a superdebatida oposição entre liberalismo e utilitarismo tem sua origem nesse contraste. A visão liberal da liberdade humana é simplesmente uma generalização do ponto de vista da primeira pessoa: sua ideia de justificação é circunscrita pela ideia de uma razão em primeira pessoa. A justificação de qualquer coação deve consistir em razões que podem ser oferecidas ao agente: razões para que *eu* obedeça. E o valor da liberdade jaz precisamente no fato de que isso está pressuposto em todo ponto de vista de primeira pessoa.

O utilitarismo, por sua vez, vê o mundo como ele é e não somente como ele parece ao agente (embora, é claro, como parece ao agente seja uma parte muito importante de como ele é). O utilitarista ultrapassa a categoria do indivíduo e vê o significado de suas ações em seus sucessos ou desastres a longo prazo. Ações que são justificadas por essa perspectiva podem naturalmente parecer irracionais ou proibidas ao agente. Para o utilitarista, a justificação talvez não identifique nenhum motivo para a ação – ela talvez até identifique uma motivação para abster-se. E uma consideração que não dá qualquer motivação, para mim não dá qualquer razão. É porque a perspectiva de primeira pessoa é, no mínimo, parcialmente impermeável às razões de terceira pessoa que o utilitarismo falha como uma explicação da razão prática. E seu embate com os valores liberais advém do fato de que, para os liberais, a perspectiva de primeira pessoa é soberana, além de estar preparada o suficiente para gerar a medida da ordem política e o critério de uma sociedade justa.

Parece-me que o liberal está profundamente enganado ao acreditar que a perspectiva de primeira pessoa pode gerar tal medida e tal critério. Ele está certo, contudo, ao acreditar que a perspectiva do agente autônomo é inevitável, e que uma das primeiras tarefas da vida política é garantir que possa florescer da melhor forma possível.

A questão talvez se torne mais clara pelo contraste entre liberalismo e outra perspectiva política que, como o utilitarismo, está, ou deveria estar, ligada à perspectiva de terceira pessoa: a perspectiva do conservadorismo, como esboçada nas páginas precedentes. Os conservadores lembram antropólogos funcionalistas, em sua preocupação com os efeitos a longo prazo dos costumes sociais e das instituições políticas. Eles veem sabedoria naquelas ideias preconcebidas, imediatas e consoladoras, segundo as quais as pessoas conduzem suas vidas, e mostram resistência para aprovar a reforma das instituições que parecem promover a felicidade daqueles que se sujeitam a elas, bem como de qualquer uma que venha a ser oferecida no lugar delas.

O liberalismo, porém, é essencialmente revisionista com relação às instituições existentes, buscando sempre alinhá-las aos requisitos universais da perspectiva de primeira pessoa – creio que esse é o verdadeiro significado do contrato "hipotético" de Rawls, concebido para identificar um ponto de vista para além dos planos vigentes, do qual eles poderão ser inspecionados e, onde for necessário, corrigidos ou condenados. Esse revisionismo é próprio não só da teoria política liberal, mas também da ênfase individualista que guia a conduta diária das pessoas de mentalidade liberal. Em todas as suas variantes e em todos os níveis, o liberalismo personifica a questão: "Por que *eu* tenho que fazer *isso*?". A pergunta é colocada a respeito de instituições políticas, de códigos legais, de costumes sociais – até mesmo de moralidade. E, na medida em que não há uma resposta disponível que se prove satisfatória para a perspectiva da primeira pessoa, nessa mesma medida nós estamos autorizados a dar início à mudança.

Há, *grosso modo*, dois tipos de resposta que os liberais tolerarão: uma resposta no plano da razão de primeira pessoa para uma ação, e uma resposta no plano do direito humano. Ao respeitar direitos, você respeita as razões de primeira pessoa dos outros, pois lhes concede a autonomia dentro da qual aquelas razões triunfam. A inevitável tendência da teoria liberal na direção de uma ideia de direitos naturais pode ser vista como residindo nisto: em que eu não posso lhe dar nenhuma razão para reprimir sua conduta, a menos que eu possa mostrar que há uma razão objetivamente obrigatória para que você respeite os direitos dos outros. Se não pode haver tal razão, então nenhum direito é "natural" – nada tem uma influência maior na deliberação do agente autônomo do que aquilo que é dado por sua própria disponibilidade contingente para aceitá-lo.

É com base nessa premissa que o liberal se acha capaz de atacar a posição dos conservadores. Seu argumento é – e em primeira instância deve ser – "imputador de ônus". "Por que eu tenho que fazer isso?", ele pergunta; e o conservador deve mostrar ou (*a*) que o liberal tem uma razão de primeira pessoa para fazer o que está em questão – em outras palavras, que ele pode ser levado racionalmente a consentir nisso –, ou (*b*) que ele é forçado a fazê-lo por conta de sua obrigação de respeitar os direitos objetivos dos outros. Se não se recorre a (*b*), o argumento "imputador de ônus" – que se provou uma arma poderosa na guerra liberal de extermínio contra uma humanidade intolerante por natureza – reduz-se meramente a uma forma de ceticismo radical, a uma autocentrada rejeição da servilidade e à renúncia a qualquer vida política genuína. Com a ajuda de (*b*), contudo, o liberal é capaz de erigir, a partir daquela mesma perspectiva de primeira pessoa que é a premissa de seu ponto de vista, a figura de uma situação política alternativa, de leis e instituições que são algo mais que um arbitrário legado de costume e ideias preconcebidas e da circunstância contingente da história humana. Como não acredito, porém, que o liberal esteja habilitado a (*b*), eu não acredito que ele possa ter êxito ao imputar o ônus da prova da maneira tão simples que imagina.

É difícil mostrá-lo, mas refletirei sobre uma teoria liberal representativa e espero que meu argumento consiga inspirar sua própria generalização. Essa teoria deriva originariamente de Kant e apresenta uma sucinta, mas aparentemente inescapável descrição da perspectiva de primeira pessoa, que é tida como definidora de nossa condição. Sustentarei que a teoria contém uma contradição, que essa contradição é indispensável à ideia liberal de autonomia e que ela também é responsável pelas tensões que emergem da aplicação da teoria liberal. Defenderei um conservadorismo atenuado como alternativa e uma perspectiva mais razoável quanto à condição humana – quanto à condição a partir da qual a perspectiva de primeira pessoa se desenvolve.

De acordo com a teoria kantiana, pode haver razões de primeira pessoa para a ação somente se houver razões que motivem a ação. É porque me motiva que a razão é *minha* razão. Ao escolher agir, eu me suponho inspirado pela razão e também constrangido por ela, de modo que a razão sozinha pode fixar limites para minha escolha. O cerne dessa suposição, porém, é o pensamento do meu eu como uma causa iniciadora de ação: eu ajo, não simplesmente porque sou influenciado por este ou aquele desejo, mas porque escolhi agir. Nesse mesmo pensamento, segundo os kantianos, jaz a coação da obrigação: não só o que farei, mas o que devo fazer, ou qual seria o bom procedimento? Se o kantiano acredita que se deveria permitir a um ser autônomo elaborar sua "própria concepção" do que é bom, é porque isso é o que sua autonomia exige.

Considera-se que o exercício gera coações reais e objetivas. O ser autônomo – segundo o kantiano sustenta – é constrangido pela ideia de sua própria autonomia – de si mesmo como motivado por razões – a aceitar o princípio diretor da razão prática, que é o imperativo categórico que circunscreve seus fins. Esse imperativo categórico tem três variantes coatoras, impostas a nós por nossa autoimagem como agentes racionais. Cada uma das variantes parece segurar um fio diferente da perspectiva que há muito se fez conhecida como "universalismo liberal": só devemos atuar segundo aquelas considerações que nós também imporíamos a nossos companheiros; devemos tratar os seres racionais não como meros meios, mas como fins; devemos nos orientar de tal maneira que compreendamos em nossas ações o "Reino dos Fins", em que os seres racionais livres e iguais são, de forma semelhante, súditos e soberanos sob a lei da razão.

Essas três ideias podem ser parafraseadas assim: nós não podemos fazer exceções a nosso favor; devemos reconhecer o direito universal à autonomia; devemos nos empenhar para compreender o ideal da liberdade igualitária. Em outras palavras, para o kantiano, a conclusão liberal desejada emerge da premissa da autonomia: o ponto de vista de primeira pessoa força o agente a reconhecer direitos objetivos e a reconhecer também a prerrogativa igual de todos os agentes que são, como ele mesmo, abençoados com a perspectiva de primeira pessoa. O resumo kantiano dessa ideia – a pedra angular teorética do liberalismo – é, acredito, mais persuasiva que qualquer coisa que já tenha sido dita em seu apoio. Por isso, sérias dificuldades poderiam ser projetadas para a posição liberal, caso a exposição de Kant fosse autocontraditória.

Já se podem ver emergindo algumas das contradições práticas do liberalismo: o "como se" do Reino dos Fins, que aponta para um mundo de igualdade autêntica, defronta-se com uma obstinada resistência por parte do direito individual – o embargo de que outros tenham de ser tratados como fins. Isso, creio, foi mostrado por Nozick, que incautamente acredita que pode separar o segundo imperativo categórico das reivindicações compensadoras dos outros dois. De fato, parece-me que um estudo adequado das três formulações mostrará não só que o socialismo e o liberalismo provêm da mesma ideia – aquela da perspectiva de primeira pessoa –, mas também que o conflito entre eles jamais poderá ser resolvido. A história do "socialismo efetivamente existente" o mostra, acredito, assim como a história do "liberalismo efetivamente existente" o faz.

O principal problema, como o vejo, é este: Kant deseja tirar, da premissa de que nós somos, ou ao menos pensamos que somos, motivados pela razão, a conclusão de que nós também somos constrangidos por um princípio objetivo de direitos iguais. Para fazê-lo, ele avança com um método de abstração. Ele supõe que eu avanço para o ponto de vista da razão ao diminuir minhas "circunstâncias empíricas" – ao remover do meu pensamento todas as considerações que me atam ao "aqui e agora". Ele supõe que é somente dessa forma que eu posso alcançar aquele ponto de vista "fora da natureza" em que respondo ao chamado da razão somente. É desse ponto de vista que a lei universal e equalizadora da razão é visível. Como Kant reconhece, contudo, ao abstrair dessa forma da minha circunstância "contingente" ou "histórica", eu abstraio também da circunstância do meu ato – e em particular dos desejos e interesses que inicialmente levantaram, para mim, a questão da ação. Eu proponho minha própria existência como um "eu transcendental" e, na verdade, na medida em que há "motivação pela razão pura", somente um tal eu transcendental poderia demonstrá-lo.

Agora, porém, o paradoxo é óbvio. Um eu transcendental, à margem da natureza e das "circunstâncias empíricas" do agente humano, claramente não tem capacidade de agir aqui e agora. Ele responde à razão, mas somente porque o mundo da ação, tendo sido abstraído, não resiste mais à demanda da razão. O eu transcendental não é um agente de mudança no mundo real; nesse caso, como podem as razões que o afetam também motivá-lo a fazer isso aqui e agora? Se penso em mim como um eu transcendental, logo penso em mim como alguém sem um motivo coerente. Por outro lado, se penso em mim como um "eu empírico" – sujeito às reivindicações da circunstância e às sugestões do desejo –, não posso mais obter um reconhecimento da minha categoria pelo processo de abstrair dele. Esse processo – que pode, na verdade, me levar ao ponto em que reconheço os direitos dos outros – priva-me precisamente do motivo que o faz necessário.

Na medida em que permaneço dentro de minha categoria, então preciso aceitar a inquestionabilidade histórica dos meus objetivos e projetos, e me abster de partir para o ponto em que seu significado reduz-se a nada.

Em suma, a abstração kantiana convida-me a pensar em mim mesmo como sujeito de um dilema insolúvel: ou sou um eu transcendental, obediente à razão – e nesse caso eu não poderia agir; ou sou capaz de agir – e nesse caso meus motivos são parte de minha circunstância e história e permaneço insensível à voz da razão, que chama sempre de fora do horizonte do mundo empírico. A suposição de que sou um agente de mudança concreto e histórico e ao mesmo tempo sou obrigado a reconhecer os direitos dos outros faz-se contraditória.

Dir-se-á que, mesmo que essas considerações mostrem que uma contradição ergue-se da tentativa kantiana de justificar os direitos da perspectiva da primeira pessoa, elas não mostram nada mais do que isso. Elas não proporcionam qualquer razão geral que permita pensar que o liberalismo alicerçado na autonomia pode falhar em justificar os direitos naturais.

Parece-me, no entanto, que as considerações que apresentei são em geral aplicáveis, pois – uma vez que eu as apresentei, a bem da clareza, na forma de uma objeção familiar à teoria ética de Kant – a força delas não depende dos pormenores daquela teoria. Elas têm origem, antes, em um conflito subjacente à própria ideia de uma razão válida para a ação de primeira pessoa. Para ser objetivamente válida, tal razão precisa se divorciar das circunstâncias que *me* caracterizam. Ela precisa derivar sua força racional das considerações que são abstraídas da minha categoria atual. Ao mesmo tempo, ela não pode ter uma força motivacional – e por isso não pode fazer parte do meu raciocínio de primeira pessoa – a menos que derive diretamente das circunstâncias que me impelem a agir. Ela deve referir-se a um motivo para *mim, aqui* e *agora*. É a contradição entre esses dois requisitos o que eu descrevi; uma contradição que pode igualmente ser discernida no "construtivismo kantiano" de Rawls. No caso de Rawls, ela toma a seguinte forma: admitindo que, ao fazer uma escolha atrás do véu da ignorância, eu escolho os princípios abstratos da justiça, o que, então, me prende àquela escolha, quando o véu é removido? Ou eu estou amarrado – e nesse caso eu não posso emergir para o mundo real da atuação; ou eu entro nesse mundo – e nesse caso essas simples "considerações hipotéticas" não podem limitar minha ação. Uma vez mais, a perspectiva de primeira pessoa, que projeta essa sombra de justiça natural sobre o mundo, permanece indiferente às suas sombrias reivindicações.

Embora Hume nunca tenha se expressado nos termos que escolhi, conseguimos ver sua insistência em que "a razão é, e somente deve ser, a escrava das paixões", e seu ataque à ideia da razão prática em geral, como uma rejeição da perspectiva de primeira pessoa, com base no fato de que está repleta de ilusões. Para Hume, a perspectiva correta quanto ao universo humano precisa adotar o ponto de vista da terceira pessoa, em que as pessoas são vistas imersas nas contingências da vida social, agindo movidas por paixões que respondem às variáveis circunstâncias da existência.

A perspectiva da primeira pessoa, que me lisonjeia com uma imagem da minha racionalidade, deturpa minha condição. A única justificativa que posso encontrar para o posicionamento virtuoso que ela me recomenda – o posicionamento da justiça, no qual eu apresento diante dos outros um reconhecimento ativo de seus direitos – figura no benefício a longo prazo conferido à humanidade pelo nosso desejo de lidar equanimemente uns com os outros. Mas essa justificativa não é uma razão de primeira pessoa para a ação.

Mesmo se aceitarmos minha conclusão, isso não obrigará a total rejeição do liberalismo (e eu tenho consciência de que muito mais precisa ser dito antes de sermos compelidos a isso). Na verdade, não podemos rejeitar o liberalismo inteiramente sem também abandonar a perspectiva de primeira pessoa – algo que não se pode nem convém fazer. Creio que Kant estava certo em pensar que o argumento que o leva ao imperativo categórico e ao postulado de um "eu transcendental" não é somente um fragmento filosófico. É antes a continuação de um experimento intelectual que assombra as ações do ser racional. Cada um de nós é obrigado a pensar desse modo sempre que se pergunta, não "o *que* farei?", mas "o que *devo* fazer?" E não se pode parar de fazer essa pergunta sem perder todo o conceito do bem. Para salvaguardar sua autonomia, portanto, nós precisamos salvaguardar a perspectiva a partir da qual a questão do dever pode ser colocada. O experimento intelectual kantiano é, de uma forma ou de outra, intrínseco à nossa condição como seres autônomos – como seres que, além de desejos, têm valores e objetivos.

O argumento sugere que essa perspectiva necessária é também uma ilusão sistemática. É preciso sustentar a ilusão na vida cotidiana. Mas, num sentido importante, ela não pode se sustentar sozinha. Kant buscou validar a perspectiva de primeira pessoa internamente, de modo a obter dela um sistema abstrato de lei natural. Ao fazê-lo – como repetidamente admite –, ele se depara com uma barreira insuperável. Parece que a perspectiva de primeira pessoa não pode se validar por si mesma. O melhor que se tem a fazer é permanecer inocentemente ignorante disso, continuar tranquilamente como se ela fosse um membro do Reino dos Fins e esconder de si mesmo o fato grandioso e humeano – de que sua única razão para respeitar os direitos dos outros é que é isso o que ela quer. A primeira pessoa precisa esconder sua própria benevolência de si mesma a fim de pensar a si mesma como atada, pois é a reflexão de que estou atado a um dever – Kant argumenta de forma acertada – que desperta a ideia de que sou livre.

Portanto, o liberal que devidamente considera a perspectiva de primeira pessoa como definidora da nossa condição tem de se perguntar o seguinte: como essa perspectiva pode ser sustentada? Se seu argumento imputador de ônus é repetido com frequência demais, ele se destruirá inevitavelmente. A pessoa que pergunta "por que eu deveria fazer isso?" com relação a todos os costumes e todas as leis terá, em algum momento, de violentar-se com uma questão mais devastadora: "por que eu deveria fazer qualquer coisa?" Enquanto conseguir sustentar a visão de primeira pessoa da ação, ele poderá, pois, se confortar com uma espécie de resposta: a resposta nos termos da lei natural kantiana, que o intima a respeitar os direitos dos outros. Nesses derradeiros limites para os quais o liberal nos empurra, a ilusão de uma tal lei está a ponto de desaparecer. Basta somente mais uma pergunta, mais um "por quê?", para que o edifício vá abaixo em ruínas e para que o liberal confronte o espectro de um ceticismo intransigente.

O problema tampouco pode ser resolvido com o mover-se para a perspectiva de terceira pessoa: pois fazer esse movimento é deixar a motivação para trás. Embora possa haver muito boas razões pelas quais eu deveria ser motivado por uma preocupação com os direitos alheios – razões que até mesmo estão ligadas a minha própria felicidade –, elas não gerarão aquele motivo, pois elas não serão razões para *mim*.

O ponto de vista de terceira pessoa, contudo, pode nos servir de ponto de apoio nesse problema. Há algo inescapável na teoria kantiana da autonomia. É impossível que eu deva *ser* um eu transcendental; mas é necessário que eu deva sofrer a ilusão de que sou. Se eu tenho de ser completamente satisfeito, tenho de pertencer a um mundo no qual essa ilusão pode ser sustentada, de modo que meus projetos sejam também valores para mim, e meus desejos estejam integrados à visão do bem. Há, pois, uma justificativa de terceira pessoa para a perspectiva de primeira pessoa – uma justificativa que, uma vez que reconhece o caráter ilusório daquela perspectiva, não pode cruzar a barreira na direção do ponto de vista da primeira pessoa. Por esse motivo, o antropólogo conservador irá sorrir indulgentemente para o liberal; sua única preocupação será a de que a disposição do liberal de questionar todo fato dado da comunidade não possa deixá-lo inteiramente deserdado. E essa é uma preocupação legítima. Se não há sequer um argumento em que o liberal possa se apoiar com aquilo que é dado e com isso encontrar valor imanente no mundo sem recorrer a ilusões transcendentais, então o liberal jamais se apoiará – ao menos não o fará até que tenha rejeitado todas as leis e instituições com seu "por quê?" exterminador. Ele, que imputa o ônus, terá de imputar tudo; ele enfrentará um mundo privado de artefatos sociais, e o principal deles é a própria moralidade.

Não posso fazer nada além de sugerir a visão que a perspectiva de terceira pessoa propõe. Mas é inegável – creio – que essa deveria ser uma visão conservadora, no sentido destacado nestas páginas. Por considerar o que é que conduz as pessoas a ver o mundo em termos de valor e assim desenvolver a perspectiva transcendental que o liberal requer. As pessoas nascem num emaranhado de ligações; elas são nutridas e protegidas por forças cujo funcionamento não poderiam nem autorizar nem intencionar. Sua própria existência carrega uma dívida de amor e gratidão, e é ao reagir a essa carga que elas começam a reconhecer o poder do "dever". Não é o "dever" abstrato e universal da teoria liberal – ou pelo menos ainda não –, mas o "dever" concreto e imediato das ligações de família. É o "dever" da piedade, que reconhece a integridade inquestionável dos laços sociais condicionados local, transitória e historicamente. Esse "dever" é essencialmente discriminatório; ele não reconhece nem a igualdade nem a liberdade, mas apenas a reivindicação absoluta do localmente dado.

Até perceberem essa reivindicação, os seres racionais não têm motivo para achar valor no mundo humano. Gradualmente, contudo, à medida que vão reconhecendo a incomensurabilidade entre as demandas de amor e o objeto imperfeito do amor, o mundo obscuro da ilusão transcendental começa a desenvolver-se. O liberalismo é o unguento com o qual eles tentam curar um desapontamento fundamental. É a expiação de um pecado original: o pecado da dependência.

Parece-me, pois, que se há argumentos a favor do liberalismo, há argumentos muito mais fortes a favor do conservadorismo. Devemos, pois, conservar as instituições, os costumes e as ligações locais pelas quais a perspectiva de primeira pessoa do liberal é sustentada. Ao mesmo tempo, essas ligações, não estando fundadas na justiça abstrata, mas na "piedade natural" de Wordsworth, são corroídas exatamente pela consciência liberal que elas geram. Elas não conseguem resistir ao "por quê?" da razão mais do que os pais conseguem resistir à censura fulminante de uma criança.

A defesa hegeliana da família a que eu acabei de aludir requer uma elaboração muito maior do que a que dei. Mas, no intuito de ilustrar o paradoxo do liberalismo – que está fadado a desgastar as circunstâncias que o sustentam –, eu gostaria de oferecer um exemplo político: a instituição da monarquia.

A mim não restam dúvidas de que, do ponto de vista da terceira pessoa, a monarquia é a forma de governo mais razoável. Ao personificar o Estado na figura de uma frágil pessoa humana, ela captura a arbitrariedade e a inquestionabilidade da fidelidade política e transforma a fidelidade em afeição. A ligação a um monarca é uma resposta natural e o modo mais simples possível de pagar a dívida de obrigação em meio à qual todos os seres políticos nascem. E há um modo mais razoável de governar pessoas do que por suas afeições?

Paralelamente, da perspectiva da primeira pessoa, a lealdade ao monarca é misteriosa. É uma predisposição imediata e irrefletida, que não tem nenhuma razão além dela mesma. Procurar razões – no caráter do soberano, por exemplo – é abrir o caminho para a ironia e a dúvida. Uma vez que o liberal propõe essa questão, a instituição começa a sofrer o choque. Ao mesmo tempo, é inevitável que ele proponha essa questão.

Quando os juristas medievais, tais como Fortescue, advogaram a *constitutio libertatis*, fizeram-no a fim de atar o monarca a suas próprias leis – em outras palavras, a fim de sujeitar a ligação absoluta à vontade do soberano, à disciplina harmonizadora de um direito abstrato. Por uma série de compromissos, tanto a ligação quanto a disciplina sobreviveram. E não há dúvida de que o resultado foi benéfico. Se, porém, um ou outro irão sobreviver quando o liberalismo finalmente triunfar, isso é objeto de dúvida. O melhor que podemos esperar, creio eu, é que os liberais comecem a levar sua própria ideologia a sério e assim se comprometam com o conservadorismo. Eles talvez venham a chamar esse compromisso de "equilíbrio reflexivo", como fez Rawls, e imaginem que isso seja razoável, da mesma forma que a primeira pessoa do singular é sempre razoável. É claro, contudo, que isso não é razoável, e o melhor que se pode esperar é que, por esse e outros artifícios, o racionalista liberal possa finalmente dar-se por satisfeito com uma predisposição que não é a sua.

Índice Remissivo

A
Alemanha, 113
Alienação, 201-22
    sexual, 138-42
Alsácia, 292
amizade, 56, 244
amor
    à pátria, 74, 80-82
    doméstico, 169-72, 227-28
    erótico, 211-12, 253
Anderson, Perry, 283
aparência, prioridade da, 78-80
Aristóteles, 51, 178, 185, 234
Arnold, Matthew, 216
arte, 87-88
associação partidária, 125
Ato de Litígios Comerciais, 275
Ato de Ofensas Sexuais, 143
Atos de Arrendamento, 123, 155, 157
Atos de Nacionalidade, 129
austríaca, economia, 85
Austro-Húngaro, Império, 292
"autenticidade", 79-80
autoconsciência, 102, 174
    e propriedade privada, 172-75
autonomia, 305-15
    institucional, 223-52
    justiça em relação à, 305-06
    legislativa, 128
    pessoal, 55, 64, 73, 134, 208

Autoridade, 63-80
    e poder, 60-62, 101, 253-54
    natureza artificial do, 70-71

B
Babbit, Irving, 287
Bagehot, Walter, 116
Baran, P. A., 170, 188
Bauer, P. T., 297
Benedict, Ruth, 106
bens públicos, 190-91
Berlin, Isaiah (Sir), 168
Bismarck, Otto von (Príncipe), 297
Blair, Tony, 96, 108, 116, 127, 194, 296
Blake, Robert, 43
Bosanquet, Bernard, 104
Bradley, F. H., 74
BBC (British Broadcasting Corporation), 114
Burckhardt, Jacob, 74
Burgess, Anthony, 150
Burke, Edmund, 11-12, 43, 60, 74, 84-85, 107, 109, 112, 125, 266-67

C
capitalismo, 192-94
caridade, 101
Carta dos Direitos Humanos das Nações Unidas, 100
Carter, Jimmy (Presidente), 263
Casa dos Comuns, 105, 116, 118, 124

Casa dos Lordes, 50, 108, 111-16
    reforma da, 111-16
Casey, John, 35, 72, 88
Cecil, Hugh, (Lorde) 11, 40
censura, 141
cerimônia, 261-62
Chaucer, Geoffrey, 115
Chile, 53, 162
China, 97, 118-19, 193
civil, serviço, 190-91, 260
civil, sociedade
    ver sociedade civil
classe, 247-50, 280-85
clientelismo Whig, 279
Clinton, Bill (Presidente), 263
code napoléon (código napoleônico), 159
Comitê de Democracia Industrial de Lorde Bullock, 241
Comunismo, 102, 156
condicionamento, 243
conduta racional, 55-58, 142
Congresso de Viena, 63
Congresso Sindical Britânico, 48, 275-77, 279
Conrad, Joseph, 87
consenso, 144
Constituição, 71-72, 95-133
consumo, 211-15
contrato, 66-67
contrato social, 66, 69, 81, 109, 145-46
Correios, 190
Corwin, E., 97
Cowling, Maurice, 35
Cristianismo, 266-74
cultura, 76

D
dano, 139-45
Dante Alighieri, 209, 224
darwinismo social, 42
De Gaulle, Charles (General), 88, 298
delegação de poder, 259
democracia, 31-33, 46, 106-10
Denning (Lorde), 121
desmistificação, 221-22, 231

Devlin (Lorde), 142
devolução, 127
Dickens, Charles, 67
Dilthey, Wilhelm, 171
direito, 133-64
    administrativo, 53-54
    canônico, 49, 53, 153, 159
    comum, 85-86
    europeu, 124
    internacional, 159, 164-65
    natural, 100-01, 152-54, 159
    romano, 159
    valores sociais relacionados ao, 47-49, 71-73, 146-48
direitos, 306-07
    constitucionais, 145-46
    "naturais", 30-32, 45, 100-01, 153, 309, 313
    e privilégios, 101-02
direitos humanos
    ver direitos naturais
Disraeli, Benjamin, 37, 88, 107, 197, 266-67
distribuição, 178-82
divisão do trabalho, 208
doação, 174
Dostoiévski, Fiódor, 134
doutrina, 39-42, 51-52
    diferente da filosofia, 39-42
Durkheim, Émile, 74, 209
Dworkin, Ronald, 105, 304-06

E
economia
    limites da, 192-94, 206
    marxista, 169
    preponderância da, 168-72
    pretensões científicas da, 169
educação, 230-33, 285
    seleção, 244-45
Elgar, Edward (Sir), 263
Eliot, T. S., 11, 51, 87-88
equidade (em direito), 120
escravidão, 207-08

Espanha, 53
esporte, 225-26, 284
establishment, 90, 253-90
estadista, 294-96
Estado, 63, 72, 95-132
    como pessoa, 102-04
    e sociedade civil, 97-99
    limitação do poder do, 292-94
Estado de bem-estar social, 285-88
Estado de direito, 162
Estado mínimo, 72
Estados Unidos
    autoimagem, 285, 312-13
    caridade, atitude diante da, 287
    constituição, 95-97
    direito, 146, 273
    educação superior, 235
    organizações na economia, 195-96
    Partido Republicano, 49
    pluralismo, 129-30
    política, 67-68, 254-55
    presidentes, 263
    religião maniqueísta, 274
    riqueza, 167
    sentimentalismo na sexualidade, 140
    sociedade rural, 249
    welfare e *workfare*, 288
estatuto, 122-24
euroconservadorismo, 128

F

Factory Acts, 198
família, 69-75, 226-28
    direito de, 229
    lar, 174-77
    e propriedade privada, 175-77
fascismo, 102-03
feminismo, 217
fetichismo das mercadorias
    material, 205-06, 213-55
    sexual, 140, 217
feudalismo, 192-99
Feuerbach, L., 203, 210
Fielding, Henry, 74

fins e meios, 206-08
Flaubert, Gustave, 67
Florença, 167, 209
Forest Lawn, 272
Foucault, Michel, 176
França, 106, 292
Franco, Francisco (General), 53, 300
Freud, Sigmund, 75
Friedman, Milton, 170, 304
Fromm, Erich, 140, 210
Fundo Monetário Internacional (FMI), 171
futebol, 98, 225, 227, 234-35

G

gabinete, natureza do, 120
Galbraith, J. K., 170, 188
Gash, Norman (Sir), 43
Genet, Jean, 149, 151
Gibbon, Edward, 183
governo local, 250-59
Grant, George Parkin, 145
Gregório IX (Papa), 285
greves, 189, 276-77
Grotius, Hugo, 31, 160
guerra, 263-64, 292
Guerra Civil, 282
guerra justa, 264
Guilherme de Orange, 278

H

Hailsham (Lorde) (Quintin Hogg), 16, 266, 268
Hart, H. L. A., 142
Hayek, F. A. von, 85, 170
Hegel, G. W. F., 35, 75, 173, 204-08
Hereditariedade, princípio de, 13-18, 227-28
Hesíodo, 176
história, estudo da, 239-42
Hitler, Adolf, 115
Hobbes, Thomas, 66, 178, 191, 305
Hobsbawn, Eric, 84
Holanda, 167, 213
homem moderno, 77, 86, 200

Homero, 176
Honderich, Ted, 35
Hooker, Richard, 10
Hospitalidade, 174
humanitarismo, 150-51
Hume, David, 51, 66, 240, 277, 314
Huxley, Aldous, 217, 305

I

Ideais, 55, 78
    de socialismo, 61
ideologia
    e legitimidade, 50, 64
    ganho da, 228-30, 264-66
    perda da, 273
Igreja, 64, 90, 128, 168-69, 260, 266-74
    Anglicana, 270-74, 278
    Católica Romana, 53, 159-60, 268-70
igualdade, 118-19, 124, 245-46
igualitarismo, 155-59, 303-05
Iluminismo, 134
imigração, 129
incesto, 75
independência judicial, 118-22
individualidade, 136
individualismo, 182
industrialização, 197-199
intelectuais, 25, 26, 40-41, 51
inteligência crítica, 239-42
Irã (Pérsia), 267
Irlanda do Norte, 282
Islã, 146

J

Jaime I (Rei da Inglaterra), 120
James, Henry, 87, 273
Japão, 167, 283
Jefferson, Thomas, 96
Johnson, Paul, 279
Joyce, James, 87
júri, 140
justiça, 66-68, 152-54
    natural, 30, 152-54, 159-61
    "social", 59, 154-59, 242

K

Kafka, Franz, 151
Kant, Immanuel, 67, 134, 154, 208, 305, 310, 311-15
Keynes, J. M. (Lorde), 169, 175, 185-87

L

laços transcendentes, 72, 81, 267
Lawrence, D. H., 87
lealdade, 73-78, 318-27
    e justiça, 162
legitimidade, 31
lei da terra, 181
Lei das Relações Raciais, 47
Lei de Responsabilidade do Inquilino, 121
Lei do Furto, 121
liberalismo, 43, 303-19
    apelo do, 41
    e constituição, 95
    e direito, 133, 142-45, 147
    e Estado, 110
    e fidelidade, 66
    e individualismo, 73
    e liberdade de expressão, 52
    e relações raciais, 129
    fraqueza do, 146, 202-03
    norte-americano, 68
    vitoriano, 42
liberdade, 168
    concepção positiva de, 74-77
    de expressão, 49-50
    e constituição, 68
    e livre arbítrio, 134
    noção liberal de, 201, 303
    vínculo anglo-saxão à, 45-49
livre-mercado
    ver também mercado, 166-68
Locke, John, 31, 46, 70
Luís XIV (Rei da França), 167
Luís XVI (Rei da França), 187
Lutero, Martinho, 52-53
Lutyens, Edwin (Sir), 263
luxúria, 211-12

M

Madison, James, 96
Maistre, Joseph (Conde de), 95, 130-31
mandato, 108-09
maoísmo, 193
Maquiavel, Nicolau, 60, 77, 133, 161
Marcuse, Herbert, 98, 140
Marx, Karl, 35, 140, 169-71, 193-95, 203, 217, 299, 304
marxismo, 30, 194, 196, 204-15
matemática, 238-39
Matisse, Henri, 87
Mayhew, Henry, 187
Medida de Culto e Doutrina, 278
Melchett (Primeiro Lorde), 182
mercado, 28, 44, 167, 178-81, 215
militares, instituições, 260-66
Mill, James, 193
Mill, John Stuart, 142, 146, 193
Minogue, Kenneth, 11, 54
Mises, Ludwig von, 85
mito
    liberal, 300-01
    papel no governo, 66, 264-66
moeda europeia unificada, 44
monarquia, 81, 110-11, 264, 279, 295, 318
Montesquieu, Charles de Secondat (Barão de), 120
Moore, Henry, 87
moralidade
    e direito, 138-42
    ver também valores
More, Paul Elmer, 287
Murray, Charles, 288
música, 87

N

nacionalidade, 77, 129, 172
nacionalização
    ver propriedade pública
Napoleão I, 159
National Front, 47-48
New Deal, 69
Nietzsche, Friedrich Wilhelm, 178

Nixon, Richard (Presidente), 263
Norman, E. R. (Reverendo), 274
nostalgia, 202, 224, 263
Nova Esquerda, 87
Novo Trabalhismo, 44
Nozick, Robert, 31, 46, 72, 184, 312

O

Oakeshott, Michael, 11, 17-19, 35, 55, 85, 104, 165
ócio, 218-19, 228, 284
opinião, 52, 58-59
Owen, Wilfred, 64

P

Paine, Thomas, 184
parlamento, 43-49, 124-30
Partido Conservador, 12, 17, 20-25, 27, 58
partido político, 124-26
    em governo local, 258-59
Partido Trabalhista, 16, 17, 27, 29, 133, 171, 296
    ver também Novo Trabalhismo
patriotismo, 75-77, 80-82
Peel, Sir Robert, 43
perspectiva histórica, 91-96, 159-63, 199, 219
piedade, 72, 267-68, 318
Pinochet, Augusto (General), 53, 61, 162
pintura, 237
planejamento legal, 137-38, 145-46
poder, busca do, 64-66
    ver também autoridade
política internacional, 296-298
politicamente correto, 115-16, 273
Polônia, 28, 270, 292
Popper, Karl (Sir), 45
posse, 211-13
Postan, M. M., 195
posto, 261-64, 294
Pound, Ezra, 87
privacidade, 298
privatização, 190
privilégio, 101
progresso, 299-301

propósito, 55-58
propriedade, 165-200
    distribuição de, 178-80
    lei de, 137-38
    privada: necessidade de, 172-77
    ataque à, 194-97, 204-06, 210
propriedade e controle, 215-18
propriedade pública, 188-92
Protestantismo, 195
Providência, 268
punição, 148-52

R

raça, 47, 129
Ranger, Terence 84
ratificação, 259-60
racionalismo, 85-86
    ver também autoridade
Rawls, John, 31, 203, 304-05, 309, 314, 319
reforma
    atitude conservadora perante a, 43-45, 52
    hiperatividade durante a, 54
Reforma, 160
Regulação, 294
Relatório Plowden, 236
Relatório Wolfenden, 142
relevância da educação, 233-35
religião, 64, 266-68
Renascença, 74, 177
Revolução, 53, 61
    na França, 106-09
Ricardo, David, 170, 193
riqueza, 165-66, 193
Rockingham (2º Marquês de), 125
Rodésia, 159
Roe v. Wade, 146
Romantismo 87, 202
Rousseau, Jean-Jacques, 66, 109, 149, 255

S

Sacro Império Romano, 128
Saint Simon, Claude Henri de Rouvroy (Conde de), 188
Salmond, Geoffrey (Sir), 229

Sartre, Jean-Paul, 301
Scargill, Arthur, 276
Schiller, Friedrich von, 249
Schoenberg, Arnold, 87
sedição, lei da, 47
separação dos poderes, 120
serviço público, 188-91
sexo
    distinções de, 273
    e a lei, 138-42
Shakespeare, William, 156, 280-81
Sidgwick, Henry, 129
sindicatos, 274-80
    e *establishment,* 118-11, 276-78
    relevância política, 50
Smith, Adam, 170, 184, 193, 196, 209
socialismo, 28, 45, 166, 172, 180, 184
    apelo do, 42
    e propriedade, 190-92
sociedade
    civil, 63-94, 97-99, 102, 126
    como um organismo, 53, 56
    dependência do Estado, 102-03
    separada do Estado, 58-61, 97-99
"sociedade aberta", 45
Sólon, 77
Solzhenitsyn, Alexander, 183
Spengler, Oswald, 53
stalinismo, 183
Stephen, James Fitzjames (Sir), 142
Sterne, Laurence, 237-38
Stravinsky, Igor, 87
Sweezy, P. M., 170, 188

T

Tácito, 130
televisão, 284
Tertuliano, 271
Thatcher, Margaret (Baronesa), 13-14, 17, 45, 171, 193, 276
Thompson, David, 300
Thompson, E. P., 284
Tocqueville, Alexis de, 106
Tolstói, Leon, 76

Tomás de Aquino (São), 31
tomismo, 30-31
Tönies, F., 55
totalitarismo, 45-46
trabalho, 206-221
tradição, 83-91
Tribunal Europeu dos Direitos Humanos, 31, 68
tributação, 183-88
    bolchevique, 183
Trotsky, Leon, 277
trustes, 181
TUC (*Trade Union Congress*)
    ver Congresso Sindical Britânico
Tucídides, 240, 300

U
União, 120-21
União Europeia, 128, 214, 294
União Soviética, 29-30, 46, 97, 100, 266, 292
utilitarismo, 142, 215, 307-08

V
valores, 57, 79, 311, 317
    e educação, 232-39
    e família, 317-19
    e instituições, 243-45
    e mito, 141
    estéticos, 83-87
    no exército, 260-61
Veblen, Thorstein, 188-89, 214
Veneza, 138
Voltaire, (pseud. François-Marie Arouet) 240
vontade de viver, 52-54

W
Wagner, Richard, 75, 256
Waldegrave, William, 35, 40
Waugh, Evelyn, 87
Weber, Max, 171, 195

Z
Zulu, território, 97-99

Para saber mais sobre o pensamento conservador, leia também:

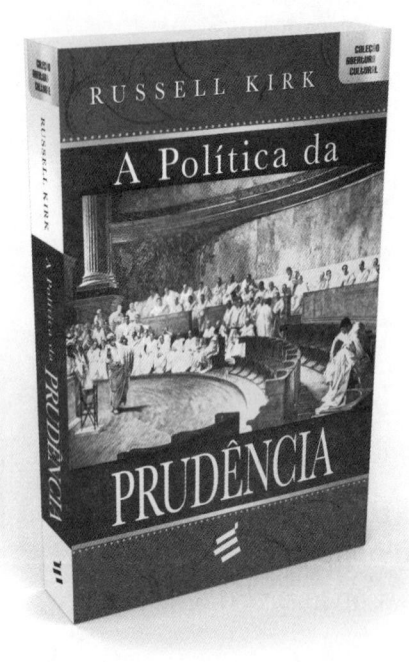

Neste livro, o filósofo britânico Roger Scruton analisa a obra de catorze intelectuais da chamada Nova Esquerda, entre os quais E. P. Thompson, Michel Foucault, Antonio Gramsci, Louis Althusser, György Lukács, J. K. Galbraith e Jean-Paul Sartre. Antes de tratar dos autores individualmente, Scruton procura esclarecer o que é a esquerda e por que escolheu abordar estes pensadores. Ao final, ele deixa claro o ponto de vista por trás de suas análises, de maneira a deixar claro de que ponto de vista partem as críticas feitas.

Nesta seleção de conferências ministradas na Heritage Foundation ao longo de 16 anos, Russell Kirk esforça-se por defender uma verdadeira "política prudente" conservadora em oposição à "política ideológica", expondo dez princípios, acontecimentos, livros e pensadores que definiram a mentalidade e a alma conservadoras. Esta edição crítica inclui textos adicionais e busca iluminar o caminho da nova geração na descoberta das "coisas permanentes".

facebook.com/erealizacoeseditora   twitter.com/erealizacoes   instagram.com/erealizacoes   youtube.com/editorae

issuu.com/editora_e   erealizacoes.com.br   atendimento@erealizacoes.com.br